Arnold Mindell
Den Pfad des Herzens gehen

W0195541

Verlag Via Nova

Arnold Mindell

Den **Pfad** des Herzens gehen

Traumkörperarbeit
Schamanische Praktiken und
moderne Psychologie

Verlag Via Nova

Übersetzung aus dem Amerikanischen:
Elke Müller

Originaltitel:
The Shaman's body
© 1993 by Harper, San Francisco

1. Auflage 2013
Verlag Via Nova, Alte Landstr. 12, 36100 Petersberg
Telefon: (06 61) 6 29 73
Fax: (06 61) 96 79 560
E-Mail: info@verlag-vianova.de
Internet: www.verlag-vianova.de / www.transpersonale.de
Umschlaggestaltung: Guter Punkt, München
Druck und Verarbeitung: C.H. Beck, 86720 Nördlingen

ISBN 978-3-86616-256-3

INHALTSVERZEICHNIS

Danksagung 7

Beschreibung des Inhalts 9

I. Teil: Einen Doppelgänger entwickeln........................ 17
1. Der Körper des Schamanen 17
2. Schamanismus und Prozessarbeit........................37
3. Der Pfad des Wissens 51
4. Die ersten Lektionen 63
5. Der Jäger 81
6. Der Krieger 100
7. Der Verbündete 122
8. Das Geheimnis des Verbündeten....................... 145
9. Der Doppelgänger 161
10. Der Pfad des Herzens................................ 179

II. Teil: Träumen in der Stadt 195
11. Tod oder Zauberei 195
12. Zusammen träumen 210
13. Phantome und wirkliche Menschen..................229
14. Der Todesgang 246
15. Traumzeit und kulturelle Veränderung.................265

Glossar 277
Bibliografie...280

DANKSAGUNG

Als ich erfuhr, dass mein alter Freund Ben Thompson vom Antioch College gestorben war, konnte ich es kaum fassen. Noch mehr ergriff es mich, dass er das 14. Kapitel dieses Buches mit der Überschrift »Der Todesgang« auf Band gesprochen hatte, um es auf seiner Beerdigung abspielen zu lassen. Bens unsterbliches Interesse an diesem Buch half mir dabei, es wieder hervorzuholen und zu veröffentlichen.

So inspirierte mich Ben Thompson zu dieser neuen Version meines Buches. Mit dem Abspielen des Bandes auf seiner Beerdigung erinnerte er mich daran, dass seine Körperempfindungen ihn mit dem Traumkörper in Verbindung gebracht haben, diesem wesentlichen Teil in uns, den wir als etwas Überzeitliches erfahren.

Ich wäre froh gewesen, wenn ich das, was ich jetzt nach Fertigstellung des Buches weiß, schon zu Bens Lebzeiten gewusst hätte. Es ist der Todesgang, das Ringen darum, sich selbst treu zu bleiben gegen alle inneren Zwänge und äußeren Vorschriften, der unter anderem die Länge unseres persönlichen Lebens bestimmt. Im Todesgang kämpfen wir gegen Selbstzweifel und gesellschaftliche Zwänge, um in die Traumzeit fallen zu können. Er ist der Vorbote einer Kultur, in der wir alle zusammen schöpferisch tätig sind und träumen.

Ich fühle mich immer wieder geehrt, dass Ben einige seiner besten Studenten dazu ermutigt hat, bei mir in Zürich zu studieren, wo ich Anfang der Siebzigerjahre als Lehranalytiker am Jung-Institut arbeitete. Das Beste aber war, dass ich dadurch Amy, meine jetzige Frau, kennenlernte. Amy telefonierte am Tag der Beerdigung mit Bens Frau, die uns berichtete, dass er den »Todesgang« auf seiner Beerdigung hatte abspielen lassen.

Aber Ben und Amy waren nicht die einzigen, die mir bei diesem Manuskript geholfen haben. Ich danke auch Julie Diamond, Jan Dworkin, Satya Gutenberg, Leslie Heizer, Viktoria Hermann, Robert King, Dawn Menken, Pearl und Carl Mindell, Elke Müller, Cat Saunders, Max Schüpbach und Jytte Vikkelsoe. Ganz besonders bin ich Julie Diamond für mehrere sehr anregende Gespräche und für ihre Schriftleitung zu Dank verpflichtet. Leslie Heizer half mir bei vielen Einzelheiten. Robert King entwarf viele eindrucksvolle Skizzen des Nagual, und Cat Saunders bewahrte mich zumindest vor einigen meiner gröbsten Fehlern.

Durch das Buch »Reise nach Ixtlan« halfen mir Carlos Castaneda und Don Juan, den Traumkörper mit der Psychotherapie zu verbinden. Joan Halifax inspirierte mich mit ihren Büchern über weibliche Kernelemente des Schamanismus. Besonders dankbar bin ich Quest Publishers und Jean Houston für ihre Unterstützung und ihre hilfreichen Ideen. Schließlich ermutigte mich mein Freund Michael Toms von New Dimensions Radio und Senior-Herausgeber bei Harper San Francisco, über meine eigenen Erfahrungen mit okkulten Praktiken zu berichten, die im letzten Kapitel dieses Buches beschrieben werden. Das lenkt den Blick auf eine neue Kultur, die sich auf alte schamanische Vorstellungen stützt.

Meinen tiefsten Dank schulde ich in aller Liebe den eingeborenen Heilern und Schamanen und ihren Gemeinschaften in Afrika, Australien, Kanada, Japan, den Vereinigten Staaten und Indien. Sie regten immer wieder mein Interesse an der Traumzeit an, weil sie auf eine Weise leben, die Ehrfurcht gebietend und bedeutungsvoll ist. Es wurden nur die Namen derjenigen verändert, die es wünschten, um ihre Privatsphäre zu schützen.

BESCHREIBUNG DES INHALTS

Im innersten Zentrum unserer alltäglichen Probleme findet sich der Traumkörper, die eindrücklichste Erfahrung unseres Lebens. Er wird meist nur in Todesnähe oder bei okkulten und schamanischen Ritualen wahrgenommen. Diese aufregende und mythische Seite des Lebens lehrt uns, unsere körperliche Gesundheit effektiver zu beherrschen und das Wesen unserer Welt tiefer zu erfassen. Dieses Buch ermutigt uns, den Traumkörper mit anderen zu leben und die Alltagsrealität in jene besondere Welt zu verwandeln, in der tiefste Lebensfragen erfahren werden und ihre Antworten auftauchen.

Dieses Buch beruht auf meinen persönlichen Erlebnissen mit Heilern afrikanischer Eingeborener, amerikanischer Indianer, australischer Aborigines, Hindus aus Indien und mit spirituellen Lehren aus der ganzen Welt. Ich beziehe mich auch auf meine eigene Praxis in Psychotherapie, Konfliktlösung und Schamanismus. Die Übungen und Methoden basieren auf der Verbindung moderner Psychologie mit alten schamanischen Praktiken.

Teil I: Einen Doppelgänger entwickeln

Der erste Teil dieses Buches ist praktischen Methoden gewidmet, damit wir mit unserem Traumkörper in Verbindung kommen, ganz werden und mit Problemen des Körpers und mit Träumen arbeiten können, um die Wahrnehmungsfähigkeit für unser Selbst zu entwickeln, das unabhängig ist von der Gesellschaft und von Zeit und Raum.

1. Der Körper des Schamanen

Wie kommt es, dass wir manchmal ein stilles Zentrum mitten im Chaos finden und zu anderen Zeiten im Strom der Alltagsproblematik, in dem das Leben uns herumwirbelt, fast ertrinken? Die Antwort der Psychologie ist, dass wir mit ungelösten Problemen konfrontiert werden, die aufgearbeitet werden müssen. Der Schamanismus gibt uns eine andere Antwort. Eingeborene Heiler sagen, dass ein Geist unseren Bewusstseinszustand beeinflusst. Der praktische Nutzen und die Zukunft sowohl der Psychologie wie des Schamanismus hängen vom Zusammenkommen dieser beiden Disziplinen ab. Ich zeige praktische Übungen in innerer Arbeit, die die ältesten Methoden der Menschheit, Probleme zu lösen, lebendig werden lassen, wie z. B. die Trance, eine Körpererfahrung des Schamanen.

2. Schamanismus und Prozessarbeit

Wir sprechen von Träumen, Körpererfahrungen und Symptomen. Um sie wirklich ergründen zu können, müssen wir uns dorthin begeben, woher sie kommen, nämlich in den Traumkörper, der sie hervorbringt. Zu diesem Zweck untersuche ich verschiedene Aspekte der Aufmerksamkeit und unterscheide unsere normale, alltägliche Aufmerksamkeit von einer »zweiten Aufmerksamkeit«, die sich auf irrationale, außergewöhnliche Gefühle und Fantasien konzentriert. Bei der Anwendung der »zweiten Aufmerksamkeit« können wir unser Alltags-Selbst fallen lassen und den Traumkörper wahrnehmen. So werden bestimmte Probleme auf eine irrationale Weise gelöst. Die Entwicklung der »zweiten Aufmerksamkeit« führt zu einer neuen Art persönlichen Wachstums und folgt zugleich alten Traditionen der Eingeborenen. Hier finden wir Übungen zur Traum- und Körperarbeit, die zur Erfahrung des Traumkörpers führen.

3. Der Pfad des Wissens

Viele großartige Wege führen zur Heilung und zur Gestaltung eines sinnvolleren Lebens. Ein zentraler Aspekt dieser Wege ist jedoch die Achtung vor irrationalen, mächtigen und unbekannten Kräften, die wir nicht kontrollieren können. Ich möchte hier meine Erfahrungen mitteilen, die ich bei der Arbeit mit diesen Kräften auf der ganzen Welt gewonnen habe. Durch Übungen können diese Erfahrungen im Augenblick realisiert werden.

4. Die ersten Lektionen

Alte und allgemeingültige Lehren der Schamanen, wie die des Yaqui-Zauberers Don Juan, berichten vom Erlangen des Wissens durch synchrone Ereignisse, d. h. durch achtsames Einbeziehen der Umgebung. Wir können unserem persönlichen Mythos nahe kommen, wenn wir ungewöhnliche äußere Ereignisse ernst nehmen und sogar unseren eigenen Lügen glauben. Tun wir es nicht, wird der Tod unser Selbstbild umwerfen und uns sozusagen mit Gewalt zwingen, nachzugeben und dem natürlichen Fluss der Ereignisse zu folgen. Es folgen Übungen, und ich teile Praxiserlebnisse mit, die veranschaulichen sollen, auf welche Weise der Tod zum Ratgeber werden kann.

5. Der Jäger

In allen alten Traditionen der Eingeborenen ist die Lösung persönlicher Probleme eng verbunden mit »Macht« und dem Befolgen der Botschaft des Geistes in Tieren und Pflanzen, in unserem Körper und in unseren Träumen. Ohne Verbindung zu dieser Macht ist das alltägliche Leben nicht das, was es sein könnte. Aber um die Macht zu finden, müssen wir zum Jäger werden und bestimmte Mindestdisziplinen erlernen, von denen einige in den Übungen am Ende des Kapitels erscheinen.

6. Der Krieger

Wir können die Alltagswirklichkeit nicht willkürlich verlassen, da dies mit etwas Größerem, das ich »Geist« nenne, verbunden zu sein scheint. Der Schritt von unserer gewöhnlichen Identität zur Traumkörpererfahrung des Schamanen, der Erfahrung, die aus Körperempfindungen oder Traumbildern auftaucht, hängt mit diesem Geist zusammen. Aber um noch einen Schritt tiefer gehen zu können, müssen wir die »zweite Aufmerksamkeit« entwickeln. Geschichten und Übungen helfen, diese Entwicklung im alltäglichen Leben zu fördern.

7. Der Verbündete

Die Welt der anderen Realität konfrontiert uns unausweichlich mit einer außergewöhnlich komplexen, dunklen und furchterregenden Erscheinung, einem unerklärlichen Geist, »dem Verbündeten«, dem wir in unserem bisherigen Leben konsequent aus dem Weg zu gehen versuchten. Aber gerade der besondere Name dieser Geistfigur weist darauf hin, dass sie potenziell wertvolle Geheimnisse birgt. Hier lege ich den Schwerpunkt auf Geschichten über den »Verbündeten«, darauf, wie er in Körperproblemen, in der Depression, in unseren ganz besonderen Fähigkeiten, wie auch in unseren größten Schwierigkeiten in Erscheinung tritt. Übungen sollen uns dabei helfen, unsere Probleme mit dem »Verbündeten« in Kontakt zu bringen.

8. Das Geheimnis des Verbündeten

Alte Traditionen und die moderne Psychologie empfehlen, sich dem Verbündeten entweder zu unterwerfen oder ihm gegenüberzutreten, um mit diesem Geist zu kämpfen, der droht, uns zu besetzen und unseren Körper und unsere Beziehungen zu zerstören. In diesem Kapitel betrachte ich sowohl die Bedeutung und Art dieser Konfrontation als auch die Verbindung dieses Wesens, unseres Geistes, mit unseren persönlichen Problemen und unserer Kultur. Übungen helfen uns dabei, mit dem Verbündeten zu arbeiten und sein Geheimnis zu ergründen.

9. Der Doppelgänger

Wenn wir dem Verbündeten begegnen und den Mythos hinter unserem Leben entdecken, nehmen unsere persönlichen Probleme allmählich ab. In dieser legendären Zeit des Reifwerdens sind wir einfach, wer wir sind. Und doch sehen andere uns von außen vielleicht so, als hätten wir einen Doppelgänger entwickelt, ein von Raum und Zeit unabhängiges Wesen mit parapsychologischen Eigenschaften. Dieser Doppelgänger ist für den, der ihn erfährt, nur ein vorbeihuschender Gedanke. Unsere Entwicklung begann mit Alltagsproblemen, führte über den Jäger zum Krieger und gipfelt nun darin, dass wir in jedem Augenblick ganzheitlich und in Übereinstimmung mit uns selbst leben. Durch Geschichten von C. G. Jung und aus meinem eigenen Leben versuche ich, den Doppelgänger verständlich darzustellen. Er ist nämlich die rätselhafteste Erscheinung aller psychologischen und spirituellen Lehren. Übungen ermöglichen Experimente mit dem Doppelgänger in uns selbst und in unseren Freunden.

10. Der Pfad des Herzens

Parapsychologische und okkulte Tricks haben mit dem Schamanismus nichts zu tun: auch reichen sie nicht aus, um das Leben lebenswert zu machen. Im Licht der Nah-Todeserfahrung gibt es nur eine wichtige Frage, nämlich, ob das Leben ein bestimmtes, nicht zu beschreibendes »Herz« in sich birgt. Der Pfad des Herzens ist etwas, das nur der weiseste Teil in uns versteht, das, was nur die Älteren, die noch im Stammesverband leben, zu verstehen scheinen. Um diesen Pfad auch heute noch finden zu können, brauchen wir eine bestimmte disziplinierte Aufmerksamkeit, die aus der Schulung des Kriegers hervorgeht. Methoden zum Auffinden dieses Pfades sind in den Übungen enthalten. Das Problem allerdings, wie sich der individuelle Pfad mit der Welt verbindet, bleibt offen.

Teil II: Träumen in der Stadt

Wenn wir uns verändern, muss auch die Welt um uns herum sich verändern. Andernfalls wird unsere Entwicklung vernichtet, oder wir leiden unter dem Gefühl der Inflation oder der Isolierung.

11. Tod oder Zauberei

Die Realität von Traumkörpererfahrungen, von Träumen und Körperproblemen, von Geburt und Tod, bedeutet, dass sich nicht nur die Konzepte der Psychotherapie, sondern auch die Praxis der schamanischen Methoden der Eingeborenen ändern müssen. Ich schlage einige solcher Veränderungen vor, einschließlich einer neuen Haltung gegenüber Tod und Sterben. Es werden auch Übungen zur praktischen Anwendung angeboten.

12. Zusammen träumen

Schließlich ist die Stadt, in der wir leben, nicht etwas Vergangenes, das wir meiden sollten, sondern die Quelle eines weltumfassenden Geistes. Ich erzähle Geschichten über Erfahrungen in Afrika, Australien, Indien und den Vereinigten Staaten mit Heilern und Weisen, die eine ungeheure Kraft und Liebe entwickelt und das Leben mit dem Unbekannten verwirklicht haben. Die größten Heiler, die Amy und ich erlebt haben, waren ein afrikanisches Zauberer-Ehepaar. Der verrückte Priester eines indischen Tempels lebte seinen Traumkörper und zeigte uns den Gott Shiva. Heiler der Aborigines führten uns zu sehr tiefen Erfahrungen. Diese Welt ist trotz aller Schwierigkeiten das Unglaublichste, was ein menschliches Wesen jemals aufträumen kann. Übungen helfen uns, das Träumen in der Stadt zu erforschen.

13. Phantome und wirkliche Menschen

Heiler sind ganz gewöhnliche und manchmal auch problembeladene Menschen, was einige meiner Berichte über Gurus und Lehrer zeigen. Sie alle verfügten über gewaltige Kräfte; aber manche von ihnen konnten sie im alltäglichen Leben nicht ausreichend nutzen und den Pfad des Herzens finden. Und doch müssen wir sie alle ehren für den Mut, den sie hatten, ihren Traumkörper zu leben und das Leben in etwas Geheimnisvolles zu verwandeln. In den Übungen am Ende des Kapitels finden wir Hinweise, wie wir unsere Vorfahren und ihre eigentliche Lebensaufgabe ehren können: indem wir uns mit ihrer Herkunft befassen.

14. Der Todesgang

Das alltägliche Leben führt uns in tiefere Erfahrungen hinein, als wir je träumen könnten. Nach solchen Erfahrungen wieder in den Alltag zurückzukehren, ist jedoch nicht immer leicht. Denn die mythische Rückkehr bedeutet ja gerade, dass wir den Traumkörper und die alte, wundersame Welt des Schamanen im Hier und Jetzt leben müssen, wo solche Erfahrungen oft verboten zu sein scheinen. Das, was mit uns, den Gruppen und der Welt um uns herum geschieht, wenn wir die Rückkehr antreten, ist unser persönlicher Todesgang und zugleich Teil einer globalen Entwicklung. Wenn wir unser wahres Selbst unterdrücken, werden wir von innen bedroht. Wenn wir unser Selbst unbewusst leben und von ihm besetzt werden, stoßen wir auf Schwierigkeiten von außen. In diesem Kapitel zeige ich den Weg des Kriegers als fruchtbaren Konflikt mit den inneren und äußeren Welten. Wir werden eine solche Schulung brauchen, um den Todesgang und das Zusammentreffen mit dem Geist überleben zu können. Der Erfolg oder die Niederlage bei diesem mythischen Unternehmen könnte nicht nur für die Dauer unseres persönlichen Lebens, sondern auch für das Zustandekommen einer zukünftigen Kultur entscheidend sein. Die Übungen helfen uns, den Todesgang zu erfassen.

15. Traumzeit und kulturelle Veränderung

Wie werden die Kulturen sich entwickeln? Die Traumzeit wird Veränderungen in unserer Umgebung, unserer Gemeinschaft und unserem Gruppenleben hervorbringen. Der Zugang zum Traumkörper erzeugt ein neues Gefühl des Inspiriertseins, das durch die Verbindung zu uns selbst und zur Natur Einfluss auf die Evolution der Geschichte nimmt.

I. Teil
Einen Doppelgänger entwickeln

1.

DER KÖRPER DES SCHAMANEN

Eingeborene Heiler haben mich gelehrt, dass die Lebensqualität von Körperempfindungen abhängt, die mit Träumen und mit der Umgebung verbunden sind, mit dem, was ich den Traumkörper oder den Körper des Schamanen nenne. Nach Aussagen von im Stammesverband lebenden Heilern auf der ganzen Welt und entsprechend mystischen Traditionen ist der Traumkörper des Schamanen, wenn wir Zugang zu ihm haben, eine Quelle der Gesundheit, persönlichen Wachstums, guter Beziehungen und von Gemeinschaftssinn.

Der Körper des Schamanen oder der Traumkörper ist eine Bezeichnung für ein Feld von ungewöhnlichen Erfahrungen und veränderten Bewusstseinszuständen, das unser Alltags-Bewusstsein durch Signale, wie Körpersymptome und Bewegungsimpulse, Träume und Botschaften aus der Umgebung, zu erreichen versucht.

In diesem Buch zeige ich Methoden, wie man Zugang zum Traumkörper finden kann, die aus persönlichen Erfahrungen mit indianischen Lehrern aus den Vereinigten Staaten und Kanada, Medizinleuten aus Kenia, Zenmeistern aus Japan, Heilern aus Indien und Aborigines aus dem Norden Australiens hervorgehen. Unablässig habe ich die Wirkungen dieser schamanischen Erfahrungen untersucht und verwandte Methoden entwickelt, die ich in diesem Buch diskutiere. In den letzten 25 Jahren habe ich solche Methoden in meiner psychotherapeutischen Praxis, in »Kliniken für extreme Bewusstseinszustände und chronische Körpersymptome« und auf internationalen Konferenzen geprüft.

Schamanische Krieger sind der Ansicht, dass gesundheitliche Probleme, Beziehungsschwierigkeiten und Gemeinschaftskonflikte grundsätzlich Aspekte unseres Traumkörpers sind; es sind potenzielle Gipfelerfahrungen, die häufig in Todesnähe, unter Drogeneinfluss oder während mystischer Rituale auftreten. Der Zugang zum Traumkörper ist ein Schlüssel zu unserer körperlichen Gesundheit und gibt Einblick in das Wesen der Welt. Dieses Buch versucht, den Traumkörper weniger rätselhaft erscheinen zu lassen und ihn leichter zugänglich zu machen. So können wir mit ihm arbeiten, um die weltliche Realität in jenen besonderen Ort zu verwandeln, an dem wir das Leben tief und bedeutungsvoll erfahren. Es basiert nicht nur auf den Erfahrungen mit eingeborenen Heilern, sondern auch auf meinem eigenen Hintergrund als Physiker, meiner früheren Praxis als Jung'scher Analytiker und meiner jetzigen Arbeit in prozessorientierter Psychologie und Konfliktlösung. Die Übungen und Methoden verbinden die moderne Psychologie mit der alten schamanischen Praxis und wurden von Tausenden von Menschen erprobt.

Und doch ist dieses Buch weder eine akademische Studie des Schamanismus noch ein wissenschaftliches Angebot für eine neue Psychologie. Es ist persönlich gemeint und bietet praktische Methoden an, um Zugang zu unserem Traumkörper zu bekommen und Wege zu finden, um mit Körperproblemen und Träumen arbeiten zu können. Schließlich untersucht es auch die möglichen Auswirkungen einer solchen inneren Arbeit bzw. des Schamanismus auf die Welt.

Schamanismus ist wichtig für mich, weil er sowohl persönliche Erfahrungen erhellt als auch einen kulturellen Weg weist, der zu einer lebenswerteren Welt führt.

Ursprünge der Macht

Elemente von Gipfelerlebnissen oder schamanische Erfahrungen, wie längere Trancezustände, spirituelle Erweckungen, spontane Heilungen, Begegnungen mit Geistern und andere paranormale Geschehnisse, können sich in verschiedenen Formen innerer Erfahrungen oder in einem »Berufenwerden« ankündigen, wie schweren Krankheiten, Nah-Todeserfahrungen, Perioden nahender Geisteskrankheiten oder »großen« Träumen mit weisen Geistfiguren. Mircea Eliade hat in seinem wegweisenden Buch über den Schamanismus diesen »Ruf« als einen Aspekt des Schamanismus auf der ganzen Welt bezeichnet.[1] Ohne diesen Ruf bleibt der Weg zum Schamanismus unvollständig.

In den Traditionen der Eingeborenen, die ich kennengelernt habe, lehren die Schamanen immer noch die Bedeutung solcher »Berufungen«. Manche Leser werden sich an Carlos Castanedas Don Juan erinnern, der sagt, dass der Geist bestimmt, wie wir uns identifizieren, ob wir durchschnittliche Menschen bleiben oder ob und wann wir Seher oder Krieger werden, fähig, die Signale und Mächte der Erde wahrzunehmen und ihnen zu folgen.[2]

Die Tochter meines australischen Aborigines-Heilers sagte mir, dass sie sich zwar darauf vorbereite, aber nicht danach strebe, Zauberkräfte zu erlernen oder sich selbst zu transfor-

---

1   Siehe Literaturverzeichnis bei Eliade: »Schamanismus und archaische Ekstasetechnik« und anderen Autoren, Buchtiteln und Details.

2   Ich danke Castaneda für die Entwicklungsprozesse in seinen Büchern – Prozesse, durch die viele Menschen hindurchgehen, während sie schamanische Fähigkeiten entwickeln, die mit dem Leben des Traumkörpers verbunden sind. Obwohl mir alle Arbeiten Castanedas vertraut sind, beziehe ich mich hauptsächlich auf die Ideen aus Don Juans ersten und machtvollsten Lektionen in »Die Lehren des Don Juan«, »Eine andere Wirklichkeit«, »Reise nach Ixtlan«, »Der Ring der Kraft«, »Der zweite Ring der Kraft« und »Die Kunst des Pirschens«.

mieren. So wie es ihre Vorfahren mit ihrem Mentor, ihrem Vater gemacht hätten, müsse sie warten, bis sie alt genug sei und diese Lehren »erlaubt« seien. Sie sagte, dass sie nicht wisse, wann dies sein würde, aber sie erwähnte, dass ihr Vater damals 78 Jahre alt gewesen sei. Der Vater selbst erzählte mir, dass auch er gewartet habe, bis ihn seine alten Eltern kurz vor ihrem Tod in das Heilertum eingeführt hätten. Über die Berufung zum Schamanen werde ich in einem späteren Kapitel ausführlich schreiben.

In meiner Praxis habe ich gesehen, dass viele schamanische Fähigkeiten auftauchen, wenn wir aufhören, die Realität des Geistes infrage zu stellen. In diesem Augenblick verwandelt sich etwas in uns, und wir entwickeln eine tiefe Aufmerksamkeit, eine stetige Konzentration auf irrationale Ereignisse. Dieses grundlegende schamanische Werkzeug ist das Achten auf den Prozess des Träumens. Wenn unser inneres Leben ruft und wir aufhören zu zweifeln, beginnt eine persönliche Transformation.

Aber all das hat mit unserem Willen nichts zu tun. Wir können daran arbeiten, unser persönliches Leben zu transformieren, um es bedeutungsvoller zu machen, aber der Erfolg bei unserem Wahrnehmungsprozess ist wie ein Geschenk der Gnade, das nicht willentlich erzeugt werden kann. Innere oder äußere Lehrer mögen uns antreiben, doch letztendlich ist es der Geist, der unseren »Punkt der Sammlung« bewegt – die Art, wie wir uns identifizieren, zusammensetzen und verhalten und die Realität wahrnehmen.

Auf diese besondere Bewegung zu warten, ist ernüchternd und herausfordernd zugleich. Wahrscheinlich hat jeder von uns schamanische oder intuitive Fähigkeiten, und doch sind nur wenige in der Lage, diese Fähigkeiten willentlich zu nutzen. Wir können nicht einfach bestimmen, wann wir wichtige und heilende Erfahrungen haben werden, obwohl wir uns durch verschiedene Übungen auf sie vorbereiten können. Einige dieser Übungen werde ich in den folgenden Kapiteln beschreiben.

Auch die Gemeinschaft, in der wir leben, spielt eine Rolle bei der Berufung zum Schamanen. Von meinen vielen Begegnungen mit Schamanen, Medizinmännern und Heilern erlebte ich das eindrücklichste Heilungsgeschehen vor einigen Jahren in Kenia. Andere Völker von Eingeborenen scheinen durch ihren Kontakt zur europäischen oder westlichen Kultur weniger an die Gruppe gebunden zu sein. Aber in Afrika wurde mir klar, dass Schamanen oder Medizinleute nicht unabhängig von der Beziehung zu ihrer Gruppe, dem Stammesverband, betrachtet werden können.

Unsere afrikanischen Schamanen sagten, dass ihre heilende Kraft engstens mit den Bedürfnissen und der Macht des Stammes und der Umgebung, in der sie leben, verbunden sei. Als Zeichen der Achtung vor diesen Mächten ehrten unsere afrikanischen Heiler nicht nur die Vegetation ringsherum, sie gaben auch jedem Kind, das ihren Weg kreuzte, einen Penny. Sie erklärten, dass Kinder der Ursprung ihrer schamanischen Fähigkeiten seien und dass die schamanische Medizin dann am machtvollsten wirke, wenn die Kinder am glücklichsten seien.

So ist die Macht des schamanischen Körpers nicht nur mit ihm selbst, sondern auch mit der Umgebung, den Kindern und den Bedürfnissen aller verbunden. Dies scheint mir gerade heute, zu Beginn eines neuen Zeitalters, sehr wichtig zu sein. Denn, indem der Schamanismus neu ersteht und unser Interesse an frühen eingeborenen Kulturen, die im Schwinden begriffen sind, immer größer wird, meinen einige der modernen Lehrlinge des Schamanismus, mit Anstrengung, Interesse und Studium allein könnten sie schamanische Fähigkeiten erwerben. Aber Macht ist verbunden mit den Menschen und der Welt um uns herum. So erzählte mir ein australischer Heiler, dass wir nur deshalb als Individuen träumen können, weil wir alle gemeinsam träumen.

Keiner der eingeborenen Schamanen, denen ich begegnet bin, nimmt sich selbst den ganzen Tag als Schamane wahr.

Das Wort *Schamane*, das aus der sibirischen Kultur stammt, bezieht sich auf jemanden, der nur einen Teil der Zeit als spiritueller Führer und Heiler arbeitet. Der Schamane heilt, ohne sich ausschließlich als Heiler zu identifizieren, wie ein Meister der Kampfkünste kämpft, ohne sich gefühlsmäßig in einen Kampf zu verwickeln.

Der Schamane ist unabhängig von jeder organisierten Religion. Der eingeborene Schamane wird in seinem Traumkörper immer irgendeine Form der psychischen Reise in die Welt der Geister unternehmen, um herauszufinden, was im alltäglichen Leben fehlt. Schamanen sind genauso individuell wie andere Leute und scheinen, nach meiner Erfahrung, keinem bestimmten Persönlichkeitstypen zu folgen. Manche Schamanen befassen sich hauptsächlich mit Heilen, während andere Krieger sind, die den Schlüssel zu Macht und Befreiung suchen.

Es gibt also Heiler- und Krieger-Schamanen. Aber wir alle benutzen zeitweise unsere psychische Macht, um andere zu heilen oder um Selbsterkenntnis zu erlangen. Parapsychologische und alternative medizinische Kräfte erscheinen jedes Mal als Teil der Entwicklung des Schamanen. In der Tradition der Krieger werden diese Kräfte jedoch als zweitrangig betrachtet gegenüber der viel bedeutenderen allumfassenden Entwicklung zum fließenden oder flexiblen Seher, dessen Ziel es ist, spirituell zu leben.

Oft müssen Menschen, die den Ruf zum Schamanen erhalten, bei einem Meister in die Lehre gehen. Der sich stufenweise entwickelnde Lehrling ähnelt in vielem einem Menschen, der sich in Psychotherapie befindet. Während viele von einem Therapeuten Hilfe erwarten, scheinen andere nach einem spirituellen oder schamanischen Lehrer zu suchen. Deshalb erscheinen auch manche Psychotherapeuten, die mit Erlebnissen weit entfernt vom gewöhnlichen Bewusstsein arbeiten, wie tiefen Körpererfahrungen und langen Trancezuständen, in den Träumen ihrer Klienten als eine Art von Schamanen.

Viele Klienten in Therapie betrachten sich selbst als den typischen starrköpfigen, blockierten Lehrling eines Schamanen. Vielleicht fühlen wir, dass unser »Sammlungspunkt« oder unsere Identität oft in der gewöhnlichen Realität feststeckt. Wir verstehen nicht, warum der Geist, wenn er wirklich für unsere Transformation verantwortlich ist, fast immer bis ans Lebensende wartet, um uns zu öffnen. Warum ist es so schwer, das bedeutungsvolle und wachsame Leben eines Kriegers zu führen, der Körperimpulse wahrnimmt, ihnen folgt und mit seinem Traumkörper verbunden bleibt?

Wahrscheinlich wird uns der Geist nicht nur zur Erleuchtung führen, sondern uns so an die Alltagsrealität binden, dass wir ihr verfallen. Eine andere Erklärung ist fast nicht möglich, wenn man bedenkt, wie oft wir mit den alltäglichen Gegebenheiten beschäftigt sind, indem wir zweifeln, verdrängen und uns völlig verunsichert fühlen durch die Art, wie wir das Unbekannte verstehen. Warum benehmen wir uns in einer Gruppe wie jedermann, und warum wollen oder können wir hier unseren Zugang zu Träumen, der Traumwelt oder dem Traumkörper nicht zulassen?

Im Grunde ist es gar nicht lustig, ein ganz gewöhnlicher Mensch zu sein. Wir nehmen alles so ernst und persönlich. Wir suchen immer nach etwas Bedeutendem, wonach wir uns ausrichten können, und hoffen immer auf erleuchtende Träume oder Erfahrungen. Als gewöhnliche Menschen leiden wir, sind voller Angst, erwarten das Schlimmste und achten nicht auf die Macht des Unbekannten. Wir sind ständig dabei, unsere Identität und unsere persönliche Geschichte zu verteidigen. Als Phantom machen wir uns ständig Sorgen darüber, wie andere uns beurteilen oder was die Zukunft bringen mag. Wir achten nicht auf die Einwirkung unerklärlicher Mächte und leben so, als läge alles in unserer Hand.

Schamanische Übungen

Der Yaqui-Weg des Wissens der Indianer und Don Juans Vorstellungen vom Krieger und Doppelgänger sind zeitlose Vorstellungen, die es überall gibt, nicht nur in den Traditionen der Eingeborenen, sondern auch in Träumen von Menschen aller Rassen, Religionen und Altersstufen. Schamanismus ist eine archetypische Verhaltensform, die auftaucht, wenn wir mit unlösbaren Problemen konfrontiert werden. Vielleicht werden wir niemals einem Schamanen im Stammesverband begegnen, aber ganz sicher können wir Träume und körperliche Impulse haben, die eine Tausende von Jahren alte Zauberkraft wachrufen. Ungewöhnliche Träume und ein Spüren des Unheimlichen mahnen uns, den Zauberer, den Magier und den Weisen in uns selbst nicht zu vergessen.

Wahrscheinlich haben wir alle schon Träume gehabt mit der Aufforderung, uns mit unseren Wurzeln zu verbinden, unsere früheste spirituelle Vergangenheit zu beleben und in andere Welten zu reisen, wie Menschen das seit jeher immer wieder getan haben. Solche Träume haben die Schamanen dazu inspiriert, die gewöhnliche Realität zu verlassen, während sie gleichzeitig für ihre jeweilige Gemeinschaft weiterhin anwesend blieben. Viele Menschen fühlen sich heute noch dazu getrieben, sich dem Einfluss von Drogen hinzugeben, um diese veränderten Bewusstseinszustände erleben zu können. Andere, die unter chronischen Symptomen leiden, kehren zum Schamanismus zurück, wenn sie entdecken, wie wenig die westliche Medizin ihnen wirklich helfen kann.

Es gibt viele Arten schamanischer Schulung; manche ereignen sich spontan in uns, wenn wir von weisen inneren Traumfiguren und Körpererfahrungen geleitet werden. Andere sind an spirituelle oder psychologische Lehrer, Traditionen und Schulen gebunden. Allen jedoch ist gemeinsam, dass wir die Alltagsrealität und ihre Konventionen, Regeln und Rituale als gefährliche Gegner erleben. Die anerkannte Realität und die sozialen Rollen scheinen Signale aus dem Unbewussten zu unterdrücken. Die Realität, der die meisten Menschen folgen, scheint zu verbieten, dass wir unsere Halluzinationen, Schmerzen und Unfälle erforschen.

Die ersten würdigen Gegner, die es zu überwinden gilt, sind daher häufig gerade die Menschen, die uns am nächsten stehen. Das Weltbild der anerkannten Realität, unserer Freunde und unserer Familie – die uns zwar lieben mögen, aber auch eifersüchtig sind – ist wahrscheinlich die größte Gefahr für unseren Fortschritt. Patriarchale, konventionelle Familiensysteme und Gruppen haben eine ungeheure Macht in der Art einer Verzauberung, vor der sich der Lehrling des Schamanen hüten muss. Der zukünftige Krieger fühlt sich schuldig, grundlegende soziale Regeln zu missachten und mit verbotenen Göttern, dem Geist der Natur, zu liebäugeln.

Unsere Lehrer werden diese Götter wahrscheinlich unterstützen und uns öffnen für die Erfahrungen veränderter und traumähnlicher Bewusstseinszustände, die mit unserem Alltagsleben und unseren Freundschaften in Konflikt stehen. Und doch – ungeachtet der Hilfe unserer Lehrer – vergessen wir die Traumzeit immer wieder; sie scheint der allgemein anerkannten Realität zu erliegen. Wir brauchen die Fähigkeiten eines Kriegers auf dem Pfad des Herzens, wenn wir unsere Träume wahrnehmen und mit den entstehenden sozialen Spannungen umgehen wollen.

Vielleicht erscheinen uns deshalb Schamanen wie Don Juan, trotz ihrer Herzensstärke, oft als brutale, einseitige Ausbilder, weil sie die Stabilität halsstarriger, intellektueller Wesen ins Wanken zu bringen versuchen. Tatsächlich sind die Lehren vieler authentischer Schamanen nicht anders als die Lehren von Don Juan; gelegentlich erscheinen sie eher wie schmerzhafte Schläge höhnisch schimpfender Lehrer und nicht wie Lektionen weiser und vorurteilsfreier Meister.

Selbst wenn wir bedenken, dass die Lehren der amerikanischen Eingeborenen unter anderem deshalb entstanden sind, um den Einzelnen Überlebenshilfen angesichts der drohenden Gefahren nomadischen Lebens zu geben, wurde die Entwicklung von Macht und Kriegerschaft unverhältnismäßig stark betont. Was ist das Entscheidende – kämpfen oder Bewusstheit? Ohne Bewusstheit ist der beste Lehrer nicht anders als ein Durchschnittsmensch, der von einem Geist besessen ist und darauf besteht, dass nur sein Weg allein der richtige sei. Und doch können wir der Phase des Kriegers nicht entgehen, weil wir ab einer bestimmten Zeit alltägliche Ereignisse als Fragen von Leben oder Tod erfahren und dabei unsere Gegner innen und außen vorfinden werden.

Wir gewinnen Zugang zu schamanischen Erfahrungen und zum Traumkörper durch eine Führung des inneren Lebens; hierbei wird uns klar, dass unser Kampf nur von einem Krieger überlebt werden kann. Äußere Lehrer sind hilfreich, denn sie geben uns ein Gefühl von Kameradschaft und Gemeinschaft, während sie uns der Konfrontation mit uns selbst aussetzen. Vielleicht ist ja der Tod unser weisester Ratgeber. Einige Lehrer, besonders jene der tibetischen Bön-Religion und des Tibetischen Totenbuches des Buddhismus, weisen daraufhin, dass die Erfahrung des Todes und das Ende unserer Identität die entscheidenden Lehrer des Lebens sind.[3]

Und doch stirbt unser Ego nur sehr schwer, weshalb wir subtile Empfindungen und Gefühle nur dann wahrnehmen, wenn sie drohen, uns umzubringen. Meistens neigen wir dazu, die Natur zu beherrschen, statt ihr zu folgen. Wir verlassen uns auf Ärzte und Therapeuten, Berater, Priester, Heiler, Entwicklungshelfer und sogar Politiker, als brauchten wir Anwälte, die sich gegen unsere eigene Natur wenden.

Der schamanische Weg ist ein anderer, da er auf der Wahrnehmung unvorhersehbarer Ereignisse in uns selbst und auf

---

3 Siehe insbesondere Rinpoehe »Das tibetische Buch vom Leben und vom Sterben« und Evans Wentz »Das tibetanische Totenbuch«.

der Erde basiert. Der Traumzeit-Geist der Erde gibt uns Boden unter den Füßen, er inspiriert und lehrt uns. Er ist selbst ein unergründliches Wesen. Er ist wie ein Vogel, ein Fisch im Wasser, ein jagender Puma, ein Bär, eine Giftschlange, eine Wolke über einem alpinen Berggipfel, die untergehende Sonne, ein halber Mond. Er ist der Autolärm, der Donner eines entfernten Flugzeugs, er ist das, was die australischen Aborigines, die älteste Menschengruppe der Erde, als »Träumen« bezeichnen. Dieses Volk, unsere älteste Familie, sagt, dass die Geschehnisse auf der Erde, unsere Geologie und die Synchronizitäten, durch das »Träumen« der Erde hervorgerufen werden.[4]

Das Leben der Eingeborenenstämme mag vielleicht überall aussterben, wenn das nächste Jahrtausend beginnt. Aber die Geschichte vom Schamanen und vom Zauberer ist die Geschichte vom Traum einer zeitlosen Vision, die in uns allen weiterlebt und nicht ausgelöscht werden kann. Wir können ein Eingeborenen-Volk umbringen, aber keiner hat Macht über die Traumzeit. Der Schamanismus selbst ist unsterblich. Das wird jener australische Eingeborene wohl gemeint haben, als er sagte, man könne zwar das Känguru umbringen, da das Träumen vom Känguru aber unzerstörbar sei, sei das nicht so tragisch.

Schamanismus und persönliches Wachstum

Vom Standpunkt der Aborigines aus werden selbst moderne psychotherapeutische Techniken vom Geist der Erde geschaffen oder aufgeträumt. Moderne Methoden sind oft hilfreich, für manche von uns sogar hervorragend. Aber in unserer Zeit

---

4   Sutton et al. »Dreamings«.

sind Erneuerung, magische Elemente und ihre erneute Verbindung mit alten Praktiken erforderlich. Sie sind zu introvertiert und befassen sich nicht mit der Transformation von Gemeinschaften und mit dem Geist der Umgebung. Die Entwicklung der Psychotherapie scheint sich in einer Sackgasse zu befinden.

Unseren modernen Techniken fehlt häufig ein Sinn für das Magische, außerdem kümmern sie sich nicht um globale Probleme wie Rassismus, Homophobie, Frauenrechte und Armut. Sigmund Freud, C. G. Jung, Alfred Adler, Abraham Maslow, Carl Rogers, Virginia Satir, Frederick Perls und Hunderte von anderen haben uns viel gegeben. Aber die Therapie braucht frischen Wind, um kraftvoll zu werden und erfolgreich zu sein bei politischen Problemen, Missbrauch, Revolution und Armut, statt sich hauptsächlich auf Menschen der oberen und mittleren Einkommensstufen zu konzentrieren, die genug Zeit, Sicherheit und Ruhe für die innere Arbeit zur Verfügung haben.

Wir wollen einen Moment lang kritisch betrachten, wo wir mit der Therapie und den spirituellen Traditionen heute stehen. Sehen wir beispielsweise die Entwicklung meiner auf Jung aufbauenden Psychologie, die ich prozessorientierte Psychologie nenne. Sie liefert das Werkzeug, mit dem sich Geheimnisse, die in Träumen, Körpersignalen und Trancezuständen verborgen sind, entfalten lassen. Sie ist voller Optimismus und ihre Konzepte und Werkzeuge erlauben es, mit komatösen Patienten auf die gleiche Weise zu arbeiten, wie mit großen Gruppen. Bis zu dieser gegenwärtigen Untersuchung allerdings fehlten Entwicklungskonzepte und praktische Hinweise für den Umgang mit der natürlichen Umgebung und dem gewöhnlichen Alltag.

Der Taoismus und das I Ging geben mir ein Gespür dafür, wie ich Prozessen mit Hilfe von Orakelsprüchen folgen kann. Aber der Taoismus ist eine Mysterienschule; er müsste sich den Erfordernissen unserer Zeit anpassen und brauchte praktische Methoden, um mit den Veränderungen des Alltags umgehen zu können. Viele sprechen heute vom Taoismus, können ihn aber nicht praktizieren. Die Stärke des Buddhismus liegt in seiner potenziellen Offenheit; er ist tiefreichend in seinem Mitgefühl für jeden Aspekt der menschlichen Natur. Viele missbrauchen ihn allerdings, um sich z. B. von Gewalt oder Gier zu distanzieren, statt mit seiner Hilfe zu entdecken, wie sie mit diesen Gefühlen umgehen können. Die Gestaltpsychologie ist entscheidend wichtig für mich, da sie eine dynamische Sicht des Unbewussten im Hier und Jetzt entwickelt hat. Aber auch sie muss sich weiterentwickeln, um mit Beziehungen, mit großen Gruppen und mit Meditation arbeiten zu können. Jung ist mein spiritueller Lehrer; die Jung'sche Psychologie jedoch sollte sich mehr mit Körperarbeit und dem Verständnis von Gruppen befassen. Außerdem arbeitet die traditionelle Analyse nicht direkt mit Menschen in veränderten Bewusstseinszuständen, dem zentralen Werkzeug des Schamanismus. Die transpersonale Psychologie betont östliche Rituale und gibt uns Hoffnung und den Aspekt der Zeitlosigkeit durch westliche wie auch durch östliche Prinzipien; aber sie brauchte mehr Wahrnehmung für die klinische Realität. Schließlich liebe ich die humanistische Psychologie, doch wo ist ihre Begeisterungsfähigkeit geblieben?

Meister aller dieser Schulen und Traditionen sind über ihre eigenen Grenzen hinausgegangen und haben Großartiges in der Welt bewirkt. Sie zeigen uns jedoch nicht, wie wir mit Konflikten in großen Gruppen, mit Rassismus, Homophobie und mit anderen Aspekten ethnischer und religiöser Unterschiede umgehen können.

Dies ist sicher der Grund, weshalb die westliche Psychotherapie in Afrika, Indien und Japan kaum einen Eindruck hinterlassen hat. Für aufgeschlossene Vertreter moderner Therapien ist es klar, dass in traditionellen Methoden aus Asien, Afrika und Indien genau das an spirituellen Werten, an Kunst, Gefühlen und Bewegung zu finden ist, was im Westen fehlt. Und doch brauchen wir mehr als das, was uns der Osten oder der Westen geben können, und auch mehr als nur die Verehrung der Vergangenheit.

Sogar der Schamanismus des Heilens kann unbefriedigend sein. Der durchschnittliche Heiler macht alles und erwartet wenig oder nichts vom Klienten. Ich werde niemals einen bestimmten Aspekt des Eingeborenenlebens vergessen: die rigide Rollenverteilung im Stamm. Männer tun dies, Frauen müssen jenes tun, und nur Mitglieder ganz bestimmter Familien können Schamanen werden. Moderne Menschen wollen ihre eigenen Heiler sein. Die Führungsqualitäten und die Bewusstheit, die sich im Schamanen und Führer konzentrieren, müssen in Zukunft vermehrt allen Menschen zugänglich sein. Demokratie sollte auf allen Ebenen stattfinden.

Aber um vorwärtsgehen zu können, ist es hilfreich, zurückzuschauen. Die Psychotherapie hat nicht erst mit Freud begonnen.

Die moderne Wissenschaft, die allopathische Medizin und die Psychotherapie sind erst ein paar hundert Jahre alt, gründen sich aber auf die Alchemie und eine schamanische Herkunft, die so alt ist wie die Menschheit selbst. Vorstellungen wie die »träumende Erde« werden bei den Aborigines, bei afrikanischen Schamanen und bei Indianern gefunden. Alle diese Eingeborenenkulturen existieren schon seit über fünfzigtausend Jahren.

Alle Aktivitäten, die uns Spaß machen, gründen auf dem Schamanismus: Tanzen in Discos bis zur Trance, Schreien bis zum Ausflippen bei Ballspielen oder auf einem Musikfestival, Laufen, bis man sich in einem veränderten Bewusstseinszustand befindet, das alles ist schamanisch. Und der Fundamentalismus und die Leidenschaft für Gott? Wir dürfen nicht vergessen, dass die ältesten Kirchen des modernen Europa auf frühere Orte der Kraft gebaut worden sind. Wir neigen nicht nur dazu, unsere Vergangenheit zuzubauen und den Eingeborenen großes Unrecht anzutun, sondern auch dazu, unsere eigene Magie und unseren Glauben an das Unbekannte zu verleugnen und uns wie Rationalisten zu verhalten, so, als hätten wir selbst die Welt erschaffen.

Die westliche Psychotherapie, die keine Beziehung zur Weltgeschichte der Vorzeit hat, neigt dazu, hauptsächlich ein Mittelklassetraum der Weißen zu sein, der mehr mit der Luft als mit der Erde zu tun hat. Es ist ein nützlicher Traum, aber ihm fehlt die exzentrische Natur des Schamanen, die Liebe zur Gemeinschaft und eine Kultur, in der Selbsterkenntnis aus mächtigen veränderten Bewusstseinszuständen hervorgeht.

Indem ernst zu nehmende Zweifel an unserer modernen Kultur auftauchen, müssen wir Wissenschaft, Medizin und Kultur kritisch betrachten. Keines dieser Gebiete entstand mit dem Anspruch auf dauerhafte Gültigkeit oder mit dem Gefühl, dass alles, was wir tun, zukünftiges Leben entweder vernichten oder überhaupt ermöglichen wird. Wir müssen neue Schritte unternehmen, um die fremdartige Welt der Schamanen und ihren Sinn dafür, in Einklang mit der Natur zu leben, erforschen zu können. Dabei müssen wir aber auch unsere Bedürfnisse auf Gebieten wie der Wissenschaft, dem Gruppenleben und der Spiritualität berücksichtigen.

Der Weg dieses Buches

Aus Angst, missverstanden zu werden, hat mich meine Identität als Psychotherapeut bis heute dort zögern lassen, wo es um die Geisterwelt und das Leben des Traumkörpers geht. Mein äußeres und mein inneres Leben können aber eine solche Einseitigkeit nicht länger ertragen. Nachdem mir klar geworden ist, wie die westliche Kolonialpolitik buchstäblich Millionen Ureinwohner Afrikas, Australiens, Amerikas und Indiens dezimiert hat und wie die Eingeborenen in Japan,

China, Hawaii und Alaska unterdrückt und umgebracht worden sind, kann ich nicht länger still sein. Die politische Realität der heutigen Eingeborenenvölker gipfelt im Fehlen ziviler Rechte. Diesen Völkern ist die freie Religionsausübung untersagt. Nationen, die sich demokratisch nennen, auch die Vereinigten Staaten, besetzen und zerstören das, was von den Orten der Kraft der Eingeborenen noch übrig geblieben ist. Hiermit zeigen sie, dass eingeborene religiöse Gruppen, die die Erde verehren, weniger ernst zu nehmen sind als religiöse Gruppen, die Stein- und Betongebäude brauchen, um Gottesdienste abzuhalten.[5]

In gewisser Weise ist dieses Buch eine Prüfung für mich, ein Todesgang. Wie die Figur in einer Geschichte des 14. Kapitels, die sich einer Jury von äußeren und inneren Mächten gegenübersieht, muss ich in Übereinstimmung mit mir selbst begründen, warum ich an der Grenze zwischen theoretischer Physik, Schamanismus und Psychologie leben muss. Andernfalls werde ich wegen meines Zögerns von der Kritik meines inneren Geistes oder wegen eines irrationalen Mystizismus von der Welt der Psychotherapie disqualifiziert. Um dieses Buch zu schreiben, muss ich mich von meiner persönlichen Geschichte und meinem Ruf lösen.

Schamanische Lehren sind heute eine Sache auf Leben und Tod. Ich erinnere mich, wie viele eingeborene Lehrer, die ich kannte, ihr Leben riskiert haben, indem sie mit Nicht-Eingeborenen über die alten Wege sprachen. Die Tochter unseres australischen Heilers klärte uns über diese Gefahren auf, während sie die Rückseite eines 200 Jahre alten Schildkrötengehäuses in der Nähe ihrer Hütte bemalte. Dabei erzählte sie uns, ihr Vater habe gesagt, wir dürften die Erfahrungen, die wir mit ihm gemacht hätten, aufschreiben, aber nicht mit anderen darüber sprechen. Sie meinte damit, dass die Macht

---

5   Mander/Toms »Technology and Native Peoples«. Sie beschreiben die weltweite Vernichtung des Denkens und Glaubens der Eingeborenen.

der uralten Traum- und Körperarbeit nicht durch Analysieren vermindert werden darf, aber allen Menschen vermittelt werden sollte. Es ist, als riefe uns die Traumzeit heute auf, uns an die Gegenwärtigkeit der Vergangenheit zu erinnern; und doch ist diese Traumzeit eine Erfahrung, die vielleicht niemals ganz verständlich in unseren Alltagssprachen beschrieben werden kann.

Wir müssen warten, bis uns das Leben früher oder später herausfordert und uns sogar dazu zwingt, den Traumkörper zu erfahren. Er liegt verborgen unter unseren alltäglichen Problemen, unseren Beziehungen, Familien- und Gruppenkämpfen, Problemen von Kindern und Erwachsenen, Liebeskrisen, Depressionen in der Lebensmitte, Ruhestandsproblemen und Nah-Todeserfahrungen. Und jeder von uns wird natürlich eines Tages sterben.

Ob das Schicksal nun bezeichnet wird als akute oder chronische Krankheit, als Versagen im akademischen oder im geschäftlichen Bereich, als sexueller Komplex, Verrücktheit, Selbstmord oder als geheime Liebesaffäre, steht doch im Hintergrund immer das Muster, den Traumkörper leben zu können – als Mittel gegen den Schmerz. Unsere größten Probleme haben vielleicht den Sinn, unser Leben anzuhalten und uns aufzuwecken zu unserer vollen Leistungsfähigkeit, zu Kriegerschaft und Tod, und so unsere alte Persönlichkeit hinter uns zu lassen und den Pfad des Herzens zu finden.

Prozessarbeit und Traumzeit

Während ich in den letzten 30 Jahren auf das Reifen dieses Buches wartete und langsam in Aspekte der Rolle des Älteren hineinwuchs, machte ich Fortschritte in der Ausübung dessen, was ich Psychotherapie genannt habe. Ich beschäftigte mich mit Krankheiten, Nah-Todeserfahrungen, Suchtproblemen, Extremzuständen, Stadtstreichern, Gruppen- und internationalen Problemen, Kindern, Opfern der Alzheimer-Krankheit und sogar mit Schamanen. Alles, was ich tat, schien immer wieder die Traumzeit zu umkreisen.

Die Vorstellung der amerikanischen Indianer und der australischen Aborigines hatten großen Einfluss auf meine Arbeit, was auch die Titel meiner Bücher ausdrücken.

»Dreambody«; »Die Rolle des Körpers bei der Entdeckung des Selbst«; »Der Leib und die Träume«; Traumkörperarbeit oder der Lauf des Flusses«; »Der Traumkörper in Beziehungen«; »Das Jahr Eins – Ansätze zur Heilung unseres Planeten« und »Traumkörper und Meditation. Arbeit an sich selbst«. Meine ursprüngliche Bezeichnung dessen, was heute prozessorientierte Psychologie genannt wird, war »Traumkörperarbeit«, womit die Verbindung zwischen der Welt der Träume und den Körpererfahrungen betont wurde.

Als ich dieses Buch schrieb, wurde ich ständig von immer neuen, uralten Fragen gequält, auf die ich Antworten suchte. Was bedeutet es, den Traumkörper zu leben, wenn wir durch therapeutische oder schamanische Methoden machtvolle Gipfelerfahrungen erleben, nicht nur für uns selbst, sondern für jedermann und auch für die Zukunft der Erde? Wie setzt sich die Traumkörperarbeit nach dem Tod fort? Und schließlich, bin ich reif genug, dieses Buch zu schreiben? Habe ich genug Selbstkritik oder bin ich alt genug, um Psychotherapie und Schamanismus kritisieren zu können?

Übungen

1. Versetze dich in eine Zeit zurück, in der du mit dir selbst
    gearbeitet hast. Vielleicht hast du meditiert, Traum- oder
    Körperarbeit gemacht, befandest dich gerade in einem
    spirituellen Ritual oder einem inneren Prozess. Und
    plötzlich hattest du das Gefühl, auf einem guten »Trip« zu
    sein, d. h., du reistest gerade in andere Dimensionen, in
    veränderte Bewusstseinszustände. Solch eine Reise ist ein
    zentrales Element des Schamanismus, und sie könnte eine
    Berufung sein, Schamane zu werden. Wenn du noch keine
    solchen Erfahrungen gehabt hast, könnte dieses Buch dir
    dabei helfen, sie dir zugänglich zu machen.

2. Andere Erfahrungen, die Berufungen sein könnten, mehr
    über den Schamanismus zu lernen, sind oftmals chroni-
    sche Krankheiten, das Gefühl verrückt zu sein, verlänger-
    te traumähnliche Zustände oder das Erscheinen weiser
    Traumlehrer in Träumen oder Wachzuständen. Rufe dir
    jetzt irgendeine dieser Erfahrungen zurück. Erinnere dich
    an ungewöhnliche Stimmungen, die sie in dir ausgelöst
    haben.

3. Experimentiere mit »versammeln«, das heißt, sich selbst
    auf verschiedene Weisen zu identifizieren. Sieh dich einen
    Moment lang als eine Person, die ihrem Traumprozess
    immer folgt. Mach dir keine Gedanken darüber, wie du
    den Prozess erklären könntest; lass dich einfach von dei-
    ner Vorstellungskraft führen.
    Folge diesen früheren »Rufen« in deiner Vorstellung, so,
    als wären sie ein Prozess, der dich in einen bestimmten
    Zustand hineinzuträumen versucht, und nicht nur ein
    Symptom deines Gestörtseins. Auf welchen Zustand ha-
    ben diese frühen »Träume« hingezielt?

4. *Sieh dich jetzt auf einem guten »Trip«, oder stell dir eine innere weise Figur vor, die besondere Zustände oder Erfahrungen unterstützen kann. Nimm dir einen Moment Zeit und verbinde dich mit diesen Vorstellungen, Figuren, Methoden und Reisen.*

5. *Achte darauf, ob deine innere Erfahrung oder dein innerer Lehrer eine Botschaft für dich haben. Experimentiere damit, diese Botschaften zu sparen und sie ernst zu nehmen.*

6. *Stell dir vor, diese Botschaften in deinem Leben, deinen Beziehungen und in deiner Arbeit zu leben. Stell dir entsprechende Änderungen vor, die du in deinem Alltagsleben vornehmen musst.*

2.

SCHAMANISMUS
UND PROZESSARBEIT

Heiler und Helfer benutzen viele Methoden und Namen für Heilen und für Erfahrungen des Wohlbefindens: das Tao, Gott, der Weg, das Hier und Jetzt, Glück, Schicksal, Kismet, Chronos, das Unbewusste, Synchronizität, Individuation, Erleuchtung und vieles mehr. Auf solche Grunderfahrungen bezieht sich die prozessorientierte Psychologie oder die Prozessarbeit, wenn sie davon spricht, den Traumkörper zu leben. Schamanen sprechen vom Traumkörper im Sinn von Kraft.

Der Traumkörper gibt Antwort auf die uralte Frage, wie unser Leben ausgeglichen, aber auch aufregend, friedlich und voller Spaß, zufriedenstellend, aber auch schreckenerregend sein kann. Wenn wir versuchen, unsere Energie zu kontrollieren oder zu manipulieren, fühlen wir uns irgendwann krank oder tot. Folgen wir unseren Körperempfindungen, haben wir ein intensives Gefühl der Gegenwärtigkeit, so, als würden wir wirklich und schöpferisch leben. Empfindungen wie Schmerz oder Schwindel nachzugehen, bedeutet, dass wir den Traumkörper leben.

Moderne Vorstellungen vom Traum und vom Träumen gehen auf uralte Mythologien zurück. Mit dem Traumkörper zum Himmel hinauf- und in die Unterwelt hinabzusteigen, gehört zu den Grundlagen des Schamanismus und ist wahrscheinlich die älteste und am weitesten verbreitete spirituelle menschliche Erfahrung.

Wie alle schamanischen Lehren können Vorstellungen vom Traumkörper durch unmittelbare Körpererfahrungen am besten erfasst werden. Ohne solche offenkundigen Körpererfahrungen hören sich diese Lehren wie faszinierende Mysterien

an, die unser Verstand als Geschichten von anderen Realitäten fehlinterpretiert, als Metaphern von Drogentrips oder als
unwirkliche Projektionen des Unbewussten.

Um den Traumkörper erfahren zu lassen, arbeite ich zunächst mit Träumen und Körpererfahrungen. In den folgenden Kapiteln versuche ich, einige Veränderungen der Weltan-
schauungen aufzuzeigen, die nötig sind, um das Bewusstsein
vom Traumkörper aufrechterhalten zu können.

Schnappschüsse aus der Traum- und Körperwelt

Wenn wir darüber nachdenken, was in der vergangenen
Nacht im Schlaf mit uns geschah, erinnern wir uns vielleicht
an Körperempfindungen, an Träume oder an beides. Wenn
wir Träume zurückrufen, nehmen wir sie aus ihrem Kontext
von Schlaf und Traum heraus und merken gar nicht, dass wir
sie verändern. Ein Großteil der modernen Traumarbeit befasst sich mit Träumen außerhalb ihres ursprünglichen Kon-
textes.

Werden Träume aus ihrem Zusammenhang gerissen, sind
sie fragmentarische Geschichten, Bilder, an die wir uns wegen
ständig fortlaufender Erfahrungen nicht mehr richtig erinnern
können. Sie gleichen sozusagen momentanen und unvollstän-
digen Schnappschüssen eines Flusses. Schamanische Erfahrungen stammen jedoch meist vom strömenden Fluss selbst.
Die Bezeichnung »Prozess« in »Prozessarbeit« bezieht sich
auf den schamanischen Akt des unmittelbaren Fließens mit
dem Fluss. Prozessarbeit kann für eine bestimmte Person auch
eine gewöhnliche Therapie sein, da sie mit Träumen umgeht,
wie mit Schnappschüssen aus einer anderen Wirklichkeit.

Vom Fluss aus gesehen sind Traumberichte aus der Nacht
Bilder tiefer Prozesse, die sich ereignet haben. Erinnerte

Träume sind unbewusste Aspekte von uns selbst, eingefroren in die Zeit. Sie sind wie Bilder einer Ehrfurcht gebietenden Reise.

Körperempfindungen können Träumen sehr ähnlich sein. Sobald wir über sie sprechen, werden auch sie zu Schnappschüssen unseres Erfahrungsstroms. Wenn wir beispielsweise sagen, wir seien müde oder wir hätten Halsschmerzen, sprechen wir über momentane Körperempfindungen. Obwohl sie vielleicht als Müdigkeit oder als Halsschmerzen beginnen, fließen sie bald weiter und entfalten sich als ein Traumprozess, wenn wir sie näher erfassen, d. h., wenn wir uns bewusst in sie vertiefen und uns in sie hineinbegeben.

Der Traumkörper

Der Strom von Erfahrungen, der Traumkörper genannt wird, erscheint nicht nur nachts, sondern ununterbrochen. Eine der Hauptaufgaben des Schamanen ist es, auch während des Tages Zugang zum Traumprozess zu bekommen. Die Träume, an die wir uns erinnern, sind interessant, aber kein Ersatz für den Zugang zum Traumprozess selbst. Genauso wenig sind medizinische, anatomische und physiologische Beschreibungen unseres Körpers ein Ersatz für Erfahrungen unseres Traumkörpers.

Meistens achten wir nur auf die Körperempfindungen, die zu unserem alltäglichen Programm gehören. Alles andere unterdrücken wir. Wir bleiben in der Nähe der uns vertrauten Umgebung und meiden die unheimliche Natur, die wir fürchten wie eine Urwaldgegend. Der Körper erscheint uns krank, sobald er Schwierigkeiten macht, und wir merken nicht einmal, dass er versucht, zu träumen, Botschaften zu übermitteln und Bewegungen hervorzubringen, die wir niemals erwartet hätten.

So träumte beispielsweise einer meiner Klienten, dass er gestorben sei. Im Traum verließ er seinen Körper und wunderte sich, dass er immer noch wach war. Statt an seinem Traum zu arbeiten, folgten wir seiner momentanen Körperempfindung, die er als Müdigkeitsgefühl beschrieb. Als er sich auf diese Erfahrung konzentrierte, verwandelte sie sich in Entspannung und in ein Gefühl des Loslassens.

Danach traten spontane Schüttelbewegungen auf, die von den Kniegelenken ausgingen. Er folgte ihnen, und wir befanden uns plötzlich mitten in etwas, das er nicht mehr erklären konnte. Er merkte, dass ihn diese spontanen Bewegungen dazu trieben, in einer seltsamen, fahrigen und linkischen Art umherzugehen. Plötzlich hielt er inne und sagte überrascht, er habe das Gefühl, von toten Geistern bewegt zu werden.

Jetzt lebte er seinen Traumkörper. Sein Körper bewegte sich so, als würde er geträumt. Sein Tod oder sein Geist hatte sich selbst aus seinem alten Körper und aus seiner persönlichen Identität befreit. Er bewegte sich so, als sei er nahezu tot. Aber etwas Neues beseelte ihn, kam in seinen Körper und dirigierte ihn so, wie es wollte. Er war überhaupt nicht tot, sondern lebendiger als je zuvor.

Obwohl dieser Traum und diese Körpererfahrung zu einem bestimmten Individuum gehören, zeigt sich hier eine wichtige Verbindung. Wenn wir Schnappschüsse vom Körper machen, von momentanen Körpererfahrungen oder Signalen, die wir als Einladung in das Unbekannte betrachten – und wenn wir sie sich entwickeln und entfalten lassen – spiegeln sie unsere letzten Träume und werden zum Traumkörper.

Das ist eine praktische Erfahrung, die jeder nachprüfen kann. Träume sind Schnappschüsse von Körpererfahrungen, die sich ereignen möchten, und umgekehrt spiegeln Körpererfahrungen Träume. Diese symmetrische Verbindung von Schnappschüssen aus Träumen und Körpererfahrungen nenne ich den Traumkörper.

Zusammen mit anderen Prozessarbeitern konnte ich die

Traumkörperverbindungen rund um die Welt bei Tausenden von Menschen jeden Alters und unter verschiedensten Umständen untersuchen. Wir stellten fest, dass Traumkörpererfahrungen überall stattfinden, bei Menschen aus Nairobi, afrikanischen Wüstenkriegern, Japanern, australischen Ureinwohnern, Indern, Europäern, Menschen aus beiden Teilen des amerikanischen Kontinents, Russen und vielen anderen.

Während meine Entdeckung des Traumkörpers sich aus der Verbindung von Traum und Körper entwickelte, entstand allmählich ein Konzept, und ich konzentrierte mich auf den Traumprozess in vielen Erfahrungsbereichen mit Paaren, Gruppen und Individuen in den verschiedensten Bewusstseinszuständen. Dieses Konzept ist auch hilfreich für Kranke und Menschen in Nah-Todessituationen.

In der Traumkörperarbeit bzw. in der mit dem Körper arbeitenden prozessorientierten Psychologie geht es darum, unseren Körper spürsam wahrzunehmen und unsere Lebensweise von diesen Wahrnehmungen bestimmen zu lassen. Dem Traumkörper zu folgen, ist eine sehr wichtige Aufgabe. Er ist der Kanal für das, was manche den »Traummacher« und andere den »Geist« oder das Unbewusste nennen. Australische Eingeborene nennen ihn »Traumzeit« und Schamanen »Die Entwicklung eines Kriegers auf dem Pfad des Herzens«.

Aufmerksamkeit und Konzentration

Die Schulung, die erforderlich ist, um den Traumkörper leben zu können, finden wir in den schamanischen Lehren, die ich in den folgenden Kapiteln beschreiben werde. Bevor ich jedoch damit beginne, möchte ich genau erklären, wie diese Lehren, meiner Ansicht nach, zum allgemeinen Thema von Bewusstheit und Aufmerksamkeit gehören.

Jeder kennt die Vorstellung der Zuwendung von Aufmerksamkeit; wir alle erwarten sie voneinander. Ohne liebevolle Aufmerksamkeit kann ein Kind sterben. Als Kinder müssen wir lernen, unseren Eltern, Lehrern und den alltäglichen Ereignissen in der Welt Aufmerksamkeit entgegenzubringen. Meditierende üben, dem Fluss innerer Erfahrungen, Bilder und Körperempfindungen aufmerksam zu folgen. Lehrer und Therapeuten werden geschult, ihren Schülern und Klienten Aufmerksamkeit zu schenken. Auch Liebende schenken sich gegenseitig Aufmerksamkeit. Dennoch haben wir oftmals das Gefühl, nicht genügend Aufmerksamkeit zu bekommen.

Schamanen müssen aufmerksam auf Ungewöhnliches in sich selbst, ihren Klienten und ihrer Umgebung achten. Da auch Schamanen in der Lage sein müssen, ein alltägliches Leben zu führen, müssen sie Aufmerksamkeit für die Alltagsrealität entwickeln. Dies nennt Don Juan die »erste Aufmerksamkeit«. Aber Schamanen müssen auch ungewöhnliche Prozesse wahrnehmen. Sie müssen die »zweite Aufmerksamkeit« entwickeln, mit der sie den Traumprozess erfassen können.

Ich wende die Begriffe Don Juans auf eine spezielle Weise an. Wenn wir uns mit unserer ersten Aufmerksamkeit auf jemanden konzentrieren, erfassen wir die Bedeutung dessen, was er sagt. Mit der zweiten Aufmerksamkeit jedoch bemerken wir Aspekte seines lebendigen Träumens, das ich im nächsten Abschnitt beschreiben werde.

Wenn uns Aufmerksamkeit zuteil wird, wissen wir wahrscheinlich, wie es ist, von jemandem die »erste Aufmerksamkeit« zu erfahren. Aber noch befriedigender kann es sein, mit der »zweiten Aufmerksamkeit« wahrgenommen zu werden.

Die verschiedenen Arten von Schamanen und ihren Lehrlingen scheinen sich hauptsächlich in Heilkundige und Krieger aufzuteilen oder, auf spiritueller Ebene, in Schamanen und Suchende. Medizin-Schamanen entwickeln ihre zweite Aufmerksamkeit, um zu heilen und zu helfen; die meisten setzen ihre Fähigkeiten für ihre Klienten ein, ohne von ihnen die gleiche Aufmerksamkeit zu erwarten. Wie in der modernen Medizin wird vom Empfangenden nur selten ein spezielles Bewusstsein vorausgesetzt; vielleicht ist dies der Grund, weshalb der Schamanismus so umfassend anwendbar ist.

Krieger-Schamanen entwickeln ihre Fähigkeiten, um Selbsterkenntnis zu erlangen, während Medizin-Schamanen sich hauptsächlich auf therapeutische Wirkungen konzentrieren. Anders als es im Schamanismus allgemein üblich ist, teilt der Prozessarbeiter die Verantwortung, besondere Bewusstseinszustände wahrzunehmen, mit den Klienten und versucht, sie zu ermutigen, ihre eigene zweite Aufmerksamkeit zu entwickeln.

»Dem Prozess zu folgen« ist in der Prozessarbeit sowohl abhängig vom Bewusstseinszustand des Klienten wie von der Wahrnehmungsfähigkeit des Therapeuten. Beide müssen ihre zweite Aufmerksamkeit entwickeln. Ich möchte die Prozessarbeit nicht weiter beschreiben, da ich das bereits in anderen Büchern getan habe und sie hier in ihrer Beziehung zum Schamanismus darstellen will. Auch will ich den Schamanismus nicht analysieren oder erklären, noch will ich zu beweisen versuchen, ob und warum er wirksam ist. Ich bin mehr daran interessiert, was er uns im Hinblick auf die Arbeit mit uns selbst und mit unserer momentanen Weltsituation lehren kann.

Meine Erfahrungen mit Situationen in Todesnähe zeigen, dass die meisten Menschen ihre erste Aufmerksamkeit fallen lassen, die zweite entfalten und am Ende ihres Lebens in den Traumkörper gelangen. In Todesnähe erleben wir alle unsere Träume als Körpererfahrungen und scheinen mit subtilen, unvorhersehbaren inneren und äußeren Ereignissen mitzugehen. Als unausweichliche Tatsache für jeden Einzelnen gibt uns der Tod eine Perspektive für unser alltägliches Leben.

Die erste Aufmerksamkeit ist also das Bewusstsein, das wir brauchen, um Ziele zu erreichen, unsere tägliche Arbeit zu verrichten und so aufzutreten, wie wir wollen. Die zweite

Aufmerksamkeit richtet sich auf die Dinge, die wir normalerweise vernachlässigen, wie äußere und innere subjektive, irrationale Erfahrungen. Die zweite Aufmerksamkeit ist der Schlüssel zur Traumwelt, zu unbewussten und traumähnlichen Bewegungen, zu Unfällen und Versprechern, die den ganzen Tag über geschehen.

Um ein normales Leben führen zu können, meinen wir, manche dieser störenden Signale vernichten, unterdrücken oder heilen zu müssen, insbesondere dann, wenn sie uns wie Krankheiten erscheinen, die überwunden werden sollten. In besonderen Bewusstseinszuständen – beim Träumen, im Koma, im kreativen Tanz, in Ekstase, beim Sport oder beim Lieben – gleiten wir in die zweite Aufmerksamkeit und fangen an, den Traumkörper zu leben. In psychoseähnlichen Situationen – also in extremen Bewusstseinszuständen wie Halluzinationen oder Persönlichkeitsspaltungen – kann uns der Traumprozess überwältigen.

Unsere Aufgabe als Krieger ist es, diesen Empfindungen zu folgen, sie zu spüren, zu prozessieren und Wege zu gehen, die denen unserer nächtlichen Träume gleichen. Mit der Traumkörpererfahrung fühlen wir uns ganzheitlich und kreativ. Im Traumkörper zu sein heißt weder zu wachen noch zu träumen, weder im Körper zu sein noch außerhalb des Körpers.

Von außen gesehen mag unsere Traumkörpererfahrung ziemlich ungewöhnlich erscheinen; sie lässt uns unvorhersehbare Dinge tun, und andere könnten meinen, wir stünden unter Drogeneinfluss oder hätten eine Gipfelerfahrung. Innerlich spüren wir jedoch vertraute und zugleich unfassbare Empfindungen und Bewegungen. Wenn wir zulassen, dass sie sich entfalten, fühlen wir uns mit etwas Wesentlichem verbunden. Wir werden zu unserem eigentlichen Selbst, unabhängig von Raum, Zeit und Welt.

Doppelsignale

Mit unserer ersten Aufmerksamkeit konzentrieren wir uns auf unseren »primären Prozess«, unsere normale Identität. Selten entwickeln wir die zweite Aufmerksamkeit, die wir brauchen, um uns auf die »sekundären Prozesse« auszurichten, auf traumartige Ereignisse, die immer wieder durchdringen, wie Unfälle, Versprecher und Synchronizitäten.

So kommt es, dass uns diese sekundären Prozesse ohne unser Zutun ununterbrochen zustoßen. Die Menschen unserer Umgebung nehmen sie jedoch wahr. Wir senden Doppelsignale aus, die uns zu verblüffenden, unmöglichen, unbegreiflichen, mächtigen und sorgenvollen Wesen machen.

Doppelsignale sind unbeabsichtigte Botschaften, sie sind unser lebendiges Unbewusstes, unser Traumkörper, wie er in Beziehungen erfahren wird. Manche dieser Signale werden gehört oder gesehen, beispielsweise in der unbewussten Art unseres Gehens oder dem Ton unserer Stimme. Wir können mit anderen aber auch außerhalb der physikalischen Gesetzmäßigkeit kommunizieren. Aus diesem Grund können andere unsere Doppelsignale und Traumprozesse über weite Entfernungen wahrnehmen; deshalb können Schamanen auch weit entfernt lebende Menschen heilen.

Um mit den ungewöhnlichen und veränderten Bewusstseinszuständen der Schamanen und Zauberer umgehen zu können, müssen wir zumindest die Konzepte der primären und sekundären Prozesse und der ersten und zweiten Aufmerksamkeit verstehen. Heute haben viele Therapeuten erkannt, dass wichtige Erfahrungen und Transformationen ohne Zugang zu diesen Zuständen unvollständig bleiben. Wir brauchen die Idee der primären und sekundären Prozesse, um Zugang zur Traumzeit zu erhalten.

Begriffe wie Ego, Bewusstsein und Unbewusstes sind hilfreich im Umgang mit Menschen, die in normalen Bewusstseinszuständen bleiben. Um mit Menschen in komatösen Zuständen, psychotischen Episoden oder anderen Extremzuständen, wie sie beispielsweise Schamanen erfahren, umgehen zu können, brauchen wir jedoch andere Konzepte.

So erinnere ich mich an einen Studenten, der vor vielen Jahren in der Schweiz in einer Drogenerfahrung stecken geblieben war. Er wurde in einem schreckenerregenden Delirium zu mir gebracht, stolperte herum und schrie, die Wände meiner Praxis würden sich ja bewegen. Sobald er sie berühre, würden sie sich verbiegen. Er weinte, weil er sie mit seiner groben Berührung verletzt habe. Zunehmend steigerte sich sein Entsetzen.

Diese Erfahrung für sich allein wäre schon bedeutsam gewesen. Er brauchte jedoch meine Hilfe, weil er diesem grauenvollen Schrecken ausgeliefert war. Er war kurz davor, in einen »Horrortrip« zu geraten. Um in einem solchen Zustand mit ihm arbeiten zu können, brauchte ich die Konzepte von Ego, Bewusstsein und Unbewusstem nicht. Stattdessen betrachtete ich die Wand als einen sekundären Prozess, mit dem er sich nicht identifizierte. Ich bat ihn, der Wand zu vertrauen, sie zu spüren und anzuschauen.

»Konzentriere deine ganze Aufmerksamkeit auf sie!«, schrie ich. »Schau sie an!« Ich hatte keine Ahnung, was geschehen würde, wenn er seine zweite Aufmerksamkeit anwendete. Augenblicklich verwandelte sich die bewegliche Wand in eine Welle, auf der er sich reiten sah. Ich machte ihm Mut, mir die Welle in Bewegung zu zeigen, d. h., sich selbst gleichsam wie die Welle zu bewegen. Er stand da und machte wunderschöne, wellenartige Tanzbewegungen und surfte auf seinem visionären Ozean, während die Wellen ans Ufer brandeten.

Plötzlich hielt er inne, sah mich ganz nüchtern an und sagte: »Arny, ich bin einfach zu starr in meinem Studium!« Sein Delirium verschwand mit seiner zunehmenden Begeisterung für neue Möglichkeiten und Richtungen seines Studiums. Was er brauchte, war mehr Flexibilität in seinem Leben. In dieser Erfahrung hatte sich der Student zuerst als sensitiven Menschen identifiziert, der mit dem Schmerz der Materie verbunden war. Während manche Psychotherapien sich traditionellerweise danach ausrichten, das Ego zu stärken – in unserem Fall die persönliche Geschichte des jungen Mannes als Student – richten sich Prozess- und Gestaltarbeit und die östlichen Traditionen auf das Bewusstsein. Hier ist die Grundidee, dass Identität ein momentaner Prozess ist und dass die Art, wie wir uns im Moment identifizieren, einem »primären Prozess« entspricht, der sich ständig ändert.

Prozessarbeit und Schamanismus sind nicht auf die Weiterentwicklung des Ego ausgerichtet, sondern eher darauf, ein Bewusstsein von Wandlung zu entwickeln. Bewusst zu sein heißt also, seine erste Aufmerksamkeit zu entwickeln, um sich auf die momentane Realität zu konzentrieren, und die zweite Aufmerksamkeit, um veränderte Bewusstseinszustände wahrzunehmen. Das Ziel des Kriegers ist, die zweite Aufmerksamkeit zu entwickeln, um den Traumkörper leben zu können und den Pfad des Herzens zu finden.

Entwicklungsphasen

Die Psychologie hilft uns bei Problemen; sie führt zum Tor der anderen Welt und wartet auf das, was durchkommen will, um dann mit diesem Etwas zu arbeiten. Aber was ist, wenn wir einige Probleme gelöst haben und uns dann für das interessieren, was jenseits des Tores liegt, und versucht sind, das Unbekannte zu betreten?

Obwohl wir immer persönliche Probleme haben werden, führt unser Prozess des Älterwerdens zu Fragen über das Wesen anderer Welten. Für viele Menschen ist es ganz in Ordnung, bis zu ihrer letzten Minute auf dieser Seite des Tores zu bleiben. Aber die Fragen nach anderen Welten werden in Zukunft noch viel eindringlicher werden. Solange unsere natürliche Umgebung weiter ausgebeutet wird und Wildnisgebiete immer begrenzter werden, müssen wir aus weniger mehr machen. Hierzu brauchen wir die zweite Aufmerksamkeit.

Schamanische Vorstellungen geben uns Auskunft, wie wir uns entwickeln, wenn wir der Traumwelt begegnen. Mircea Eliade hat typische Stufen der Entwicklung zum Schamanen dargestellt, Stufen, wie die Suche nach magischer Macht, Initiationskrankheiten und -träume, Methoden, die Seele zu erforschen und geheime Rituale. Viele Lehrlinge, die berufen werden, ins Unbekannte vorzustoßen, gehen durch Entwicklungsstufen und entdecken, dass sie dabei sind, Jäger, Zauberer, Seher, Krieger, Menschen auf dem Pfad des Herzens und noch manches mehr zu werden.

Der Jäger versteht die Wirklichkeit, wie sie ist, und nimmt wahr, wenn ungewöhnliche Geschehnisse sich ereignen wollen. Später erschafft der Individuationsprozess den Krieger, eine Stufe, die wir zu bestimmten Zeiten erhöhten Bewusstseins und am Ende unseres Lebens erfahren. Als Krieger benutzen wir die zweite Aufmerksamkeit, treten ganz flexibel aus der Zeit heraus und lassen den Kreislauf der Probleme hinter uns. Wir verlassen das Rad von Leben und Tod und verwirklichen unser ganzheitliches Selbst, indem wir mit den Erfahrungen zusammenfließen. Die letzten Schritte führen über jede Technik hinaus und lehren uns, dem Pfad des Herzens zu folgen. Unter Indianern wird er manchmal der »rote Pfad« genannt; er ist die Gefühlsgrundlage für unser persönliches Wachstum, eine tief empfundene Wahrnehmung dafür, ob wir auf dem richtigen Weg sind oder nicht. Westliche Individuationsvorstellungen wirken trocken ohne dieses Gefühl des Herzens und das Außergewöhnliche der Suche.

Schamanen wie Don Juan, die entweder in der Sippe oder inmitten einer Gruppe von Kriegern leben, lehren die verschiedenen Stufen der Entwicklung durch ein Leben in der Natur. Ihre Lehren tauchen uns in eine Dimension des Lebens, die für viele Menschen heute fremd geworden ist. Diese Dimension ist die träumende Erde, die Macht der uns umgebenden Natur, die kurz davor steht, von der Menschheit zerstört zu werden.

Wir sind nicht nur in Gefahr, unsere Regenwälder zu verlieren und unsere natürliche Umgebung zugrunde zu richten, wir haben auch unsere zweite Aufmerksamkeit vergessen, die den Zauber der Welt um uns herum wahrnimmt. Wir bringen nicht nur unsere Umgebung um, sondern leiden gleichzeitig darunter, uns selbst zu missbrauchen, indem wir unser eigenes unglaubliches Potenzial verleugnen. Wer die zweite Aufmerksamkeit und den Traumkörper entwickelt, fühlt sich sicherer und freier gegenüber Leben und Tod und ist fähig, den Zauber des persönlichen Lebens und der Umgebung zu bewahren.

Übungen

1. *Denke an einen Traum, den du in letzter Zeit gehabt hast. Achte auf das eindrücklichste Gefühl in dem Traum. In welchem Teil des Traumes kam es vor?*

2. *Nun lege den Traum beiseite und stelle fest, welche Art von Körpererfahrungen du gerade jetzt machst.*

3. *Vielleicht hast du zwei Erfahrungen, eine vertraute und eine bisher unbekannte. Versuche die weniger vertraute Körpererfahrung herauszugreifen, diejenige, die fremdartig, unerwünscht oder schwierig ist. Nimm dir Zeit, sie zu erfassen.*

4. *Wende deine zweite Aufmerksamkeit an und konzentriere dich auf diese weniger bekannte Körpererfahrung. Lass*

sie sich entfalten. Geh in sie hinein, spüre sie erst einmal. Dann experimentiere damit, dieses Gefühl durch deine Hand auszudrücken. Lass deine Hand sich ein bisschen bewegen. Übertreibe deine Bewegungen, bis du herausfindest, wohin sie führen.

5. *Wenn das Ergebnis dich auf irgendeine Weise an einen Teil deines Traums erinnert, könntest du ihn vielleicht besser verstehen. Diese Bewegungserfahrung spiegelt das Gefühl in deinem Traum und ist eine momentane Erfahrung deines Traumkörpers.*

6. *Gehe mit deiner Aufmerksamkeit hin und her zwischen deiner normalen Körpererfahrung und Identität und dieser neuen Erfahrung, die du in deinem Traumkörper gefunden hast. Übe dich darin, in deinen Traumkörper hinein- und aus ihm herauszugehen.*

3.

DER PFAD DES WISSENS

Es gibt viele Wege, die zum Gipfel des Berges führen. Wenn wir einmal oben sind, sehen sie möglicherweise alle gleich aus. Am Fuß des Berges allerdings sind die Unterschiede von Lehrern und spirituellen Gruppen wesentlich, denn nicht alle entsprechen unseren wechselnden Stimmungen und Lebensweisen. Der Weg des Schamanen z. B. ist dann besonders wichtig, wenn wir Unterstützung brauchen, um in veränderte Bewusstseinszustände hineinzugehen. Jungs Weg wird entscheidend sein, wenn wir Träume und Symbole des Weges verstehen müssen. Prozessarbeit ist hilfreich, wenn wir mit veränderten Bewusstseinszuständen arbeiten oder wenn wir uns im alltäglichen Leben selbst darin befinden. Der transpersonale Weg ist wichtig, um spirituelle Erfahrungen schätzen zu lernen. Auf dem Zen-Weg befinden wir uns, wenn das Leben im Hier und Jetzt zum Nichtverhaftetsein führen soll.

Es gibt viele Bezeichnungen für persönliche Veränderung und Transformation, und jede betont einen anderen Wesenszug psychospirituellen Wachstums. So gibt es z. B. in Indien die irrationalen und von Liebe getragenen Wechselwirkungen zwischen Guru und Schüler, die zur Entwicklung eines subtilen Traumkörpers führen. Im Taoismus hängt die Entwicklung eines Traumkörpers davon ab, wie weit man sich dem zyklischen Fluss von Yin und Yang anpassen kann, indem man z. B. wie eine Regenwolke die Grenze zwischen zwei verschiedenen Städten nicht beachtet.

Die verschiedenen buddhistischen Prozesse persönlichen Wachstums sind verbunden mit zunehmender Bewusstheit und mit der Entdeckung oder Entwicklung eines vorurteilsfreien Beobachters bzw. einer objektiven Betrachtungsweise.

Erleuchtung ereignet sich unmittelbar, und wir können sie nicht willentlich herbeiführen. Im Zen zeigt sich Erleuchtung als eine besondere Haltung dem Leben gegenüber. Einer unserer japanischen Zenmeister, Keido Fukushima vom Tofukuji-Kloster in Kyoto, lehrt, dass »jeder Tag ein guter Tag« ist. Das soll heißen, dass selbst das unmöglichste Schicksal mit der richtigen inneren Haltung irgendwie annehmbar ist.

Im kabbalistischen Judentum wird die persönliche Entwicklung mit einem magischen Baum verglichen, der Wurzeln treibt, sich zum Himmel ausrichtet und all unsere Kräfte in Form von Zweigen entwickelt. In der Alchemie werden die Menschen als unedle Mischungen von Gegensätzen betrachtet. Wachstum bedeutet gekocht und verwandelt werden in einem Gefäß für Konflikte, das unser Wesen transformiert und veredelt.

Auch in der westlichen Psychotherapie werden Erleuchtung und Entwicklung als sehr umfassend betrachtet. In der folgenden Zusammenfassung biete ich nur kurze Allgemeinbeschreibungen komplexer Therapiesysteme an. In den europäisch sprechenden Teilen der Welt konzentrieren sich Freud'sche Analytiker auf die Wahrnehmung unterdrückter Gefühle. Problembereiche von Sexualität, Tod und Selbstachtung werden mit Kindheitserfahrungen verknüpft. Adler zeigte, wie persönliches Wachstum uns durch den Machttrieb führt, und er verband das innere Leben mit sozialen Rollen. Gestalttherapie erinnert uns an die Präsenz des Hier und Jetzt. Körpertherapeuten identifizieren persönliches Wachstum als Körperempfindungen, wie Entspannung oder Wohlbefinden. Maslow und die transpersonale Psychologie verbinden persönliches Wachstum mit einer losgelösten Haltung gegenüber intensiven Erfahrungen, mit Mitgefühl und mit Selbstverwirklichung.

Nach Jung bemühen wir uns in der ersten Lebenshälfte um Anpassung an die Gesellschaft. In der zweiten Hälfte leben wir dann unsere universalen und spirituellen Rollen. Die

Individuation führt zur Bewusstwerdung des Unbewussten. Dieser Wachstumsprozess, der uns nicht immer bewusst ist, geht kontinuierlich vor sich. Indem Jung Traumserien über lange Zeiträume beobachtete, nahm er an, dass die Persönlichkeit langsam um das Selbst, die Person in ihrer Ganzheit, schwingt. Er nannte den lebenslangen psychischen Reifungsprozess und das Erreichen von Selbsterkenntnis »Individuation«. Individuation ist der zentrale, führende Antrieb im Leben, das Ergebnis zunehmender Reife und der Entfaltung biologischer, psychologischer und umweltbedingter Faktoren.

Trotz seiner überwältigenden Bedeutung wissen wir nur wenig über den Prozess persönlichen Wachstums. Wir kennen seine Symbole, wie den Kreis, die Spirale, das Mandala, wissen aber kaum etwas über seine Auswirkungen auf unsere Beziehungen, unseren Körper oder unsere Umgebung. Wie verändert sich der Körper als Antwort auf wachsende Weisheit? Was bestimmt die Dauer unseres Lebens? Wie kommt es, dass das Leben eines Menschen manchmal gewaltsam und sehr früh endet? Wir wissen nicht, wie persönliches Wachstum mit der Entwicklung der Welt verbunden ist, und wir beginnen eben erst zu lernen, wie wir mit schweren geistigen und körperlichen Krankheiten umgehen können.

Wir beschäftigen uns mit der Übertragung und suchen alle jemanden, der uns den Weg weist und unser Wachstum fördert. Und doch bemühen wir uns viel zu wenig um die Zeit der Lehre und um die notwendige und liebevolle Beziehung zwischen dem Lernenden und dem, der das Lernen vermittelt.

Viele Psychotherapien und spirituelle Traditionen könnten aus der schamanischen Betrachtungsweise der Entwicklung Nutzen ziehen. Individuation, Loslösung und Selbstverwirklichung sind wichtige Begriffe, die sich hauptsächlich auf das Verhalten in der Alltagsrealität beziehen. Wenn jedoch das, was am Ende eines Lebens geschieht, in irgendeiner Weise maßgeblich für unser letztes Ziel sein soll, müssen wir auch den Traumkörper und veränderte Bewusstseinszustände mit unserer persönlichen Entwicklung in Verbindung bringen. Der Schamane arbeitet mit luziden Träumen und Visionen vom Jagen, er folgt den Körperempfindungen und verehrt die Natur. Hierdurch fördert er nicht nur persönliches Wachstum, sondern auch die intensive Wahrnehmung der Umgebung und den Gemeinschaftssinn. Wie in den Traditionen der Tibeter und Ägypter arbeitet er mit Nachtod-Erfahrungen, das heißt, mit dem, was geschieht, nachdem wir Freiheit von unserer Identität und unserer persönlichen Geschichte erlangt haben.

Auf den meisten Wegen versucht man, die persönliche Identität zu transformieren. Ein guter Therapeut wird aussehen wie ein Jungianer, ein Freudianer, ein Tänzer, ein Geschichtenerzähler, ein Schamane, ein Analytiker, ein Lehrer oder ein Idiot, je nach Situation. In einer prozessorientierten Sicht persönlichen Wachstums ändert der Einzelne nicht nur sein Verhalten, sondern er erweitert auch seine Aufmerksamkeit. Reifwerden heißt, beides ernst zu nehmen, sowohl die Ereignisse, die unsere Identität unterstützen, als auch die störenden, unangenehmen Aspekte des Lebens, die wir normalerweise nicht beachten.

Mit innerer Arbeit, etwas Glück und Anstrengung führt dieser Wachstumsprozess zu einer gesteigerten Fähigkeit, unsere Aufmerksamkeit und unsere Wahrnehmungskraft zu nutzen, die sich stufenweise von unserem Selbst distanzieren. Von einem losgelösten Standpunkt aus sind wir, zumindest momentweise, weder an unsere bisherige Identität noch an Neues, das in uns auftaucht, gebunden. Dann, wenn wir gleichzeitig den Fluss des Lebens und uns selbst als Teil dieses Flusses wahrnehmen, haben wir eine bedeutsame Gipfelerfahrung. Viele Menschen beschreiben diesen Zustand mit dem Begriff des »Nicht-Seins«, – das heißt, wir wissen, dass wir in jedem Augenblick irgendeinen unserer verschiedenen Teile repräsentieren und doch zur gleichen Zeit keinen einzigen.

Diese knappe Skizzierung des persönlichen Wachstumsprozesses stimmt in vielen Hinsichten mit den spirituellen Traditionen überein, die weder die Psychologie des Ich noch die des Bewusstseins betonen. Die Art und Weise dieses Wachstumsprozesses hängt ganz allein vom Individuum selbst ab. So könnten wir unsere Arbeit als die Entdeckung des Unbewussten beschreiben oder als die Zähmung der Schlange, der Kundalini. Wandlung ereignet sich manchmal über ein unlösbares Problem oder ein Koan, manchmal durch eine Gruppeninteraktion oder eine Körpererfahrung. Prozessarbeit konzentriert sich nicht auf das, was wir sind oder werden könnten, sondern auf das, was wir wahrnehmen. Wie in den buddhistischen Traditionen erreichen wir eines ihrer Ziele in dem Augenblick, in dem wir uns als Mittler der Ereignisse betrachten, statt selbst eines der Ereignisse zu sein.

Unerklärliche Mächte

Die prozessorientierte Sichtweise stimmt in manchem mit Castanedas »Geschenk des Adlers« überein. Don Juan erzählt den Mythos des Kriegers, in dem der Adler jedem menschlichen Wesen die Möglichkeit ewigen Lebens zugesteht und in dem jedes Lebewesen die Chance erhält, »die Aufforderung zu sterben« dadurch ungültig zu machen, dass es die »Flamme der Wahrnehmung« nicht verlöschen lässt. In dieser schönen und bewegenden Erzählung vom Kampf um die Befreiung bedeutet Entwicklung, die Wahrnehmung zu disziplinieren, die Aufmerksamkeit zu differenzieren und ein Wissender zu werden. Aber was bewegt uns, diesen Weg einzuschlagen?

Eliade weist darauf hin, dass die Menschen nur unter Druck den Weg des Schamanen gehen; sie werden durch Krankheit, ererbte Anlagen, Träume, Magie und körperli-

ches »Auseinanderfallen« auf ihn gedrängt.[6] Ehrfurchtgebietende Geschehnisse aller Art gehören zum Pfad des Schamanen. Sie erschrecken ihn und beleben seinen Weg. Sein Leben ist erfüllt davon, dass er Geister sieht, geheime Sprachen
hört und unbeschreibliche Dinge erfährt, wobei er auch »die
Straße der Toten« gehen muss. In der modernen Geschichte der schamanischen Lehren des Don Juan überrascht es
nicht, dass dieser Pfad der Wahrnehmung so komplex ist. Er
ist ein »erzwungener« Kampf, in dem das Unbekannte uns
antreibt.[7]

Da wir ständig versuchen, etwas zu unterdrücken oder
einer Sache auszuweichen, können wir verstehen, dass der
schamanische Pfad auch als Weg des Kriegers bezeichnet
wird. Entweder sind wir unwissende Opfer einer anderen
Person oder Macht, oder wir versuchen, große Heldentaten
zu vollbringen, und bereiten uns darauf vor, unerklärlichen
Mächten gegenüberzutreten, die immer größer und stärker
sind als wir selbst.

Während manche lieber Ferien machen, als diesen Mächten
zu begegnen, wird uns der sprichwörtliche Lehrer beibringen, dass sie unausweichlich auf uns zukommen werden, ob
wir bereit sind oder nicht. Wir sind gezwungen, uns ihnen zu
stellen, und wir werden ihnen entweder unterliegen und eine
Bewusstseinsspaltung erleiden oder sie zu unseren Verbündeten machen.

Der Pfad des Schamanen ist ein lebenslanger Kampf mit
dem Unbekannten. Er ist voller Spannungen, weil wir ständig mit neuen Aspekten der Realität konfrontiert werden, die
gerade noch jenseits unserer stetig zunehmenden Fähigkeit
liegen, mit ihnen umzugehen und sie zu integrieren. Bedrän-
gende und problematische Träume, unerträgliche Körperprobleme, schwierige Beziehungskrisen, Süchte, unhaltbare

---

6   Eliade »Schamanismus und archaische Ekstasetechnik«.
7   Castaneda »Eine andere Wirklichkeit«.

Launen und Schicksalsaspekte fordern uns auf, zu erwachen und für unser Leben zu kämpfen. Das Leben scheint uns anzugreifen wie ein Gegner, vielleicht, weil wir es nicht schätzen. Wir betrachten das Unangenehme oder das Unbekannte als einen Aspekt des Lebens, der nichts mit uns zu tun hat.

Wir denken: »Ich bin dieses und nicht jenes. So werde ich niemals sein«. Wir meinen, alles Traumähnliche käme aus einer anderen Realität. Indem wir uns neuen Lebensaspekten öffnen, wird das Unbekannte vertrauter und erscheint als etwas, das sich gerade jetzt manifestieren will. Aber mit jedem neuen Einblick entstehen neue und unbegreifliche Situationen, die uns entweder antreiben oder aufhalten. Wir versuchen immer, das Schicksal zu beherrschen, statt ihm zu folgen.

Der schamanische Lehrer betrachtet diese widerstreitenden Aspekte des Schicksals nicht als Gegner, die überwunden werden müssen, sondern als potenzielle und sehr mächtige Verbündete. Genau das sind die unbegreiflichen Mächte. Ob sie als Ungeheuer oder göttliche Erscheinungen, Körper-, Beziehungs- oder Weltprobleme auftreten, fordern sie uns auf jeden Fall dazu heraus, unsere Identität zu erweitern und sie wie einen Zauberteppich der Erneuerung zu akzeptieren. Einen Aspekt der uns antreibenden Mächte können wir vielleicht beschreiben, einen anderen nicht – wie es im ersten Kapitel des Tao Te King beschrieben wird.

Die Aborigines sprechen in ähnlicher Weise über Macht. In einer Geschichte sagt ein Mann: »Mein Vater sagte: Schau mal, mein Junge. Dort ist dein Träumen. Es ist etwas Großes; du darfst es nie weggehen lassen … Etwas ist da; wir wissen nicht, was es ist; etwas … wie eine Maschine, wie eine Macht, viel Macht; es arbeitet hart: es ›treibt an‹.«

Eingeborene Lehrer versuchen, uns aufzuwecken für die Macht des Unbekannten, für dieses »Etwas«, diese maschinenähnliche Kraft, und für die Tatsache, dass sie funktioniert. Und doch ist ihre genaue Beschaffenheit schwer zu beschreiben. In allen Traditionen ist die Achtung vor dem unerklärlichen Wesen der Macht die wichtigste Haltung im Umgang mit diesen gegensätzlichen Kräften.

Während viele psychologische und spirituelle Systeme sich bemühen, Blockaden zu erklären und zu vermeiden, berufen sich die Schamanen darauf, dass Blockaden eine »Macht« in sich bergen, die nur zum Teil zu uns gehört. Als Lehrlinge erfahren wir daher, dass die Welt voller furchterregender Ereignisse ist; wir erfahren uns selbst als schwache Wesen, umgeben von riesigen und unerklärlichen Mächten. Statt mit diesen Mächten zu kämpfen oder sie auch nur versuchsweise zu deuten, gibt der Schamane es auf, das zu verändern, was er nicht fassen kann, und stellt sich um, indem er sich ihrer Richtung anpasst.

Der Durchschnittsmensch, den Don Juan als »Phantom« bezeichnet, versucht, diese Mächte von sich fernzuhalten, und weigert sich, seine eigene Ohnmacht zuzugeben. Der Durchschnittsmensch, unsere eigene naive Unbewusstheit, macht uns glauben, dass die Medizin unsere Körper heilen, die Psychologie uns vernünftiger machen und Freundlichkeit unsere Beziehungsprobleme lösen wird. Beten soll Schicksalsschläge mildern und die Technologie wird das Universum bezwingen. Was auch immer geschieht – wir sind dem Glauben verhaftet, entweder vom Unbekannten verschont zu bleiben oder neue Lösungen für unsere Probleme zu finden. Wir glauben, das Zentrum einer Welt zu sein, die uns gehört. Nur gelegentlich verraten Entsetzen und Unsicherheit unsere eigentliche Schwäche. Der weisere Teil in uns, unser Zauberer, erkennt, dass Leben sich letztlich jenseits unseres Verstandes und unseres sich verändernden Körpers befindet. Keine Theorie kann uns eine befriedigende Erklärung darüber geben und sogar unsere einfachsten Impulse scheinen aus der Verbindung mit dem Universum selbst zu stammen. Angesichts dieser Erkenntnis versucht der Lehrling, sich mit dem Unbekannten anzufreunden.

Der Lehrling des Schamanen nimmt diesen Standpunkt ein und versucht, die Schicksalsattacke in einen Verbündeten zu verwandeln, in eine Erfahrung seiner eigenen Tiefen und Energien, die ihm Macht und ein größeres Geheimnis schenken. In einem der ersten Gespräche in »Reise nach Ixtlan« weist Don Juan Castaneda warnend darauf hin, dass das Zaubern ihm nicht dabei helfen werde, ein besseres Leben zu führen. Indem wir nämlich zum Krieger werden, sind wir zunächst so blockiert, dass jeder neue Schritt komplizierter und gefährlicher wird als der vorangegangene.

Diese Warnung weist uns auf die Ehrfurcht gebietende Natur dieses Weges des Wissens hin. Nichts, was zu diesem Weg führt, ob Psychologie, Schamanismus oder Meditationspraxis, darf sich selbst als Weg zu Frieden und Harmonie preisen, denn es könnte auch zum Gegenteil führen. Erhöhte Bewusstheit führt uns zu größeren Entdeckungen und öffnet uns Kräften, die uns zwingen, ihre Natur als die unsrige zu leben, auszudrücken und anzuerkennen. Das wiederum bringt uns immer wieder in Konflikt mit unserer Identität und unserer Gemeinschaft.

Entspannung, Frieden, Heilung und Glückseligkeit sind Zwischenspiele bei der Begegnung mit unserer Ganzheit. Wir brauchen einen neuen Begriff, der den gesamten Prozess der Entdeckung und des Abenteuers, der erschreckenden und überwältigenden Natur unserer Welt in sich birgt. Während jedermann Heilung und Liebe sucht, hält der Lehrling des Schamanen auch Ausschau nach Schwierigkeiten und versucht, mit der Natur in Einklang zu sein.

Ein Mann, den ich während einer Konferenz in Japan traf und der sich oberflächlich mit der westlichen Psychologie beschäftigt hatte, wurde von Träumen gequält. Buchstäblich flehte er mich an, ihm mit dem, was er seinen »Schatten« nannte, zu helfen. Er sagte, der Schatten habe sich ihm in über 200 Träumen gezeigt, ihn erschreckt und unmögliche Dinge von ihm gefordert. Als ich ihn bat, mir seinen Schatten zu zeigen, fiel er augenblicklich in Ohnmacht. Bevor ich ihn jedoch auffangen konnte, sprang er hoch wie ein Kampfkünstler und begann um sich zu schlagen. Alle Anwesenden, auch ich, waren wie erstarrt.

Während wir miteinander rangen, sprach ich mit ihm und forderte ihn auf, sich noch intensiver in das, was er jetzt war und gegen das er kämpfte, einzufühlen. Er reagierte mit Schnauben und verhielt sich wie ein Dämon. »Ich will deine Augen, dein Herz und deinen Geist«, schrie er in der Rolle seines Schattens, während wir über den Boden rollten. Er kreischte wie ein entkörperter Geist in einer Sprache, die mir völlig fremd war. Als der wilde Kampf einen Augenblick lang pausierte, ermunterte ich den Geist, sich noch deutlicher zu zeigen.

Plötzlich schluchzte der Mann und erzählte mir, dass sein Leiden vor Jahren begonnen hatte, nachdem er sein Aussehen durch eine Operation seiner leicht schielenden Augen hatte korrigieren lassen. Damals erkannte er noch nicht, dass eine unbekannte und unerklärliche Macht sich hinter seiner äußeren Erscheinung verbarg, eben das, was er seinen Schatten nannte, der Dämon, den er jetzt verkörperte. Als diese Macht sich nicht mehr körperlich über seine Augen manifestieren konnte, war sie wütend geworden.

Der Mann merkte nun plötzlich, dass sich hinter seiner Behinderung eine unerklärliche Macht, eine potenzielle geistige Kraft, ein Verbündeter, befunden hatte. Er sagte, das Wissen um den Verbündeten verbinde ihn nun mit der natürlichen Geschichte Japans, mit dem Schintoismus, mit der Freiheit des Zen, mit seiner eigenen Ganzheit. Dieser Mann befand sich mitten zwischen seinem Dämon und der Welt der gewöhnlichen Menschen.

So sehen wir, dass Offenheit für das Wissen den Zauberer verwundbarer macht als einen Durchschnittsmenschen. Einerseits wird er von seinen Mitmenschen gefürchtet, gehasst und wegen seiner Entwicklung beneidet, auf der anderen Seite werden die unerklärlichen, ihn umgebenden Mächte noch gefährlicher, wenn er sie nicht beachtet.

Dieser Mann war zwischen seinem Selbsthass und der Macht des Verbündeten, zwischen seiner äußeren Erscheinung und seinen inneren Kräften stecken geblieben.

Käme er dem Verbündeten zu nah, würde er die Welt in Unruhe versetzen; wäre die Entfernung von seinem Dämon zu groß, würde er ihn mit seiner Gewalttätigkeit umbringen. Sein Verbündeter hatte die schielenden Augen benutzt, um sich ausdrücken zu können. Deshalb war er nach der Operation so wütend geworden. Dieser Mann war tatsächlich eine unbeschreibliche und machtvolle Erscheinung, wie aus Urzeiten stammend. Sein »Schatten« war sein Traumkörper, der sich erstmals in seinem Augenproblem gezeigt hatte.

Von Zeit zu Zeit leben wir alle einmal zwischen zwei unmöglichen Welten: der Welt der alltäglichen Realität und der Welt, die wir nicht verstehen können. Deshalb ist persönliches Wachstum ein Prozess, der nur von einem Krieger überlebt werden kann, von einem Menschen, der zwischen den herrschenden sozialen Mächten der Welt und den Mächten des Unbekannten kämpft und vermittelt.

Aber all dies ist zu rasch gesagt, zu weit vorgegriffen. Um den Weg der Selbsterkenntnis zu gehen, müssen wir zuerst verstehen, dass wir Problemen wie Krämpfen, Depressionen, Tod und Sterben, Missverständnissen und Ärger der Menschen in unserer Umgebung so gegenübertreten müssen, als seien sie alle unsere eigene potenzielle Macht. Ohne ihre Absichten direkt anzusprechen, bereiten uns die Schamanen darauf vor, die Angriffe des Lebens zu überstehen, indem wir zunächst unannehmbar erscheinenden Erfahrungen folgen und sie verstehen müssen.

Übungen

1. *Betrachte deinen persönlichen Entwicklungsweg. Finde die Übereinstimmungen dieses Weges mit dem des Schamanismus, wie z. B. eine initiale Vision oder eine »Berufung«, die erste und die zweite Aufmerksamkeit, veränderte Bewusstseinszustände, luzide Träume usw.*

2. *Was bezeichnest du als unerklärliche Mächte auf deinem Weg? Erscheinen sie als Krankheiten, Träume, neidische Freunde, Ehrgeiz? Nenne diese Mächte.*

3. *Erkenne unerklärliche oder unüberwindbare Mächte, die jetzt an dir zerren.*

4. *Benutze deine Vorstellungskraft und betrachte die Möglichkeit, dass diese unerklärlichen Mächte deine eigenen potenziell hilfreichen Kräfte sind. Stelle dir vor, sie zu besitzen, statt sie abzulehnen.*

5. *Stell dir vor, wo und wie du diese Kräfte gebrauchen könntest.*

6. *Achte darauf, wie du gerade jetzt zwischen der Angst vor diesen Mächten lebst und der Angst davor, von den Leuten um dich herum missverstanden zu werden, wenn du diese Kräfte unmittelbarer ausleben würdest.*

4.

DIE ERSTEN LEKTIONEN

Wahrscheinlich werden wir in unserer ersten schamanischen Lektion erfahren, dass die Natur eine wunderbare Verbündete ist, die uns lehrt, wie wir leben sollen. Wir brauchen nur auf sie zu hören. Es überrascht uns nicht, wenn Don Juan auf einem der ersten Spaziergänge ziemlich geheimnisvoll zu Castaneda sagt, dass die Umgebung und die Pflanzen lebendig seien und alles wahrnehmen könnten. Genau in diesem Augenblick weht ein heftiger Wind durch die Wüste Chaparral. Don Juan bedeutet Castaneda, dass der Wind einverstanden sei.

Schamanen gehen mit der Umgebung so um, als sei sie von wissenden Geistern erfüllt, die mit unserem Weg übereinstimmen oder nicht. Unsere Heiler in Afrika und Australien bezogen sich auf die Umgebung wie auf einen Führer, der ihnen sagte, wann es Zeit sei für den nächsten Schritt. Auf beiden Kontinenten mussten meine Frau Amy und ich Stunden, ja Tage warten, bis die richtige Zeit gekommen war. Diese Menschen weisen daraufhin, dass unsere Erfahrungen und Vorstellungen mit der Umgebung übereinstimmen müssen, da sie zu unserer Welt gehören.

Ein Taoist würde sagen, die Macht des Schamanismus komme vom Tao. Ein Physiker könnte erklären, dass ein nichtlokaler Zusammenhang verschiedene Punkte im Feld der Welt miteinander verbinde. Jung würde die Verbindung zwischen dem Wind und Don Juans Ideen als Synchronizität bezeichnet haben. Synchronizität ist die Verbindung zweier scheinbar nicht zusammenhängender Ereignisse, die von demjenigen, der sie erlebt, als bedeutungsvoll erfahren wird. Der Schamanismus erinnert uns daran, dass die Umgebung ihre eigene Intelligenz hat und Teil von uns selbst ist.

Die Spiritualität der Eingeborenen basiert auf einem Sinn dafür, dass Pflanzen lebendig sind und fühlen können. Sie sind unsere Brüder und Schwestern.

Ein Aborigine spricht in der folgenden Geschichte vom Bewusstsein der Erde, mit dem man nicht spielen dürfe. Er erzählt von seinem Vater: »Als ich 16 Jahre alt war, brachte mir mein Vater einige Lieder bei, die vom Land erzählen … Eines Tages gingen wir zusammen fischen. Wie ich so hinter meinem Vater herging, ließ ich meinen Speer über den Sandstrand schleifen, was eine lange Spur hinterließ. Vater sagte, dass ich damit aufhören solle, weil ich die Gebeine der Ureinwohner dieses Landes verletzen würde, wenn ich ohne jeden Grund eine Spur ziehen oder graben würde. Wir dürften nur graben oder Zeichen auf den Boden machen, wenn wir Zeremonien durchführen würden oder Nahrung sammelten«.[8]

Nach dem Denken der Aborigines haben Träume oder Wesenheiten unserer Vorfahren die Geologie der Erde geschaffen; diese Wesenheiten sind lebendig und gerade jetzt dabei, Ereignisse aufzuträumen. Ich gehe phänomenologisch auf Erfahrungen zu, in denen wir die Umgebung als etwas Träumendes wahrnehmen, als etwas mit einem eigenen Geist. Den Sinn oder Kommunikationskanal für Umwelterfahrungen nenne ich den »Weltkanal«.

Jeder von uns hat verschiedene Kanäle, über die er Informationen aufnimmt und sie ausdrückt. Wir haben den visuellen und den auditiven Sinn, mit denen wir sehen und hören. Wir nehmen uns selbst wahr durch Spüren, durch Bewegung und durch andere Menschen. Wir haben auch einen Weltkanal, durch den wir mit der Welt auf eine Art kommunizieren, die nicht immer nur auf die Physik des Sehens und Hörens reduziert werden kann. Bis in unsere Zeit denken die Hopi-Indianer, dass wir mit den Pflanzen durch den oberen Teil unseres Kopfes kommunizieren. Für sie befindet sich hier der

---

8   Sutton et al. »Dreamings«, S. 15.

Sinnesapparat des Weltkanals. Dieser Kanal ist für mich genauso wichtig wie unsere bekannten Sinneskanäle.

Auf einem weiteren Spaziergang legt Don Juan dar, dass es über Pflanzen nichts zu lernen gäbe, weil sie nicht über intellektuelle Formeln verstanden werden könnten. In diesem Augenblick wird Castaneda vom Dröhnen eines Tiefffliegers aufgeschreckt. Das versetzt Don Juan in Begeisterung, und er nutzt die Erregung des Augenblicks, um einmal mehr hervorzuheben, dass die Welt ihm zustimme.

Für unseren eingeborenen Verstand, unser schamanisches Herz ist alles hier auf der Erde »Welt«: Blätter, Winde, Flugzeuge. Alles in unserer Welt ist Teil unseres Prozesses. Für unseren natürlichen Verstand gibt es keine geheimnisvollen Verbindungen oder Synchronizitäten. Es gibt keine Wildnis. Alles ist Teil von uns. Die Welt ist auch nicht statistisch erfassbar. Das Paradigma der Eingeborenen trennt die Psyche nicht von der Materie, trennt nicht innen von außen. Wie der Yogi, der entdeckt, dass er in Wahrheit Atman oder die ganze Welt ist, leben die Eingeborenen so, als sei die Welt nicht nur ihr Partner, sondern auch sie selbst.

Europäische Wissenschaftler und Philosophen nahmen bereits im 16. Jahrhundert an, dass die Welt von uns getrennt sei; sie befand sich außerhalb von uns. Die Alchemisten, Vorläufer unserer modernen Wissenschaft, glaubten, die verschiedenen Elemente unserer Persönlichkeit müssten »gekocht« werden, bevor sie sich miteinander verbinden könnten, um den »Unus Mundus« oder die mystische »Eine Welt« zu erschaffen. In ihrem Transformationsmodell, das von Jung in »Psychologie und Alchemie« diskutiert wird, sind die verschiedenen Elemente der Welt voneinander getrennt. Die mühevolle Arbeit, diese Elemente zu verwandeln, wird das »Opus magnus« oder das große Werk genannt.

Das alchemistische Rezept zur Eingliederung der Umgebung in unsere Psychologie hört sich etwa so an: Vereinige zuerst deine mentalen und intellektuellen Anteile, um die »Unio mentalis«, eine Art geistige Harmonie, herzustellen, indem du Konflikte in deinem Kopf austrägst. Verbinde dann diese geistigen Lösungen mit dem Körper, und schaffe damit das, was sie »caelum«, den »Himmel«, nannten. Meiner Meinung nach haben die Alchemisten hier eine Intuition von so etwas wie Körperarbeit gehabt; wir sollen das, was wir denken, im Körper spüren und durch Bewegung ausdrücken. Nachdem sich die mentalen Zustände mit dem Körper verbunden hatten, vereinigte sich in der Endphase des großen Werkes das »caelum« mit der Umgebung. Daraus entstand der »Unus mundus«, in dem alles zusammen als ein Feld, als eine Welt existiert.

Der »Unus mundus« war ein einheitliches, psychospirituelles Feldkonzept, und wahrscheinlich hat Jung deshalb in seinem »Mysterium Conjunctionis« betont, dass die alchemistische Arbeit Physik und Psychologie miteinander verbinde, was in der Zukunft für die Psychotherapie sehr wichtig sein würde. Wenn ich heute auf die alchemistische Tradition und die post-cartesianische europäische Philosophie, die ihr folgte, zurückblicke, habe ich den Eindruck, dass die heutigen Probleme der Physik, die mit der Trennung von Körper und Seele, von Geist und Materie, von Körper und Umgebung zu tun haben, dadurch entstanden sind, dass wir den »Unus mundus« der Alchemisten vergessen haben.

Das Denken der Eingeborenen ging von völlig anderen Voraussetzungen aus. Hier waren Natur und Geist eins. Für Nomaden auf der ganzen Welt, die in enger Verbindung mit ihrer Umgebung leben, ist die Übereinstimmung mit der Welt nicht eine bloße Theorie oder Philosophie, sondern eine Frage von Leben und Tod. Wenn wir mit unserer Umgebung nicht eins sind, könnten wir auf dem falschen Platz schlafen und zur Beute wilder Tiere werden.

Eingeborene Völker leiden unter der Rücksichtslosigkeit der modernen Industrienationen, die Kraftorte zerstören, um Super-Autobahnen zu bauen, Regenwälder abbrennen, um Häuser zu bauen, und staatliche Parkanlagen und Erholungsgebiete auf alten Grabstätten errichten. Diese zerstörerische Art der Beziehung zur Welt zeigt sich nicht nur in der Verschmutzung von Luft und Wasser, sondern auch darin, wie wir unsere eigene Natur unterdrücken, weil wir es versäumen, die zweite Aufmerksamkeit zu entwickeln, die die Erde als geheimnisvoll und lebendig erfährt.

Für mich ist das Denken der Eingeborenen die Grundlage von Gruppenprozessen. Die Gruppe drückt sich durch Individuen und durch die Umgebung aus und umgekehrt. In gewissem Sinn gibt es so etwas wie individuelle oder Gruppenarbeit gar nicht; alles, was wir tun, ist ein Prozessieren der Naturereignisse. Um den Geist der Umgebung im alltäglichen Leben entdecken und integrieren zu können, müssen wir die Menschen und ihre Umgebung als ein Wesen betrachten. Wenn ich z. B. ein Mitglied einer Familie oder einer Gruppe etwas frage, kann es ein Vorurteil sein, die Antwort vom angesprochenen Individuum zu erwarten. Sie kann aus der Umgebung von überall her kommen; jemand anders kann das Wort ergreifen oder die Umgebung kann sich auf irgendeine Weise bemerkbar machen. Natürlich gibt es Zeiten, in denen jeder für sich selbst sprechen muss, aber wir müssen sorgsam darauf achten, nicht einseitig dem Paradigma anzuhaften, dass das Individuum nur in seinem eigenen Körper lokalisiert ist. Wir müssen die Möglichkeit in Betracht ziehen, dass jeder von uns ein Kanal für die Welt ist, genauso, wie die Welt ein Kanal für jeden von uns ist.

Es gibt Zeiten, in denen wir in der Natur allein sind und uns mit der Umgebung eins fühlen. Wir empfinden die Welt um uns herum so, als sei sie Teil unseres Körpers oder ein Partner, der uns Botschaften der Übereinstimmung oder der Ablehnung, der Freude oder der Anstrengung übermittelt. Dieser Sinn ist entscheidend wichtig, wenn wir fischen oder jagen müssen, um uns ernähren zu können. Aber die Art, mit der sich Eingeborene auf die Umgebung beziehen, ist mehr als eine Frage des Überlebens. Es ist die Grundlage ihrer spirituellen Traditionen und ein wesentlicher Teil ihrer Psychologie. Die Stimme der natürlichen Umgebung wahrzunehmen, kann eine wichtige Methode des Selbstschutzes und ein Weg zum Wissen sein.

Ich erinnere mich an einen Workshop mit nordamerikanischen Schamanen, Freunden von mir aus dem kanadischen Nordwesten. Unser Seminar fand in der Nähe eines Flusses in Zentral-Oregon statt. Da die Schamanen am ersten Tag noch nicht kommen konnten und daher ihr übliches Feuerritual für die Geister der Umgebung nicht abhalten konnten, boten sie den Geistern erst am zweiten Abend Essensplatten und Bier an und kommunizierten mit ihnen. Nachdem das Feuer niedergebrannt war, erzählten sie uns, dass diese Geister ein Indianer und eine weißhäutige Person gewesen sein müssten, die vor kurzem gestorben seien. Ihre Information passte zu den Details einer Beschreibung von zwei Menschen, die, wie wir später hörten, kurz zuvor in dieser Gegend gestorben waren. Die Schamanen erklärten uns, dass einige Seminarteilnehmer in der ersten Nacht deshalb unruhig geschlafen hätten, weil das Feuerritual noch nicht durchgeführt gewesen sei. Jedenfalls ließen die Geister nach diesem Feuerritual alle Beteiligten besser schlafen als in der ersten Nacht.

Die persönliche Geschichte

Wenn die Welt zu uns spricht, ist es unmöglich, zu sagen, ob sie etwas mit uns macht oder umgekehrt. Wir mögen uns als Verursacher oder Empfänger verschiedener Ereignisse wahrnehmen, aber niemals wissen wir sicher, ob wir Botschaften aussenden und Antworten bekommen oder ob die Welt uns Botschaften schickt, die wir beantworten.

Diese innewohnende Symmetrie oder Unveränderlichkeit einer Botschaft bedeutet, dass wir nicht annehmen können, das Zentrum des Universums zu sein, das die Dinge initiiert und erschafft. Wir sind ein Aspekt der Welt. Diese radikale Verlagerung der Identität vom Mittelpunkt zum Teilnehmenden ist das Ziel mystischer und spiritueller Traditionen.

Uns selbst als Teil der ganzen Welt zu erleben, könnte eine Identitätskrise auslösen, wenn wir uns der Erfahrung der Umgebung aussetzen würden. Synchronizitäten, obwohl sie momentan erschütternd sein können, sind jedoch nicht in der Lage, Lehrlinge, wie wir es sind, aus unserer person-zentrierten Welt hinauszubefördern. Wir werden wahrscheinlich eine weitere Lektion brauchen.

Buddhistische Lehren, schamanische Rituale und selbst der Prozess des Alterns weisen darauf hin, dass unsere persönliche Identität bald verschwinden wird. Die persönliche Geschichte, die Rolle, die wir in einer bestimmten Gemeinschaft und Welt innehaben, ist gleichbedeutend mit unserer Identität. Wir sind der Mann, die Frau, die Mutter, der Vater, die Ehefrau, der Ehemann, der Partner, der Student, der Mechaniker, der Lehrer; der Protestant, der Katholik, der Jude, der Moslem, der Buddhist; der Afrikaner, der Amerikaner, der Europäer, der Australier, der Japaner, der Indianer und viele andere. Wir sind all das und noch vieles mehr. Wir identifizieren uns mit unseren vergangenen und gegenwärtigen Tätigkeiten, unseren Begabungen und unseren Problemen.

Wir müssen unsere persönliche Geschichte auslöschen; andernfalls sind wir abhängig davon, was die anderen über uns denken. Unsere Identität grenzt uns ein, indem sie uns in eine soziale Rolle oder in eine Form presst, die von unserer Gemeinschaft gebraucht wird. In diesem Sinn haben die Gedanken der anderen Macht über uns. Wenn wir Indianer sind und an der Universität zu studieren beginnen, könnten unsere neuartigen Bemühungen den Verdacht unserer Geschwister erregen. Wenn wir als Hausmann zu studieren anfangen, könnte der Haushalt zu kurz kommen. Wenn wir als Pfarrer über die Göttlichkeit der Umgebung sprechen, könnte es

Schwierigkeiten mit der modernen Kirche geben. Wenn wir uns als Frau entscheiden, nicht zu heiraten, können wir von unserer Familie ausgestoßen werden. Sind wir homosexuell oder lesbisch, wird die Welt uns wahrscheinlich ablehnen. Unsere Welt projiziert ihre Begabungen und ihre Probleme auf unsere Identität und nimmt uns so die Freiheit, zu sein, wer wir sind. Dennoch lösen wir uns auf vielerlei Arten, bewusst oder unbewusst, von unserer persönlichen Geschichte. Veränderte Bewusstseinszustände, wie Zorn oder Ekstase, können unsere Identität stören. Wenn wir uns in eine verbotene Person verlieben, geraten wir in Konflikt mit dem, der wir bisher gewesen sind. Unsere persönliche Geschichte wird erschüttert, wenn wir uns mit verbotenen Dingen beschäftigen, uns in Todesnähe befinden oder krank werden, wenn ein Partner stirbt oder uns verlässt oder wenn unsere Kinder erwachsen werden.

Entweder lösen wir uns freiwillig von unserer persönlichen Geschichte, oder wir beginnen zu fürchten, dass der Tod oder eine Behinderung sie uns wegnehmen wird. Das Leben besteht darin, ständig dem Schrecken und der Freude gewachsen zu sein, ein neues Individuum ohne Geschichte zu werden. Ich weiß von meinen Studien der Kindheitsträume, dass die Loslösung von der persönlichen Geschichte die entscheidende Lektion ist, die jedem von Geburt an zu lernen bestimmt ist. Unsere frühesten Erinnerungen oder Träume enthalten oft einen dramatischen Konflikt und eine Bedrohung unserer Identität; Dämonen, Hexen und Ungeheuer verfolgen uns.

Wenn mächtige Verbündete in unseren frühesten Träumen als Gegner auftreten, ist es unser Mythos, einem Verbündeten entgegenzutreten, ob wir diese Begegnung wollen oder nicht. Im Laufe unseres Lebens treffen wir in vielen Formen auf unsere mythischen Angreifer, bis wir die Art, uns selbst zu definieren, verändern. Während bestimmter Lebensabschnitte scheinen die Attacken nachzulassen. Doch sie kommen wieder, um uns erneut dazu herauszufordern, unsere persönliche Geschichte abzulegen.

Es ist, als würden wir viele Male leben und sterben. Manchmal scheint es, als hätten wir gerade diese eine zentrale Lektion zu lernen: ununterbrochen alle möglichen starren Identitäten fallen zu lassen. Die Taoisten und Buddhisten fassen es kurz: Nichts ist beständig. Statt das jedoch zu realisieren, halten wir immer wieder Ausschau nach einer idealen Zeit, in der wir Freiheit vom Kampf zwischen uns selbst und unseren Träumen erreichen werden. Wir glauben nämlich, frei zu sein, sobald wir unsere Probleme überwunden haben. Wir fühlen uns angezogen von Geschichten, in denen das Leben des Helden davon abhängt, wie der dramatische Kampf zwischen ihm selbst und einem jenseitigen Herausforderer ausgeht.

Wir treffen Entscheidungen, um zu versuchen, uns in eine bestimmte Richtung zu verändern oder ein Programm aufzunehmen, das uns verändern soll, indem wir eine Identität durch eine andere ersetzen oder beide miteinander vermischen. Wir versuchen sogar, unser altes Selbst aufzugeben und uns mit etwas Neuem und Nützlichen zu identifizieren. Aber unser Leben kann immer noch ein völliges Durcheinander sein, das uns mit chronischen Beschwerden und Beziehungskonflikten quält.

Schließlich kommt der Punkt, an dem alles immer komplexer wird, je mehr wir uns verändern. Es reicht nicht, die Identität zu wechseln und von einer früheren Hemmung frei zu werden. Der Prozess, die persönliche Geschichte zu schaffen und sie wieder fallen zu lassen, führt zu der Entdeckung, dass wir weder dies noch jenes sind, sondern das Bewusstsein von allem zusammen.

Schamanische Zerstückelungs- oder Initiationsrituale spiegeln diese Gipfelerfahrungen.[9] In ihnen trifft der Lehrling oder der Suchende auf unglaubliche Kräfte – heimtückische

---

9   Eliade »Schamanisinus und archaische Ekstasetechnik«.

Dämonen – und erlebt unvorstellbare Qualen, während sein Körper in seinen Visionen auseinandergerissen und zerstückelt wird. Die Symbolik, dass Glieder und Eingeweide entfernt und später wieder eingefügt werden, bringt Erfahrungen zum Ausdruck, die viele Menschen über eine Zeitspanne von 10 oder 20 Jahren durchmachen. Chronische Krankheiten, das Gefühl, von entgegengesetzten Mächten auseinandergerissen zu werden, und Nah-Todeserfahrungen haben oft das Ziel, uns von unserem eigenen Selbst zu »reinigen« und uns mit Leer-Sein oder der reinen Natur wieder aufzufüllen. In solch schwierigen Zeiten werden wir gezwungen, uns aufzulösen, in Teile zu zerfallen und uns von der Neigung zu befreien, uns selbst immer wieder als eine ganz bestimmte Person mit einer ganz bestimmten Aufgabe zu sehen. Entweder werden wir flexibel, oder die Natur löscht uns auf ihre eigene Weise aus.

Das erinnert mich an eine Klientin, die meditierend an einem inneren Dialog arbeitete. Visionen und Körpersensationen stiegen als Teil ihres mentalen Flusses auf. Plötzlich, aus dem Nichts, hörte sie eine Stimme, die sagte, dass sie das Baby verlieren würde, mit dem sie bereits schwanger war. Die Stimme versetzte sie in großen Schrecken, der verstärkt wurde durch die Tatsache, dass sie bis zu ihren späten 30er-Jahren gewartet hatte, um schwanger zu werden und sich jetzt bereits im achten Monat ihrer Schwangerschaft befand.

Unter Tränen gestand sie mir, es sei ihr größter Wunsch gewesen, ein Kind zu bekommen. Das Kind würde die Erwartungen ihrer Verwandten erfüllen und sie endlich zufriedenstellen. Was konnte ich da sagen? »Versuche herauszufinden, wer hinter dieser Stimme steht«, schlug ich vor.

Sie wendete sich nach innen und sagte mir, die Stimme gehöre zu Gott. »Er sagt, ich solle meine Identität als Mutter aufgeben und Studentin werden. Andernfalls würde er mich töten«, berichtet sie. Sie entschloss sich unverzüglich, ihr neues Studium aufzunehmen. Einige Wochen später wurde ihr Kind völlig gesund geboren. Durch einen ungewöhnlichen Unglücksfall im Krankenhaus starb es jedoch, bevor es drei Tage alt war. Meine Klientin war auf diese Tragödie, so weit das überhaupt möglich war, vorbereitet. Sie ließ ihre persönliche Geschichte als Mutter fallen und lebte weiter, gemäß der neuen Richtung ihres Schicksals. Gott mochte ihr Kind ausgelöscht haben, aber vorher hatte sie sich selbst ausgelöscht.

Die persönliche Geschichte auszumerzen bringt normalerweise großen Schmerz mit sich. Jahre unerträglichen Leidens gehen dieser vom Tod vorhergesagten Wandlung häufig voraus. Wir verbringen viel Zeit damit, gegen das Schicksal anzukämpfen. Es ist so voller Unsicherheiten und erschreckt uns immer wieder mit Symptomen und Schwierigkeiten, die wir glauben, niemals lösen zu können.

Eine der bemerkenswertesten Eigenschaften der afrikanischen Heiler, die Amy und ich besucht haben, war die Losgelöstheit von ihrer eigenen persönlichen Geschichte. Obwohl wir Weiße sind, segneten sie uns als Afrikaner, nachdem sie uns durch ein Ritual geführt hatten, in dem unsere Kleidung gegen Kleidung aus dem äquatorialen Busch ausgetauscht worden war. Wir hatten den Eindruck, dass gerade diese Achtung vor ihrer eigenen Tradition und die gleichzeitige Losgelöstheit von ihr so heilend wirkten.

Auch Don Juan, anders als viele indianische Seher heutzutage, war losgelöst von seiner eigenen Geschichte, sogar von seiner eigenen Gemeinschaft. Wir wissen aus Castanedas späteren Büchern, dass Don Juan mehrmals fast gestorben wäre. Er ist sogar einmal zu früh beerdigt worden. Als er älter wurde, entfernte er ganz bewusst seine persönliche Geschichte, brach mit seiner Vergangenheit und öffnete sein Herz für die Welt um sich herum. Er wuchs über die Einseitigkeit hinaus, sich nur als Indianer zu identifizieren, der die amerikanisch-europäischen Eindringlinge hasste. Er liebte seine ererbte Tradition, vernichtete jedoch ihre Essenz und wuchs darüber hinaus, indem er den Hass auf seine Feinde losließ. Er erkannte, dass seine Eltern deshalb auf so tragische Weise gestorben waren, weil sie sich nicht von ihrer Rachsucht gegen ihre mexikanischen Verfolger hatten lösen können. Er sagte, dass sie wie amerikanische Indianer gelebt hätten und gestorben seien, ohne das Wichtigste von allem erkannt zu haben: dass das Leben zu kurz ist, um nur eine einzige Identität zu haben.

Der Tod als Ratgeber

Es gibt Zeiten, in denen wir sterben möchten, und eines Tages werden wir alle sterben. Sich von einer alten Identität, einem System oder einer Beziehung zu trennen, ist wie Sterben. Ich begreife erst nach einer solchen Trennung, dass ich gestorben bin. Da ich ziemlich eigensinnig bin, bin ich nur schwer umzubringen, und so sterbe ich unbewusst und unter Schmerzen. Anschließend denke ich darüber nach und begreife, was geschehen ist. Es geht mir dabei wie dem Geist eines Verstorbenen, der seinen Körper verlassen hat und erst dann erkennt, was mit ihm geschehen ist.

Es gibt auch einfachere Methoden. Wenn wir ihnen eine Chance geben, werden Todesfantasien unsere persönliche Geschichte auslöschen können: die Art, wie wir arbeiten, die Erwartungen an uns selbst und die vorhersagbaren und abgetragenen Muster unserer Beziehung. Nach einem buddhistischen Ritual müssen wir jeden Tag über unseren Tod meditieren. Viele Lehrer sind sich einig darin, dass der Tod der einzige weise Ratgeber ist, den wir haben.

Ich denke an eine Klientin, die vor kurzem gestorben ist. Als sie das erste Mal zu mir kam, befand sie sich schon im Sterbeprozess einer Krebserkrankung und ihre Tumore begannen bereits, ihr das Atmen zu erschweren. Sie kam zu mir, weil sie panische Angst vor dem Tod hatte. Ich fragte sie, ob es etwas gebe, was sie in ihrem Leben noch gerne tun würde, und drängte sie, ihrem wichtigsten Wunsch nachzugehen. Sofort sagte sie, dass sie sich einen lebenslangen Traum erfüllen würde, nämlich im Sommer nach Finnland zu reisen.

»Also gut«, sagte ich. »Fahren Sie nach Finnland«.

»Aber nein«, antwortete sie, »das kann ich doch nicht tun. Mein Mann hat jetzt keinen Urlaub, er muss arbeiten«.

Dieses Gespräch fand im Mai statt. Statt sofort Urlaub zu nehmen, um mit seiner Frau nach Finnland zu reisen, nahm ihr Mann sich erst im Juli frei, als gerade seine Urlaubszeit begann, um dann seine Frau zu beerdigen und um sie zu trauern. Der Tod bedeutete dieser Frau nicht viel. Alles andere hatte Vorrang: der Beruf ihres Mannes, ihre Kinder, ihr Haushalt. Sie verbrachte ihr Leben damit, die Dinge aufzuschieben, die ihr am meisten bedeuteten, um ihre persönliche Geschichte als Hausfrau aufrechterhalten zu können. Sie hätte ihren Tod als weisen Verbündeten benutzen können, wenn sie darauf vorbereitet gewesen wäre, ihre Krankheit als eine Macht zu erfahren, die sie dazu aufforderte, sich von ihrer persönlichen Identität zu befreien. Stattdessen löschte er sie einfach aus.

Solche todesnahen Situationen können den Tod in Form erschreckender Krankheiten oder Körpererfahrungen als unseren weisen Traumkörper-Ratgeber erscheinen lassen, als den besten und vertrauenswürdigsten Freund, den wir haben. Von diesem Standpunkt aus ist die Todesangst, oder auch das Krankwerden, eine bereichernde Erfahrung, die uns darauf hinweist, dass wir dabei sind, uns von unserer Identität zu lösen.

Jedes Mal, wenn du das Schlimmste fürchtest oder dich darauf einstellst, dich gegen innere oder äußere Kräfte zu wehren, versuche zuerst, dir dein eigenes Sterben vorzustellen. Fühle, wie es sein würde zu sterben. Gehe sogar durch den Akt des Sterbens hindurch. Stelle dir vor, wie du stirbst, wie du aussiehst, welche Erfahrungen du machst. Es ist wichtig, nicht nur an dein Sterben zu denken, sondern dir vorzustellen, was als Nächstes geschehen wird.

Gehe durch alle Einzelheiten der Todesfantasie, ob du nun von einem steilen Abhang stürzt, an Krebs stirbst oder durch einen Autounfall ums Leben kommst. Mit diesen Fantasien versuchen wir, uns aus der Verhaftung zu befreien. Begrabe dich selbst. Stirb, bevor du stirbst. Schreibe deine eigene Grabinschrift: »Hier liegt ein armer Tropf. Manches hat er ja ganz gut gemacht, aber er hat die Wendung nicht geschafft und deshalb konnte das neue Ich nicht in Erscheinung treten. Genau an dem Punkt ist er gestorben, sodass ich jetzt weiterleben kann und frei bin. Jetzt bin ich nicht mehr ich, sondern wurde neu eingesetzt, um an allem, was jemals geschieht, teilzunehmen und Zeuge zu sein«.

Verantwortung übernehmen

Verantwortung ist ein wichtiges Wort in der Psychologie, denn es verbindet uns mit allem, was wir erfahren. Die folgende Geschichte von Don Juan könnte auch aus der modernen Psychotherapie stammen. Bei ihrer ersten Begegnung belog Castaneda Don Juan, indem er mit seinem Wissen über Pflanzen prahlte, um den alten Indianer mit seiner Intelligenz zu beeindrucken. Don Juan erkannte den Schwindel sofort. Was ihn dabei jedoch beunruhigte, war nicht die Lüge selbst, sondern Castanedas Haltung dazu. Dieser nahm seine eigene Geschichte nicht ernst und hatte keine Verantwortung für sie übernommen; er glaubte seine eigene Lüge nicht.

Verantwortung zu übernehmen heißt, alles zu akzeptieren, was wir sagen, fühlen, hören, schreiben, sehen und womit wir kommunizieren als Teil von uns selbst. Unsere Unfälle und unsere Lügen anzunehmen ist ein Akt des Mitgefühls.

Verantwortung zu übernehmen heißt auch, zu verstehen, dass der Körper, wenn wir krank sind, einen Traum hervorbringt, von dem wir bisher nichts wussten. Wenn wir Beziehungsprobleme, Unfälle oder Probleme mit der Welt haben, geschieht etwas mit uns, womit wir nicht einverstanden sind. Verantwortung zu übernehmen bedeutet, unsere Aufmerksamkeit nicht nur auf die Ereignisse zu richten, mit denen wir uns identifizieren, sondern auch auf solche, die wir verdrängen möchten.

Verantwortung zu übernehmen heißt, dass wir alles, was geschieht, als potenziell wertvoll zu schätzen wissen. Schamanen, Therapeuten und Taoisten haben diese Haltung. Wir finden sie auch im Zen. Wie sagte doch der Zenmeister in Kyoto: »Jeder Tag ist ein guter Tag«. Das bedeutet, dass alles, was geschieht, vollkommen in Ordnung ist. Benutze es, greife es auf und finde seine Bedeutung!

Aber das Übernehmen von Verantwortung erfordert mehr, als die richtige Haltung zu haben. Wir müssen unseren sekundären Prozess aufgreifen. Ich erinnere mich, wie ich vor einiger Zeit vor Amy über meine Beziehung zu einer bekannten politischen Persönlichkeit prahlte. Ich sagte: »Ach ja, ich habe vor Jahren mit So-und-so und seiner Familie gearbeitet«. Ich wusste, dass die therapeutische Ethik Verschwiegenheit erfordert. Ich sollte mit niemandem über meine Klienten sprechen, nicht einmal mit meiner Frau. Ich hatte also nicht nur meinen Berufskodex gebrochen, sondern dies auch in angeberischer Weise getan: »Sieh mich an und erkenne, wie wichtig ich bin«, hatte ich gesagt.

Ich erwischte mich jedoch dabei und entschloss mich, meine zweite Aufmerksamkeit anzuwenden. Ich verabscheute mich selbst. Ich konnte es kaum fassen, dass ich geprahlt hatte. Schließlich hatte ich so viel öffentliche Anerkennung, wie ich brauchte. Warum hatte ich so etwas Dummes getan? Warum hatte ich es nötig, gesehen zu werden? Statt diese Fragen zu beantworten, versuchte ich, die Verantwortung für meine

Handlungsweise zu übernehmen, so, als hätte ein Teil von mir gehandelt, der gehört werden wollte.

Schließlich drang ich in die Erfahrung ein und prahlte ganz bewusst. Dabei entdeckte ich, dass ich noch viel ernster genommen werden wollte als bisher. In jener Zeit hatte ich Angst, meine Vorstellungen über umstrittene Themen vor die Öffentlichkeit zu bringen; ich war ein politischer Schlappschwanz, identifizierte mich lieber als Psychologen und wagte es nicht, als sozialer Aktivist aufzutreten. Die Entdeckung meines inneren verleugneten Bedürfnisses, gehört zu werden, war der Anfang eines Großteils meiner Öffentlichkeitsarbeit und meines Buches »Der Führer als Kampfkünstler«.

Wenn wir uns dabei ertappen, wie wir unbewusst prahlen, sollten wir dazu übergehen, es bewusst zu tun. Wenn wir zu den Menschen gehören, die von sich behaupten, dass sie nicht lügen, sollten wir eine Lüge erfinden. Versuchen wir, uns selbst zu belügen. Wenn wir die Verantwortung dafür übernehmen, kann die Lüge sich als Teil unserer Aufgabe entfalten, sogar als Teil unseres persönlichen Mythos.

Auch alle anderen Konzepte des Schamanismus finden sich in der Vorstellung des Übernehmens von Verantwortung. Dadurch, dass wir Verantwortung für die Welt um uns herum übernehmen, finden wir Synchronizitäten oder Übereinstimmungen. Wir finden die persönliche Geschichte ausgelöscht, weil Prahlen und Lügen nicht Teil unserer normalen Identität sind. Unsere Lügen sind nicht die Geschichten unserer persönlichen Identität, sondern von jemandem, mit dem wir uns noch nicht identifizieren. Verantwortung zu übernehmen bedeutet auch, dass wir den Tod als unseren Ratgeber benutzen. In einer Welt, in der das Leben so kurz ist, können wir es uns nicht leisten, irgendetwas von dem, was wir tun, zu vernachlässigen. Alles, was wir tun, ist potenziell bedeutsam.

Übungen

1. *Nimm die Umwelt bewusst wahr. Stell dir vor, dass die natürliche Umgebung um dich herum lebendig ist und zu dir sprechen kann. Höre, rieche, fühle und betrachte die Signale, die die Umgebung aussendet. Halte solche Wahrnehmungen mit deiner zweiten Aufmerksamkeit fest und folge ihnen. Was sagt die Umgebung zu dir? Fürchte dich nicht vor Projektionen.*

2. *Experimentiere damit, eine Lüge zu erzählen. Erzähle dir selbst in deiner Vorstellung eine Lüge. Versuche, auch dann zu lügen, wenn du dich nicht traust oder wenn es dich verlegen macht. Lüge so, als seist du ein großer Geschichtenerzähler. Dies kann schwierig sein, weil das Erschaffen von Mythen ein tiefer Prozess ist. Versuche es trotzdem, bis eine echte Lüge sich in eine Geschichte mit einem Anfang und einem Ende verwandelt.*
Nimm dir ein paar Minuten Zeit dafür.
Eine Lüge zu erzählen, kann peinlich sein, weil du deine tiefsten Träume und Fantasien enthüllst, z. B., dass du ein Herrscher oder ein Zauberer bist, mehr sexuelle Potenz hast oder schöner bist als andere, mehr Geld, mehr Freunde oder mehr Macht hast. Aber vergiss nicht, dass du nicht nur eine Lüge erzählst. Du erschaffst einen Mythos. Nimm an, deine Lüge sei Wahrheit. Wie lebst du diesen Mythos bereits? Nimm dir ein paar Minuten, um zu experimentieren. Benimm dich wie die Person in deiner Lügengeschichte. Ziehe in Betracht, deine persönliche Identität zu verändern, falls das nötig sein sollte, um deinem Mythos näher zu kommen. Auf welche Weise haben deine Träume diese Veränderung bereits thematisiert?

3. *Lass deine persönliche Geschichte fallen und benutze den Tod als Ratgeber. Fang damit an, indem du dich selbst beschreibst: Wer bist du normalerweise? Was hast du bisher gemacht? Aus welcher Familie kommst du? Beschreibe dein Geschlecht, deine Rasse, deine Religion, deinen Beruf und deine Nationalität. Wie siehst du deinen Körper? Ist er schwach oder stark, hässlich oder schön? Bist du erfolgreich oder nicht?*

    Geh in eine Fantasie, die du von deinem Tod gehabt hast. Beschreibe, wie du dir das Nahen des Todes vorstellst.

    Experimentiere damit, dieser Todesfantasie die Führung zu überlassen. Lass deine gewöhnliche Identität los, die du zu Beginn der Übung beschrieben hast.

    Versuche, herauszufinden, warum der Tod diese Identität sterben lassen will. Welcher Teil von dir ist es, der sozusagen sterben sollte?

    Wenn möglich, stelle dir die Unbeschwertheit vor, die der Tod mit sich bringt, und freue dich über sie.

    Stell dir vor und erfahre die Freiheit deines Todes im Leben, in diesem Augenblick, bei der Arbeit, in Beziehungen und in der Welt.

5.

DER JÄGER

Ein einziger Ruf zum Schamanen reicht nicht aus; in jedem Stadium der Lehrzeit muss der Geist befragt werden und dann auch zustimmen. In Afrika mussten unsere Heiler sich in Trance versetzen, um zu erkunden, ob sie unsere Heilungszeremonie fortsetzen durften. In Australien mussten wir auf den »richtigen Zeitpunkt« warten.

Bevor ich mit einer Lehranalyse beginne, warte ich auf einen zustimmenden Traum von mir selbst oder vom Klienten. Manchmal frage ich auch das I Ging. Ohne solche Orakel oder Träume habe ich keine Gewissheit, dass unsere gemeinsame Arbeit für den Klienten nützlich sein wird und ob er den richtigen Beruf gewählt hat.

Bevor Castaneda seine Lehre fortsetzen konnte, musste Don Juan klären, ob die Erde damit einverstanden war, dass Carlos den Yaqui-Weg des Wissens weiterging. So schlug Don Juan eine Aufnahmeprüfung vor. Castaneda musste mit Hilfe seiner Körperwahrnehmung einen »Ort der Kraft« in der Wüste Chaparral finden.

Der Platz

Verglichen mit staatlichen Prüfungen und den Abschlussexamen unserer Institute und Universitäten kommen uns die schamanischen Prüfungen ziemlich absurd vor; denn sie erfordern ein gutes Omen und wir können uns intellektuell nicht auf sie vorbereiten. Den heutigen Abschlussprüfungen in Medizin oder Psychologie liegt die Überzeugung zugrunde, dass ein Praktiker fähig sein muss, allgemein anerkanntes Wissen unter Stress wiederzugeben. Schamanische Prüfungen jedoch kommen aus einer anderen Realität. Für dieses Prüfungsverfahren müssen wir fähig sein, unseren Körperinstinkten zu folgen, damit wir auf dieser Erde überleben können. Es erfordert auch eine gute Verbindung zur Natur. Wenn wir den falschen Platz für unser Nachtlager aussuchen, könnte dies unsere letzte Nacht sein.

Der ausgesuchte Platz muss ein Freund sein, ein Ort, an dem wir uns wohl und entspannt fühlen. Erinnern wir uns daran, dass sich der Schamane per definitionem von seiner Stammesfamilie dadurch unterscheidet, dass er sich selbst heilen kann. Da Krankheit oder Leiden Signale unseres Traumkörpers sind, die uns seine Existenz erkennen lassen, kann man den Schamanen auch als einen Menschen beschreiben, dem es besser als anderen gelingt, den Empfindungen seines Traumkörpers zu folgen. Wenn wir unseren Körperempfindungen und Träumen folgen, sind wir automatisch am richtigen Platz. Wir fühlen uns körperlich lebendig, angeregt und ruhig zugleich.

So ist es sinnvoll für den Schamanen, seine Schüler nach ihrer Fähigkeit auszuwählen, sich selbst heilen zu können, indem sie den richtigen Platz finden. Viele schamanische Lehrlinge haben schreckliche Schicksale: Sie sind erheblich übergewichtig, verrückt, deformiert oder halb-wahnsinnig. Manchmal benehmen sie sich auch wie normale Menschen. Aber alle scheinen den richtigen Lehrer und die Heilung zu finden, die sie brauchen.

Schamanische Initiationen erwecken den Anschein, als würde allein die Macht des Geistes den Lehrling dem Tod entreißen. Aber diese Ansicht wird den Lehrlingen zu wenig gerecht. Denn wenn sie wirklich Lehrlinge sind, sind sie fast definitionsgemäß in der Lage, den Mächten ihres Traumkörpers zu folgen. Später, wenn der Lehrling selbst zum Heiler oder Lehrer geworden ist, hilft er anderen nicht nur mit seinen

Kräften, sondern auch mit seiner Fähigkeit, sie ihren eigenen Traumkörper finden zu lassen. Deshalb sagen wahrscheinlich viele Heiler, dass nicht der Heiler es ist, der heilt, sondern die Fähigkeit des Geistes und des Klienten oder Lehrlings, den »richtigen Ort« der Heilung oder des Wissens zu finden.

Zu Beginn meiner Studien experimentierte ich mit dem Problem, den richtigen Ort zu finden. So zog ich mich mit anderen Lernenden zu einer Meditationszeit zurück. Wir entschlossen uns, in dem kleinen Garten bei dem Haus, in dem wir wohnten, miteinander zu arbeiten. Wir stellten uns die Aufgabe, unseren eigenen »Platz«, unsere Orte des Wohlbefindens in diesem Garten zu finden. Der erste Platz jedoch, an dem ich mich niederlassen wollte, war bereits von jemand anderem besetzt.

Nachdem ich eine Weile umhergegangen war, führte mein Körper mich schließlich zu einem ziemlich unmöglichen Ort, zu einem steilen Abhang am Ende des Gartens. Da lag ich nun auf dem Rücken, mit dem Kopf nach unten und den Füßen in der Luft. Ich war überrascht, wie wohl sich mein Körper in dieser seltsamen Lage fühlte.

Ich entdeckte, dass das Finden des richtigen Platzes nicht nur vom Körpergefühl abhängt, sondern auch davon, was sich zu einem bestimmten Zeitpunkt in der Umgebung ereignet. Jeder Ort, den wir wählen, ist mit dem gesamten Feld der natürlichen Umgebung, der Menschen und der Geister verbunden.

Der Platz, den wir finden sollen, vertritt gleichsam die Rolle, die wir zu einem bestimmten Zeitpunkt in diesem Feld spielen sollen, und diese Rolle ist dann auch für die Menschen und Dinge, die uns momentan umgeben, die beste. Als ich mit dem Kopf nach unten auf dem Rücken lag, wurde ich nirgendwo sonst gebraucht. Zu diesem Zeitpunkt war es sozusagen mein Job, mit dem Kopf nach unten auf dem Rücken zu liegen.

Den richtigen Platz auf der Erde zu finden, hängt mit der Wahrnehmungskraft unseres Weltkanals zusammen. Der

Schamane identifiziert seinen Platz als Ort der Heilung und des Selbstschutzes. Solange wir in diesem Feld leben, werden wir ständig geprüft, ohne es zu merken. Fortwährend müssen wir uns fragen: Wo lebe ich? Kann ich meinen Platz in diesem Feld finden? Ist mein momentaner Platz der richtige? Ist er ein passendes Bild für das, was ich bin und was mir jetzt gerade zustößt?

Nehmen wir die Kraft bestimmter Orte wahr, wenn wir uns in unserer alltäglichen Welt bewegen? Wir sollten darauf achten, wo wir bei der Arbeit und beim Essen sitzen. Können wir spüren, welche Geister uns gut tun und welche nicht? Ist diese dreckige Straßenecke, der Meeresstrand oder eine hügelige Stelle in einem längst vergessenen Garten der richtige Platz? Letztendlich ist es unsere Fähigkeit, dem Traumkörper zu folgen, die uns das Gefühl von Sicherheit und Wohlbefinden schenkt.

Während wir einen Platz suchen, müssen wir wissen, dass der Körper sich nicht immer den Ort aussucht, den unser Verstand gern hätte. Der passende, richtige Platz ist ein Aspekt unseres Schicksals. Er ist der Bereich, in dem wir leben sollen. Er hat sich uns schicksalsmäßig angeboten, weil wir hier unsere Rolle für die momentane Ganzheit des Universums spielen müssen.

Das Werkzeug des Jägers

Der Geist bestimmt, ob und wann die Ausbildung weitergehen kann. Don Juan betrachtet die Tatsache, dass Castaneda an einem ruhigen Platz einschläft, als Zeichen der Zustimmung. Castanedas Ausbildung kann also weitergehen, sein eigener Anteil daran wird sich jedoch ernsthaft vertiefen müssen. Er kann sich nicht länger nur so oberflächlich als Lehrling betrachten. Sein offensichtlich akademisches Interesse an psychotropen Pflanzen verwandelt sich in Faszination für Don Juans Weg des Wissens.

Hinter einer oberflächlichen Beschäftigung mit Schamanismus, Psychologie oder Meditation verbirgt sich oft eine Faszination für veränderte Bewusstseinszustände, die so auf uns zukommen, als wollten sie, dass wir uns tiefer in sie hineinbegeben. Vielleicht ist unser Interesse daran sogar eine Sache auf Leben und Tod. So, als habe der Prozess uns gewählt und nicht umgekehrt. Zunächst zieht uns der Schamanismus vielleicht als ein interessantes Studiengebiet an; dann fordert er uns durch einen Lehrer heraus; und plötzlich droht er, zu einer Frage von Leben und Tod oder zu einem lebenslangen Projekt zu werden.

Wir sind mitten in einem faszinierenden und uneinnehmbaren Bereich angekommen, in dem wir keine Kontrolle mehr ausüben können. Wir scheinen uns auf psychischem Territorium zu bewegen, und weder unser persönlicher Hintergrund noch unsere bisherigen Interessen können uns dabei helfen, den schreckenerregenden Geistern im Grenzgebiet unseres Bewusstseins gegenüberzutreten. Krankheit, Beziehungsprobleme, Süchte oder soziale Konflikte berauben uns unserer Freiheit. Wir brauchen neue Fähigkeiten, um durch diese Erfahrungen hindurchgehen zu können. Wo auch immer die Einweihung in menschliche Mysterien stattfinden mag, haben wir doch immer das Gefühl, dass es mehr ist, als wir bewältigen können. Obwohl wir uns genau da befinden, wo uns alles vertraut ist, kommen wir uns vor wie auf einem anderen Planeten und trauen nicht einmal mehr unserem eigenen Körper. Lediglich unsere dürftigen psychologischen Werkzeuge und unser Mut stehen uns zur Verfügung.

Schamanen, die ihre Arbeit als Jagd bezeichnen, jagen nach Macht. Viele südamerikanische Heiler fassen ihre Arbeit, nämlich heilende und psychotrope Pflanzen zu erforschen, als Jagd auf. Ein Jäger wird immer jagen, egal, was er tut, wahrscheinlich wegen unseres grundlegenden Bedürfnisses, als

Menschen ganz und heil zu sein und unsere Bewusstseinszustände durch diese oder jene Methode zu verändern.

Nach Bewusstseinsveränderungen oder nach Substanzen zu jagen, die dies bewirken, liegt in unserer Natur; es ist eine Art natürlicher Begabung. Ein Talent, eine berufliche Fähigkeit oder eine Begabung wirken unabhängig von unseren Absichten, wenn wir sie einmal gelernt haben. Unsere Begabungen können uns sogar fesseln, wenn sie zwanghaft werden. Eine echte Berufung ist wie eine Sucht, die genährt werden muss. So ist z. B. ein großer Musiker nicht nur begabt, sondern auch besessen von seinem musikalischen Dämon. Wenn wir die Existenz einer Begabung verdrängen, wird sie sich die nötige Energie dennoch nehmen, und wir fühlen uns deprimiert, ohne zu wissen warum. Meines Erachtens ist es das unbewusste Interesse und Talent für die Macht des Jagens, das bei vielen Eingeborenen zur Sucht, wie z. B. dem Alkoholismus, geführt hat.

Eine ähnliche Begabung, die mit dem Interesse am Schamanismus verbunden ist, ist die Kunst, zu leben. Zunächst tritt sie ganz autonom auf, in unseren mystischen, therapeutischen und schamanischen Interessen, unserem spirituellen Streben und unserer Faszination für veränderte Bewusstseinszustände. Sie lässt uns denken, dass alles, was wir lernen, mehr ist als eine Lehre: Es ist eine Lebensweise. So kommt es, dass sogar Studenten der Psychologie, dieses rationalsten Aspektes des Schamanismus, aus dem, was sie lernen, so etwas wie eine spirituelle Sekte machen können. Die unzähligen Menschen, die uns in verschiedenen Ländern begegnet sind, scheinen mehr zu suchen als Heilung und Einsicht. Sie suchen eine neue Lebensweise. Sie haben das Bedürfnis, ekstatisch zu leben, und sind mit vorübergehenden Erfahrungen dieser Art nicht zufrieden.

Die Jagd nach Macht und Ekstase verhält sich wie ein autonomer und kreativer Drang, der in Träumen, nächtlichen Geistern, persönlichen Problemen oder in Todesängsten erscheint und uns antreibt, ganzheitlich zu leben und in allem einen Sinn zu finden. Therapie, Heilen und Lehren sind nur ein paar, eher begrenzende Kontexte für diese Begabung. Ein Jäger oder Krieger, d. h., ein Schamane zu werden, ist ein umfassenderer Kontext. Er bedeutet nicht weniger, als leben zu lernen durch Improvisieren von Moment zu Moment. Diejenigen, die Schamanismus, Psychologie, Meditation und die Zukunft persönlicher Transformation lehren, müssen diesen Kontext berücksichtigen.

Als Jäger müssen wir die rational erfassbaren Einzelheiten der Energie, der »psychischen Beute«, untersuchen. Dies ist mehr, als nur etwas über die Signale des Unbekannten zu lernen. Wir entwickeln eine Fähigkeit, Zeichen wahrzunehmen und ihnen zu folgen, die uns einen größeren Zugang zum Leben und zu einer Energie verschaffen, einer Energie, die jeden Augenblick aufregend und eindrücklich sein lässt.

Der Jäger und die Beute

Die ersten Lektionen in Schamanismus, Psychologie, Meditation oder sogar in Sozialarbeit hören sich an wie Verhaltensmaßregeln oder moralische Vorschriften: »Tue dies, tue jenes«. Don Juan beschreibt die Ausbildungsstufen des Jägers, die mit der Beziehung zur Natur beginnen. Indem er sich daran erinnert, was geschah, als er eine Schlange tötete, erklärt Don Juan, dass er sich bei dem Tier entschuldigen musste, weil er es so plötzlich aus dem Leben gerissen habe. Dabei war er sich darüber im Klaren, dass auch sein Leben eines Tages auf ähnliche Weise ein Ende finden würde. So waren die Beute und ihr Jäger eins.

Die Erkenntnis, dass wir nicht nur diejenigen sind, die töten, sondern dass wir selbst eines Tages ausgelöscht werden, führt zu einem Mitgefühl für alle Wesen. Wir sind Täter und

Opfer zugleich, mehr noch, wir sind sowohl der Beobachter als auch der Gestalter unseres Prozesses. Wir sind Traumerzeuger und Träumer zugleich, die kreative Macht hinter den Symptomen und die, die unter ihnen leiden. Das Beste aber ist, dass wir die Möglichkeit haben, zwischen den Symptomen und der Macht zu vermitteln.

Mit anderen Worten wissen wir also, dass wir als Jäger sowohl verschiedene Teile der Welt als auch gleichzeitig Vermittler zwischen diesen Teilen sind. So kämpfen wir uns nicht nur durch die Schmerzen des Lebens hindurch, sondern sind auch der Schmerzerzeuger und der Vermittler zwischen beiden. Wir sind Studierende und gleichzeitig Lehrer einer unvergänglichen Philosophie. Immer, wenn wir etwas Neues lernen oder eine bereichernde Erfahrung machen, danken wir dem Universum, von dem dies alles kommt. Wir sind Studierende und Universum zugleich.

Alles ist miteinander verbunden und nichts geschieht ohne vorherigen Hinweis, auch wenn wir ihn nicht immer wahrnehmen können. Don Juan sagt, dass ein Jäger »angespannt« sei; da er weiß, dass alles miteinander verbunden ist, überlässt er so wenig wie möglich dem Zufall.[10]

Als Jäger erfahren wir das Leben nicht nur passiv, sondern wir übernehmen Verantwortung für seine Gestaltung, indem wir »angespannt« sind und gleichermaßen das Gewöhnliche als auch das Zufällige wahrnehmen.

Die Beute des gewöhnlichen Jägers umfasst Pflanzen und Tiere dieser Welt: nährende Kräuter, Schlangen, wilde Tiere – die Lebewesen, die uns Leben geben. Für den Lehrling des Schamanen jedoch besteht die Beute nicht nur aus dem Fleisch lebender Pflanzen und Tiere. Es ist der Sinn für das Geheimnisvolle, der uns eine besondere Achtsamkeit und Liebe zum Leben schenkt.

---

10 Castaneda »Reise nach Ixtlan«

Als Jäger wissen wir, dass unsere Beute aus bestimmten Signalen besteht; es sind spezielle Zeichen der Natur. Diese sind z. B. Unregelmäßigkeiten in der Wahrnehmung, wie unruhige Gedanken und visuelle oder auditive Halluzinationen. Der Schamane könnte seine Beute als Geister, Gespenster oder Spukerscheinungen betrachten, die inspirieren, heilen und zerstören – Vertraute, die ihn leiten oder verrückt machen. Genauso wie Therapeuten nach verschiedenen Bewusstseinsformen, nach Energie und dem Prozess jagen, jagt der Krieger nach machtvollen Objekten und ungewöhnlichen Situationen.

In manchen östlichen Traditionen ist es Chi, die Energie, die als Beute betrachtet wird. In anderen Teilen der Welt, insbesondere auf Haiti, ist Voodoo die Beute. Manche Psychotherapeuten jagen Träume oder Traumfiguren; der körperorientierte Prozessarbeiter könnte den Traumkörper als seine Beute ansehen. Bei bestimmten Meditationsarten werden die Gedanken und Gefühle, die durch uns hindurchgehen, als Beute bezeichnet. Es gibt psychologische Schulen, die sich auf Stimmungen, Träume und Komplexe konzentrieren. Dies alles sind Prozesse, Doppelsignale und das lebendige Unbewusste. Für mich ist jede Beute Ausdruck des Tao. Manche nennen es auch Glück oder Unglück.

Mit welchem Namen das Geheimnisvolle auch bedacht wird, es ist eine Quelle der Kraft, Heilung, Lebendigkeit und Freude. Was betrachten wir als Zeichen dieses geheimnisvollen Etwas, das uns belebt und für uns sorgt? Wer sind unsere Führer? Was sind ihre Gewohnheiten? Wie diszipliniert oder wahrnehmungsfähig sind wir, um diese Zeichen zu finden? Ist unsere Kunst des Jagens kühn und klug, so ist unsere Beute nur Sekunden von unserer Wahrnehmung entfernt, immer und in jeder Situation, zu jeder Tages- oder Nachtzeit.

Da das Auffinden der Beute ein ungewöhnlicher und zufällig erscheinender Prozess ist, könnten wir es als sekundären Prozess bezeichnen, als unerwartete, unvollständige Botschaft, die in einem oder in mehreren unserer sensorischen Wahrnehmungskanäle auftaucht. Manchmal erfahren wir die Beute als einen vagen Eindruck oder ein ungewöhnliches Gefühl, als Intuitionen oder Gedanken. Wir fühlen etwas, können es aber nicht erklären. Die Gewohnheiten unserer Beute sind unerklärliche, verwirrende oder chaotische Signale, die in verschiedenen Kommunikationskanälen empfangen werden: beim Sehen, Hören, Empfinden, Fühlen, Bewegen und im Umgang mit Menschen und äußeren Ereignissen.

Wir sollten uns darin üben, Halluzinationen zu haben, Stimmen zu hören, die normalerweise nicht zu hören sind, Körpererfahrungen zu machen, die wir nicht beschreiben können, und auf seltsame Bewegungen in uns selbst zu achten. Wir sollten wahnhafte Fantasien über andere beachten, sie einfangen und ihnen folgen. Manche Ärzte werden uns davor warnen, solchen Absurditäten nachzugehen und mit irrealen Dingen herumzuspielen. Wenn uns aber der Ruf eines Schamanen erreicht hat, müssen wir die Beute beachten und sie einfangen, bevor sie unsere Energie raubt.

Wir sollten uns darin üben, uns unsere schlechtesten und unsere besten Seiten vorzustellen, und versuchen, uns selbst zu lieben oder zu hassen, so, als hätten wir, wie die anderen, Abstand von uns selbst. Wir sollten unsere Fantasien nicht nur als Zeichen hoher oder niedriger Selbsteinschätzung betrachten, sondern die Macht hinter beiden, hinter der Liebe und den Schuldzuweisungen, wahrnehmen und sie konstruktiv benutzen. Wir sollten auf spontane Geschehnisse achten, die uns zustimmen oder nicht, sollten sie einfangen und aufessen. Die unvorhersehbaren Ereignisse des visuellen, auditiven, propriozeptiven, kinästhetischen und des Welt- und Beziehungskanals sind unsere Nahrung. Wir dürfen nicht nur auf das hören, was von New Age oder der allgemeinen Meinung über Wahrnehmungen gesagt wird. Wir müssen sie selbst erfahren, sie einfangen und auf ihnen wie auf Meereswellen reiten.

Manche Gewohnheiten unserer Beute sind nicht chaotisch, sondern durchaus vorhersehbar. So kann z. B. der Inhalt unserer Fantasien aus unseren Träumen hergeleitet werden. Der schamanische Jäger beherrscht sein Bewusstsein, indem er seine zweite Aufmerksamkeit benutzt, um innere Gefühle, Fantasien und ungewöhnliche Signale aus der Umgebung wahrzunehmen. Er fühlt die Dinge und spürt seine eigenen unbekannten Anteile, schon bevor sie ihn bedrängen. Er folgt dem Irrationalen und Unheimlichen, das zum Nagual bzw. zum Unbewussten gehört, und unterstützt es. Er weiß, dass seine Macht in seiner Fähigkeit begründet ist, seine Doppelsignale, seine eigenen Widersprüche, Träume, Fantasien und Symptome einzufangen und ihnen nachzuspüren.

In Beziehungen nimmt er seine eigenen Doppelsignale wahr: den unerklärlichen Klang seiner Stimme, die Bewegungen seiner Hände – all jene Signale, die mit dem, was er sagt, nicht übereinstimmen. Er nimmt auch Widersprüchlichkeiten in seiner Umgebung wahr. Dies ist die Beute, die er jagt, und die Macht, die er braucht, um sich seinem wahren Potenzial zu nähern.

Als Jäger in der Welt erspüren wir die Atmosphäre, das spezifische Milieu unserer Familie, unseres Stammes, unserer Gemeinschaft, unseres Geschäfts oder unserer Gruppe. Wir hören uns an, was andere sagen, wir nehmen aber auch das Ungesagte wahr, den emotionalen Hintergrund, wie Erregung, Liebe, Eifersucht und Ehrgeiz, der die Gruppe aus ihrer entsprechenden Alltagsrealität herausheben kann.

Wach zu sein und um die Gewohnheiten der Beute zu wissen, bedeutet, unserem eigenen Verhalten nachzuspüren. Allmählich und mit genügend Übung können wir dann unsere eigene Macht, zu tanzen, zu singen, zu sprechen, zu fühlen und mit der Welt zu kommunizieren, wahrnehmen. Betrachten wir die Geschichte eines jungen Mannes, mit dem ich in den Bergen von Colorado arbeitete. Auf der Jagd nach der Zukunft meditierte er darüber, welche Richtung sein Leben nehmen sollte.

Als wir miteinander arbeiteten, sah er etwas vor dem Fenster, das sich bewegte. Als er hinaussah, meinte er, für den Bruchteil einer Sekunde, ein kleines grünes Männchen zu sehen, das in eine ganz bestimmte Richtung wies. Da er ein wachsamer Jäger war, ließ der junge Mann diese Fantasie nicht entwischen, sondern hielt sie in seiner Vision fest. Wir standen auf und gingen in die Richtung, in die das grüne Männchen gezeigt hatte, zu einem kleinen, nahegelegenen Felsen. In seiner Fantasie hörte der junge Mann die kreischende Stimme des grünen Männchens: »Spring!« Zutiefst erschrocken setzte er sich mit mir an den Rand des Felsens und lauschte intensiv auf die Stimme. »Wer bist du?«, fragte er.

Er erhielt keine Antwort. So heftete er seine Aufmerksamkeit auf den Nachklang der Stimme und versuchte, sich ihren Ton, ihr Tempo und ihre Wesensart zu vergegenwärtigen. Kurze Zeit später kam die Stimme wieder, lauter als zuvor. »Spring!«, beharrte sie eindringlich. »Spring, oder ich stoße dich!«. Plötzlich merkte der junge Mann, dass sein Prozess vom Hören zum Sehen hinübergewechselt war. Nun sah er sich selbst über den Felsen fliegen und landen. Aber wo landete er? In der Allgemeinen Abteilung eines Krankenhauses in einer Stadt in der Schweiz, aber nicht als Patient, sondern als Arzt.

Dies war die Antwort auf seine Frage. Er wusste nun, was er als Nächstes zu tun hatte, und tat es auch. Ein Jahr später begann er mit dem Medizinstudium. Heute arbeitet er in einem Krankenhaus in der Schweiz. Zur Zeit seiner Visionssuche erzählte er mir, dass er eine Blockade gegen den Arztberuf gehabt hatte, weil er anders sein wollte als sein Vater, der Arzt war.

Dieser Mann musste zuerst jagen, bevor er Arzt werden konnte. Die schamanische Disziplin war wichtiger für ihn als reines Wissen. Tatsächlich ist es so, dass Vorkenntnisse beim Erlernen des Aufspürens von Energie und von Naturprozes-

sen ein Hindernis sein können. Der Jäger hat eine anspruchsvolle Haltung seinem Prozess gegenüber.

Was ist der Unterschied zwischen einem Verrückten und einem Jäger? Tatsächlich ist der Unterschied gar nicht so groß.
Wahrscheinlich haben frühere Erforscher des Schamanismus
deshalb gedacht, Schamanen seien entweder Psychotiker oder
Epileptiker. Der Unterschied zwischen einem Schamanen
und einem gewöhnlichen Menschen, der von seinen inneren
Erfahrungen überschwemmt wird, liegt in der Disziplin des
Schamanen, die es ihm ermöglicht, ein gewöhnliches Leben
zu führen. Er ist fähig, die Zeit des Jagens und die Zeit des
alltäglichen Einkaufens auseinanderzuhalten.

Und er kann sich und seine Beute voneinander unterscheiden. Als Jäger wissen wir, dass wir Beobachter sind, und wir
lassen uns nicht in unsere Visionen verwickeln. Wir können
uns gleichzeitig innerhalb und außerhalb unserer Visionen befinden, während die Menschen in einem »gewöhnlichen« Bewusstseinszustand von solchen Erfahrungen entweder besetzt
oder vollständig abgetrennt sind. Ich möchte betonen, dass der
Weg des Jägers der Weg eines Menschen ist, der ganz bewusst
wählt, wann er jagen und wann er vorübergehend seine Macht
nicht nutzen will. Wir wissen, wann wir uns mit der Beute
identifizieren und wann nicht, sodass wir nicht von der Erfahrung überwältigt und ihr Opfer werden müssen.

Aber wir brauchen eine besondere Spürsamkeit, um ungewöhnliche Ereignisse erfassen zu können. Wir brauchen
einen Sinn für Freiheit. Schließlich werden wir unsere wunderbare Beute nicht wegen unseres Wissens über uns selbst
oder die Umgebung einfangen, sondern weil wir sind, wer wir
sind. Wir können nur uns selbst einfangen oder das, zu dem
wir werden. Letztendlich stoßen wir eben genau deshalb auf
unglaubliche Ereignisse und lernen aus ihnen, weil wir selbst
allmählich zu etwas Unglaublichem werden.

Die persönliche Geschichte

Wir sind also entweder Jäger, oder wir werden zur Beute. Da Tiere und Pflanzen eingefahrene Gewohnheiten haben, müssen wir uns davor hüten, selbst auch berechenbar zu werden. So könnte unsere persönliche Geschichte zu unserer größten Gefahr werden. Die persönliche Geschichte macht uns zu einem Individuum mit vielen Gewohnheiten, zu einer Beute oder einem Opfer des Lebens. Wenn wir nicht aufpassen, kann uns sogar das Jagenlernen berechenbar werden lassen, beladen mit all dem, was wir gelernt haben. Wir könnten denken: »Nun bin ich ein Schamane, ein Psychologe, ein Meditierender, eine spirituelle Persönlichkeit oder jemand, der anderen und der Welt helfen wird«. Aber diese Etiketten sind nur das, womit wir uns identifizieren, und können zu übermäßiger Starrheit und Voraussagbarkeit führen.

Auch ich verliere gelegentlich meine Freiheit. Als ich mit dem Schreiben dieses Buches begann, dachte ich: »Jetzt schreibe ich ein Buch!«. In diesem Augenblick schuf die unbeabsichtigte Tatsache, dass ich mich selbst so wichtig nahm, mehr Ernsthaftigkeit, als nötig gewesen wäre. Es war, als würde ich zu viel essen. Plötzlich fühle ich mich so schwer wie eine Ente vor dem Gewehr des Jägers. Ich selbst war die Beute, die ich jagte, nicht der Jäger, der ich sein wollte.

Heute kann ich über diese niederdrückende Angelegenheit lachen, aber mich darin zu befinden, war keineswegs lustig. Die Gefahr, so zu werden, wie die Zustände, mit denen man sich beschäftigt, wurde in psychoanalytischen Kreisen zu Beginn des 20. Jahrhunderts »Fallen in das Unbewusste« genannt, und bedeutete, depressiv, überheblich oder verrückt zu werden. Für diese analytischen Versionen der alten Schamanen bestand die Beute aus Bildern des sogenannten Unbewussten: aus Göttern und Göttinnen, dem Teufel, dem Dummkopf usw. Meine Lehrer setzten voraus, dass man ein diszipliniertes Leben führte, sich im Studium großes Wissen erwarb und sich vor dem Unbekannten fürchtete, damit man nicht von ihm überschwemmt würde oder sich mit ihm identifizierte, wie z. B. mit Christus oder dem Teufel.

Aber die Gefahr für die frühen Studierenden des Unbewussten lag wahrscheinlich in ihrem Paradigma: die Überzeugung, dass sie das Unbekannte oder das Unbewusste so benutzen könnten, als sei es eine unerschöpfliche Quelle, der man keine Gegengabe schuldete. Ganz sicher hat die Psychologie schamanische Wurzeln, aber irgendwie hat man das Ritual der Verehrung dieses Urgrundes vergessen. Ohne Achtung vor dem Unbekannten gleicht die Psychologie der modernen Technologie, die die Umwelt beraubt, ohne ihr etwas zurückzugeben. Es kann gefährlich sein, das Unbekannte lediglich zu seiner persönlichen Erbauung zu erforschen und Träume so zu benutzen, als seien sie unser Eigentum.

Ohne die alte und eingeborene Achtung vor der Umwelt und ihrer Macht identifizieren wir uns mit ihr und meinen, wir müssten weise sein, statt ihrer Weisheit zu folgen. Daher ist für alle solche Helfer die größte Gefahr, dass sie vom Unbekannten beherrscht werden und sich selbst als weise und machtvoll darstellen. Es gibt zu viele Therapeuten und Schamanen, die sich für besser halten als andere.

Diese Selbstüberschätzung gleicht der Art, mit der wir unsere natürliche Umwelt ausnutzen, indem, wir uns das nehmen, was wir brauchen, und vergessen, dass sie die Quelle des Lebens ist. Ohne Achtung vor ihrem Ehrfurcht gebietenden Wesen und ohne Dank scheint die Umwelt zu rebellieren und uns zu bedrohen. Jeder, der mit einer Seite des Schamanismus in Berührung kommt, setzt sich der Gefahr der Selbstüberschätzung aus: Die Natur lehnt sich auf, sie erschreckt uns, verschlingt unser Menschsein, und es bleibt nichts mehr von uns übrig als ein aufgeblasener Kerl, der Angst hat zu sterben.

Als disziplinierte Jäger sind wir wachsam und fähig, uns anders zu verhalten als die Beute, die wir jagen. Zen bezeichnet diese fließende und offene Geistesverfassung als »Anfängergeist«. Ein Anfänger ist bescheiden und offen, und er nimmt wahr, was geschieht. Dabei erfährt er das Leben ohne vorgefasste Meinungen. Anfängergeist ist jedoch nicht dasselbe wie ein leerer Geist. Für Keido Fukushima aus Kyoto, einen Zenmeister, ist der Zustand eines kreativen Geistes frei, fließend und unberechenbar. Der Krieger ist nicht gewohnheitsorientiert, er ist auch nicht leer, vielleicht aber frei von seiner persönlichen Geschichte. Er ist frei in dem Sinn, dass er offen ist für alles, was geschieht.

Wir wissen, dass wir frei sind von Zwängen und der Bedeutung unserer persönlichen Identität und Geschichte, wenn wir lachen. Lachen kann eine Mischung sein aus Humor, Verrücktheit und Weisheit. Wenn wir lachen können, halten wir jedenfalls nicht nur Ausschau nach dem Leben, sondern wir leben es auch. Mit diesem Sinn für Freiheit können wir auch bestimmten Prozessen folgen, die unberechenbar sind. Sie enthalten das Wunderbare, das unser Leben lebenswert macht. Unvorhergesehene Ereignisse sind der Lebensschlüssel des Schamanen, wie geheimnisvolle, ungewöhnliche Tiere, die sich nicht an ihre eigenen Gewohnheiten halten und sogar manchmal mitten in ihrer Flucht vor einem Eingeborenen stehen bleiben, damit er sie erschießen kann?[11]

Eingeborene Völker sagen, dass wir uns für das Töten von Pflanzen und Tieren entschuldigen müssen und auch offen sein müssen dafür, ob uns das Universum diese Beute »geben« will oder nicht. Es liegt nicht alles in unserer Macht. Das, was wir entdecken, ist das, was uns gegeben wird. Um das Lebenselement mit der größten Magie und den Impuls zur Kreativität zu finden, müssen wir in einer besonderen magischen Stimmung sein, einer Verfassung, in der wir dank-

---

11 Suzuki/Knudtson beschreiben in ihrem wundervollen Buch »Wisdom of the Elders« (»Die Weisheit der Älteren«) S. 102, wie die Wintu-Indianer in Nordkalifornien die Tatsache betrachten, dass manche Tiere sich selbst dem Jäger anbieten.

bar sind für alles, was geschieht, auch dann, wenn nichts geschieht. Anders gesagt, bedeutet das, dass wir so jagen, als seien wir selbst das Objekt der Jagd.

Der Gegenspieler des Geistes ist häufig unsere persönliche Identität. Dadurch, dass westliche Psychotherapien die Entwicklung eines starken Ego empfehlen oder sich ständig auf dieselben Probleme konzentrieren und die gleichen Werkzeuge benutzen, stärken sie unabsichtlich gerade dieses Gefühl für die persönliche Lebensgeschichte, das uns letztendlich davon abhalten kann, die Schlüssel des Schamanen zu finden. Wenn wir uns ständig mit denselben Problemen befassen und dieselben Methoden anwenden, wird das Leben allmählich vorhersagbar sein: Wir können unseren künftigen Lebensstil, die uns verfolgenden Dämonen und die Art des Unbekannten, das uns belästigt, erraten.

Unabhängig von der Macht unserer Gewohnheiten werden wir jedoch niemals fähig sein, den genauen Zeitpunkt vorherzusagen, an dem sich dies oder jenes ereignen wird. Wir können zwar vermuten, *was*, aber nicht, *wann* etwas geschehen wird. Das uralte chinesische Orakel- und Weisheitsbuch »I Ging« sagt, dass der Geist sehr geheimnisvoll ist, viel geheimnisvoller als seine Manifestationen der zehntausend Dinge, die wir in der Welt sehen können. Nach dem Tao Te King gibt es zwei Taos, eines, das man sehen und über das man sprechen kann, und eines, das man nur erfahren kann. Die entscheidend wichtige Lebensenergie, die wir suchen, kann wie ein Gefühl sein, das mit bestimmten Ereignissen verbunden ist; es ist die Dynamik eines Augenblicks, nicht seine Beschreibung – das »Wann«, nicht nur das »Was«.

Wenn wir z. B. den jungen Mann, der dann Arzt wurde, gekannt hätten, hätten wir vielleicht vermutet, dass er Mediziner werden würde. Aber wer hätte genau sagen können, wann ihn diese Information erreichen würde? Keiner hätte vorauswissen können, dass seine Visionssuche eine solch dramatische Energie in sich bergen würde, dass er von einem

Felsen herabspringen sollte und all seine Grenzen überwinden musste, um er selbst zu werden.

Der Zeitpunkt und die Intensität von Botschaften liegen jenseits des Erlernens eingefahrener Gewohnheiten, von Kanälen und Symptomen. Der Geist im Hintergrund einer Veränderung scheint von nirgendwo herzukommen und sieht beim ersten Hinsehen nach nichts aus. Die größte Entdeckung jedoch, die ein Jäger überhaupt machen kann, ist vielleicht die des richtigen Zeitpunkts.

Übungen

1. *Finde den richtigen Platz. Nimm dir ein paar Minuten Zeit und konzentriere dich auf deine Körperwahrnehmung. Erforsche deinen Körper mit deinen Gefühlen. Was geschieht und wo geschieht es? Stell dir einen Platz vor, den dein Körper gerade jetzt braucht, um sich rundherum wohlzufühlen. Wenn du dich bereits wohlfühlst, dann stell dir einen Platz vor, an dem du dich sogar noch besser fühlen könntest. Lass dich nieder auf diesem Platz, in der Realität oder in deiner Vorstellung, und nimm alles wahr, was sich vielleicht verändert. Wo in deinem Körper finden Veränderungen statt? Hast du dort jemals Symptome gehabt? Erinnert dich dieser »Ort des Wohlbefindens« an irgendeinen Ort aus deinen Träumen?*
Da du nun einen guten Platz gefunden hast, frage dich, was dich an den unangenehmen Orten angezogen hat, an denen du dich vorher aufgehalten hast.

2. *Wenn du in der Stimmung bist zu jagen, experimentiere mit Folgendem: Beschreibe deine persönliche Geschichte; lass sie dann – für einen Augenblick – fallen und experimentiere mit deinem Sinn für Freiheit. Meditiere und*

schließe die Augen und zähle deine Atemzüge von 1 bis 10 bei jeder Ausatmung.

Sei so gegenwärtig wie möglich – jage! – und, falls dich beim Zählen deiner Atemzüge etwas stört, nimm wahr, was es ist. Fange es. Konzentriere dich darauf. Das ist deine Beute.

Bleib mit deiner Aufmerksamkeit bei der Erfahrung und arbeite sie im Detail durch. Halte sozusagen ihre Spur. Sei ganz exakt bei deiner Beobachtung. Was tut die Erfahrung? Wie sieht sie aus, wie hört und fühlt sie sich an, wie bewegt sie sich, wie bezieht sie sich auf andere?

Erlaube der störenden Erfahrung, sich in allen deinen sensorischen Kanälen zu entfalten. Versuche, sie zu fühlen. Schau sie an, indem du Bilder aus ihr machst. Horche auf sie, indem du ihren möglichen Geräuschen und Worten zuhörst. Bewege dich so, wie sie sich bewegen würde, während du sie immer noch fühlst, siehst und hörst, bis du ihr Wesen und ihre Botschaft erfasst hast. Das ist Jagen, wie es sein sollte.

Versuche, diese Botschaft jetzt anzuwenden.

6.

DER KRIEGER

Der Traumkörper kann auch ein Gefängnis sein. Wenn wir nicht bewusst mit ihm umgehen, nimmt er Besitz von uns. Wie der Yogi, den die Göttin Shakti in den Wahnsinn trieb, nachdem er die Kundalini in seinem Körper erweckt hatte, wird das Individuum, das vom Geist des Jägers berührt wurde, unablässig getrieben, den Pfad der Selbsterkenntnis weiterzugehen. Sogar hinter dem geringsten Interesse am Schamanismus kann sich die Sehnsucht nach Ekstase verbergen.

Wir können uns in der schamanischen Arbeit niemals genug darin schulen, nach verlorenen Energien und Seelen zu »jagen«. Für jeden, der auf irgendeine Weise menschliches Wachstum unterstützt, ist dies eigentlich eine niemals endende Aufgabe. Das einzige Erfolgskriterium dieser Arbeit sind unsere eigenen Träume. Wahrscheinlich gilt deshalb in schamanischen Traditionen überall auf der Welt, dass ein Lehrling nur über Träume, Krankheiten, ekstatische Erfahrungen und von Meisterschamanen beurteilt werden kann.[12]

Es ist nicht genug, wenn wir uns anstrengen, um die nötigen Fähigkeiten zu erwerben, da wir im Umgang mit uns selbst immer schwierigere Situationen antreffen. Deshalb haben zeitlose Philosophien schon immer gesagt, dass Demut und Bescheidenheit die besten Grundlagen für den Weisheitssucher sind. Wie der heilige Berg Fujiyama in Japan auf dem Gipfel flach und bescheiden und nicht spitz und erhaben erscheint, so muss der Lehrling über das Alltagsleben hinausgehen und dabei für Botschaften von oben offen sein. Auf jeder Stufe der Vollendung sind wir immer wieder Anfänger.

---

12 Eliade »Schamanismus und archaische Ekstasetechnik«.

Ausbildung

Wir können psychotherapeutische Fähigkeiten relativ rasch lernen, aber danach sind viele Jahre praktischer Arbeit erforderlich, bis wir uns selbst wirklich vertrauen. Während der Ausbildung zweifeln wir ständig an unseren Fähigkeiten für unseren erwählten Beruf. Einer der Gründe hierfür liegt darin, dass wir niemals ausreichend vorbereitet sein können, um das Schicksal zu meistern, obwohl wir das unbedingt wollen. Die Arbeit ist einfach viel zu komplex und voll von unerklärlichen Mächten. Es wäre überheblich, zu meinen, wir könnten den Geist lenken. Wir können bestenfalls lernen, ihm zu folgen.

So können unsere Zweifel nützlich sein; sie verlangen von uns, dass wir uns mit Dingen beschäftigen, von denen wir nichts wissen. Es dauert Wochen, um bestimmte Fähigkeiten zu erwerben, aber wesentlich länger, um jene besondere Einstellung zu gewinnen, die die Schamanen ihren Lehrlingen in der persönlichen Unterweisung weitergeben. Was den Lehrling des Schamanen bei jeder Art von Arbeit mit der Seele am meisten verunsichert, ist das Gefühl, nicht genügend Kontakt mit dem Geist zu haben. Nur der ständige Kontakt mit dem Unbekannten gibt uns das richtige Gefühl für die Arbeit; wir sind Studierende des Wandels und nicht diejenigen, die den Wandel herbeiführen.

Je mehr die Zahl der Menschen wächst, die an persönlichem und sozialem Wachstum interessiert sind, umso mehr werden die Psychotherapie und die mit ihr verbundenen Berufe in den Vordergrund treten. In der Folge werden öffentliche Bestimmungen und Vorschriften für Heiler, Therapeuten und Ärzte zunehmen. Die Öffentlichkeit versucht, die Qualität der im Gesundheits- und Sozialbereich Tätigen sicherzustellen, indem sie Vorschriften nach rein rationalen Gesichtspunkten erlässt.

Um helfende oder heilende Fähigkeiten erfolgreich einsetzen zu können, müssen wir in allen möglichen menschlichen Bereichen Erfahrungen machen, in Bereichen von Leben und Tod, Psychosen, extremen Bewusstseinszuständen, in Medizin und Politik. Genauso entscheidend ist aber auch unsere persönliche Entwicklung. Und gerade sie ist es, die von den öffentlichen Vorschriften nicht erfasst werden kann. Der vielleicht wichtigste Aspekt der persönlichen Entwicklung, um Menschen zu helfen und ihnen zu dienen, ist die Demut, die mit dem Gefühl verbunden ist, dass alles, was geschieht, nicht allein in unseren Händen liegt.

Ich meine, dass es im Bereich der helfenden Berufe ein Konzept wie das der Meisterschaft geben sollte. Im Zen gibt es eine interessante Entsprechung. Die Mönche müssen ihre erste Ausbildung, die zehn Jahre lang dauert, im Kloster abschließen. Ihr nächstes Zehn-Jahres-Training, das keinen Vorschriften unterliegt, beginnt, wenn sie das Kloster verlassen und in die Welt hinausgehen. Dieses zwanglose Training hat keinen Abschluss. Am Ende der zweiten Zehn-Jahres-Periode ist es eher so, dass der Meister mit dem Mönch zusammensitzt und an der Art, wie der Mönch Tee trinkt, als einem Symbol für seine Lebensweise im Zen, erkennen kann, ob er Meisterschaft erlangt hat oder nicht.

Die öffentliche Hand sieht lediglich den Bedarf an Ausbildung und Kompetenz und nicht an Meisterschaft. Sie nimmt wahr, ob ein Helfer mehr oder weniger in Ordnung ist. Sie schafft ethische Gesetze, die auf dem Recht des Lebens und der Gesunderhaltung beruhen. Diese Gesetze unterstützen die gesellschaftlichen Konventionen, sind aber in unbekannten, geheimnisvollen Bereichen nicht anwendbar. Wir müssen über unsere gegenwärtige Definition von Leben und geistiger und körperlicher Gesundheit hinausgehen und unsere persönliche Entwicklung miteinbeziehen, um anderen Menschen helfen zu können. Sonst dienen wir nur der Gesellschaft in ihrer gegenwärtigen Form und nicht dem Geist der Zukunft.

Wir brauchen ein Gespür für den Geist, der allem zugrunde liegt. Und wir brauchen die alte Idee von der Meisterschaft, die nur durch innere Arbeit, Übereinstimmung mit uns selbst und Glück erreicht werden kann.

Statt Meisterschaftsprüfungen werden heute die Zweifel, Ängste und Unsicherheiten derjenigen, die in helfende Berufe hineinwachsen, zu persönlichen Prüfungen und zu Vorschriften, die die innere Entwicklung ihnen auferlegt.

Unser gelegentlich auftretendes Minderwertigkeitsgefühl ist nicht nur ein persönliches Problem, sondern auch ein wichtiger Aspekt persönlichen Wachstums. Auf jeder Stufe der Entwicklung zweifeln wir und überprüfen uns selbst, nicht nur, weil die Vielfalt der Herausforderungen zunimmt, sondern weil wir ein Gespür für den Zweifel brauchen, um für die Veränderung und den Geist offen zu bleiben.

Das Studium allein ist niemals ausreichend. Wir müssen Haltungen und Fähigkeiten entwickeln, die sich so verändern können, wie das Gesamtbewusstsein der Welt sich wandelt.

Prüfung durch Macht

Schließlich gelangen wir zu dem überraschenden Ergebnis, dass unsere persönliche Entwicklung nicht nur von uns selbst abhängt, sondern auch davon, was in unserer Welt geschieht. Als Don Juan bezweifelte, ob Castaneda Lehrling bleiben sollte, führte er eine Prüfung durch, in welcher der Geist der Prüfer war. Diesen Geist nannte Don Juan Mescalito. Castaneda musste dieser Gottheit begegnen, indem er die bewusstseinsverändernde Droge Mescalin zu sich nahm. Don Juan versuchte herauszufinden, ob der Geist oder das, was er Macht nannte, Castaneda erlaubte, seine Lehrlingschaft fortzusetzen. War der Geist dafür, dass Castaneda den Weg des Kriegers weiterging?

Das Schicksal wollte es, dass Castaneda eine starke magische Verbindung zu einem Hund entwickelte, dem er im drogeninduzierten Zustand begegnet war. Don Juan nahm dieses numinose Geschehen während des Drogentrips als Zeichen, die Lehre fortzusetzen, obwohl er wegen der offensichtlichen Oberflächlichkeit seines Lehrlings Bedenken hatte. Aber nun musste sich Castaneda über das Jagen hinaus entwickeln, er musste die Wege des Kriegers lernen.

Die Macht prüft nicht nur den Lehrling, sondern auch den Lehrer. Ein feinfühliger Lehrer weiß, dass er mit seinen Klienten und Studenten wächst. Das Schicksal verbindet uns alle, indem es das, was wir Heilungsprozess nennen, in eine Lehrer-Schüler-Beziehung verwandelt, auch dann, wenn keiner von beiden darauf vorbereitet ist. Die Projektionen des Klienten auf den Lehrer dürfen nicht nur als Teile vom Innenleben des Lernenden betrachtet werden, die integriert werden müssen, sondern auch als Hinweise darauf, wie der Lehrer sich entwickeln sollte.

Ich erinnere mich, wie einer meiner Lehranalytiker meine Träume betrachtete. Wenn er als ein Gott in ihnen erschien, interpretierte er dieses Bild immer als einen Teil von mir. Dennoch sprach er auch von seinen Hoffnungen, über sich hinauszuwachsen, da er immer wieder an sich selbst zweifelte. Natürlich dachte ich, er sei ein Gott. Wenn ich ihm jedoch erzählte, dass ich ihn im Traum in negativem Licht gesehen hätte, beschrieb er sich selbst als diese negative Person und ermutigte mich, ihm gegenüber entsprechend zu reagieren. Er überließ es dabei mir, herauszufinden, ob und wie ich negativ zu mir selbst war. Seine Bescheidenheit war ein Vorbild für mich, und ich versuche heute noch, mich selbst daran zu halten.

Die Krieger

Die Natur selbst setzt besondere traum- oder drogenartige Prüfungen als Schulungen ein, um herauszufinden, welche Lehrer-Schüler-Paare den ganzen Weg zusammen gehen sollten. Manche Paare sind dazu bestimmt, untadelige Jäger zu werden. Hier entwickeln sowohl der die Lehre Vermittelnde als auch der Lernende ein machtvolles Jägerbewusstsein mit den entsprechenden Fähigkeiten. Sie finden, identifizieren, unterstützen oder »erschießen« Aspekte des Unbewussten für die anderen.

Jäger scheinen nicht dazu bestimmt zu sein, ihren Rahmen gegebener Methoden und Gewohnheiten zu verlassen, um sich bewusst mit Erfahrungen zu identifizieren. Don Juan unterscheidet Jäger und Krieger und sagt, dass nicht wir es sind, die entscheiden, ob jemand ein Jäger oder ein Krieger wird. Nur ein wichtiges Omen könne dies voraussagen.

Der Jäger sucht, vernichtet und integriert innere und äußere Ereignisse, während er in der Alltagsrealität bleibt. Beim Krieger ist das anders. Er verbindet sich direkt und experimentierend mit diesen Konflikten und Ereignissen. Der Krieger lebt, wie wir bald sehen werden, im Traumkörper.

Entwicklungsphasen

Jahrhundertelange Arbeit mit veränderten Bewusstseinszuständen hat es den schamanischen Lehrern erlaubt, Entwicklungsstufen der Bewusstseinsschulung zu beschreiben. Don Juan erwähnt außer denen des Jägers und Kriegers verschiedene andere Phasen, um mit der Welt in Verbindung zu treten. Er spricht vom sogenannten Durchschnittsmenschen, vom Zauberer und vom Seher.

Der Durchschnittsmensch verlässt niemals den Bereich der allgemein anerkannten Realität, sondern wohnt innerhalb der Grenzen der gewöhnlichen Welt; niemals berührt er die Grenzen zum Unbewussten, zur sekundären Wahrnehmung oder zum Unbekannten. Der Zauberer verlässt die Welt des gewöhnlichen Bewusstseins und bezieht seine Kraft von den Mächten außerhalb dieses Bereiches. Er erlaubt es den sekundären Prozessen, den Erfahrungen jenseits der Umgrenzung, ihn zu besetzen. Aber er ist, genau wie der Durchschnittsmensch, von seiner eigenen Realität besetzt.

Menschen mit einer Berufung zum Analytiker, Therapeuten oder Lehrer werden zu Jägern. Manche Jäger werden Zauberer. Sie verweilen gerne im Unbewussten und sträuben sich dagegen, ihre Erkenntnisse im Licht der Alltagsrealität zu betrachten. Sie lieben Hypnose, medizinische Geheimrezepte und magische Interventionen und vermeiden direkte Konfrontationen, die das gewöhnliche Bewusstsein verwandeln könnten. Sie befriedigen unser gelegentlich auftretendes Bedürfnis nach sofortiger unmittelbarer Abhilfe von Leiden.

Die Jäger und Zauberer, die ich kenne, scheinen sich ständig zu bekämpfen. Die Jäger meinen, die Zauberer nähmen Bewusstheit nicht ernst genug und zögen sich stattdessen in archaische Zeiten der Geschichte zurück. Jäger lieben die alltägliche Realität und bleiben darin. Die Zauberer wiederum betrachten die Jäger als zu wenig mystisch und irrational. Sie fordern, dass Jäger eine intensivere Beziehung zur Macht haben und nicht nur die Alltagsrealität unterstützen sollten.

Der Seher ist keiner und gleichzeitig jeder von diesen Typen. Er ist das flexible Individuum, das sich verhält wie ein Durchschnittsmensch, über analytische Fähigkeiten verfügt wie ein Jäger, in die andere Welt eintaucht wie ein Krieger, in ihr verweilt wie ein Zauberer und über alle diese Typen lachen kann, weil er weiß, dass es Seinsweisen sind, von denen keine besser ist als die anderen.

Wir können nicht wählen, zu welchem Typ wir werden.

Wir benötigen alle diese Fähigkeiten. Außerdem verkörpern wir, zu verschiedenen Zeiten, jeden dieser Typen. Die Beziehung, die wir zu einem momentanen Prozess haben, hängt von unserem persönlichen Stil und Schicksal ab. Jeder von uns ist ein Durchschnittsmensch, hat aber gleichzeitig auch etwas von einem Seher, einem Jäger und einem Krieger an sich. Aber, ob man sich als ein Schamane identifizieren wird, hängt von den Träumen und von einem inneren Erbe ab.

Nach Schöpfungsmythen und schamanischen Geschichten kann jedes Lebewesen Unsterblichkeit erlangen.[13] Wer diese Chance ergreift, um das Bewusstsein des Alltagsmenschen zu überschreiten, und wann oder wie tiefgreifend sich dies ereignen wird, ist von besonderen Bedingungen abhängig. So sind Jäger, Zauberer, Krieger oder Seher keine fixierten Zustände, mit denen wir für immer verbunden sind. Vielmehr ist jeder eine Stufe auf dem Weg zur Freiheit und zur Aufrechterhaltung des Bewusstseins.

Natürlich neigen wir immer dazu, uns mit einem dieser Zustände mehr als mit den anderen zu identifizieren. Wenn wir an unsere Intelligenz gebunden sind, werden wir lernen, großartige Jäger zu sein und werden dabei bleiben. Wenn wir aber in irgendeiner Weise ungewöhnlich sind, könnte es uns gelingen, im Laufe einer langen Zeit und unter gewaltigen Schmerzen ein Krieger oder ein Seher zu werden.

---

13 Schöpfungsmythen befassen sich alle damit, dass wir die Unbewusstheit transzendieren müssen, die symbolisch dargestellt wird als Schlaf, Träume oder als Unterwelt. Manchmal, wie in Castanedas Buch »Die Kunst des Pirschens«, ist die Transzendenz Symbol für das Leben jenseits des Lebens.

Träumen

Für den Krieger ist Träumen ein Weg zur Macht. Der Unterschied zwischen einem Jäger und einem Krieger besteht darin, dass der Krieger Macht sucht und von ihr berührt wird, während der Jäger kaum etwas über sie weiß.[14]/[15]Der Jäger erblickt das Unbekannte und isst es auf, während er in der gewöhnlichen Welt, unserer bekannten Welt, verharrt. Wie viele Psychotherapeuten heute versucht auch der Jäger die Macht der Prozesse zu erklären. Wir sprechen heute vom Unbewussten, von Kindheitserfahrungen, biologischen Bedingungen, von Traumfiguren, Komplexen, Neurosen, Widerständen, von Archetypen und von Problemen des Missbrauchs.

Der Jäger erklärt, während der Krieger hineintaucht. Der Krieger erfährt Macht. Er erlaubt ihr, sich selbst darzustellen, indem er sich von ihr dazu bewegen lässt, zu tanzen, zu weinen, zu meditieren und zu schreien.

»Macht« ist eine Bezeichnung amerikanischer Eingeborener für die belebende und elektrisierende Erfahrung sekundärer Prozesse. Für Schamanen ist die Hauptstraße zur Macht der Traum, was viel mehr ist, als sich an einige Bilder während des Schlafens zu erinnern. Es ist sogar mehr als luzides Träumen, bei dem wir im Schlaf bewusst bleiben. Träumen ist so etwas wie Jungs Aktive Imagination, in der der Träumer Traumerfahrungen macht beim Malen oder Schreiben, im Tanz oder in seinem Kopf, in Form von inneren Dialogen oder Visualisierungen.

Das Träumen des Schamanen jedoch bezieht ein Gefühl der Energie mit ein. Dabei geht es nicht nur um Einsicht oder eine Verbesserung des Alltagslebens, indem sie ungewöhnliche sekundäre Prozesse wahrnehmen, sie identifizieren,

---

14 Castanedas »Reise nach Ixtlan«
15 Amy Mindell »Metaskills«, 2. Kapitel

differenzieren, konfrontieren und ihnen jeden Moment folgen, haben die Schamanen immer Lebenskraft und eine neue Wahrnehmung von sich selbst gewonnen. Deshalb machen Schamanen und Heiler den Eindruck auf uns, als seien sie mit etwas Zeitlosem und Unfassbarem verbunden.

Das erinnert mich an eine merkwürdige Begegnung, die ich mit einem ungewöhnlichen Mann hoch in den Bergen des östlichen Oregon hatte. Der Mann hatte das heruntergekommene Café an einer abseits gelegenen Straße betreten, in dem Amy und ich eines Morgens frühstückten. Anders als andere Menschen schaute er zu Boden und ging langsam und sicher, wie halb in Trance. Ich war von seiner Zentriertheit sofort gefangen und fragte ihn, nachdem ich »Hallo« gesagt hatte, wer er sei. Er antwortete mit der Frage, was ich denn tun würde. Ich erzählte ihm, dass ich gerade dabei sei, dieses Buch über Schamanismus abzuschließen, und fragte ihn, ob er darüber Bescheid wüsste. »Oh ja«, antwortete er, »ich bin amerikanischer Indianer und leite selbst Schwitzhütten in den Bergen«.

Ich war sowohl erfreut als auch erschrocken. Jedenfalls scheinen wir mit dem Träumen verbunden zu sein, wenn wir es studieren, genauso, wie die Ausbildung im Träumen zu Macht führt und traditionellerweise hauptsächlich in der Wildnis stattfindet. Das Kernstück schamanischen Lernens ist die Erfahrung sekundärer Prozesse. Erinnern wir uns, dass primäre Prozesse Erfahrungen sind, die unserem Bewusstsein und den Ereignissen und Bildern näher sind, mit denen wir uns identifizieren oder die wir ins Leben rufen wollen. Sekundäre Prozesse sind bewusstseinsfern und voller Überraschungen. Sie können Ehrfurcht gebietend, erschreckend oder verwirrend sein. Es können auditive Halluzinationen, plötzliche Visionen oder nächtliche Erscheinungen sein. Es können Kopfschmerzen, andere Leiden oder unkontrollierte Bewegungen sein. Auch unlösbare Beziehungsprobleme und nicht nachlassende Weltprobleme sind sekundär.

Bildlich gesprochen ereignen sich alle diese Prozesse nachts, d. h. in der Dunkelheit des Tages. Es ist, als würden sie uns entgegengeschleudert oder als seien sie ohne unser Einverständnis eingeladen worden. Nach Meinung der Schamanen müssen solche Erfahrungen mit den Werkzeugen des Träumens gehandhabt werden, was bedeutet, dass wir uns bewusst in sie hineinbegeben und sie von innen her kennenlernen müssen. Nachdem wir gelernt haben, zu jagen und über uns selbst nachzudenken, studieren wir unser Verhalten und unsere Träume und beginnen, andere zu verstehen. Mit dem nächsten Schritt verlassen wir das Ufer des Flusses, von dem aus wir beobachtet haben, und tauchen in den Strom ein.

Es ist leicht, das Träumen zu beschreiben, aber schwer, in den Strom einzutauchen und mit ihm zusammen Leben zu erschaffen. Bevor wir uns dem Unbekannten überlassen können, brauchen wir eine unglaublich starke innere Kontrolle und Sicherheit. Möglicherweise brauchen wir jemand anderen als Vorbild, der dazu fähig ist. Deshalb haben Schamanen immer von hilfreichen Geistern oder alten Meisterschamanen gelernt. Ohne die Hilfe solcher Figuren neigen wir dazu, sehr lange bei primären Prozessen, zu verharren, sozusagen wie im Hafen des Festlandes, von dem aus wir lossegeln wollen.

Es erfordert so viel Energie, die Angelegenheiten dieser Welt zu meistern, dass wir wahrscheinlich die sekundären Dimensionen unserer Erfahrung unterdrücken. Deshalb müssen wir diese sekundären Dimensionen »organisieren«. Aus diesem Grund bringt Don Juan seinem Lehrling bei, mit dem Träumen so zu beginnen, dass er es inszeniert. Er warnt ihn, einfach in das Träumen zu fallen, und empfiehlt ihm, sich dem Träumen bewusst und willentlich zu nähern. Anders als der Durchschnittsmensch, der in bestimmten Abständen von Launen, Krankheiten und Beziehungsproblemen überschwemmt wird, schafft sich der Krieger willentlich ein Wissen von traumähnlichen Ereignissen. Er entscheidet bewusst darüber, wann und wie er sich ihnen auf disziplinierte Weise nähern will.

Der Schamane warnt, dass Offenheit für die Macht und das Träumenlernen gefährliche Aufgaben seien, die zum Tode führen könnten. Wenn wir mit Traum- und Körperprozessen nicht vertraut sind, finden wir das vielleicht übertrieben. Wie sollte es eine Sache auf Leben und Tod sein, die Kunst des Kriegers zu lernen? Warum fürchteten Jung'sche Psychoanalytiker, dass Menschen verrückt werden könnten, wenn sie dem »Unbewussten« zu früh begegnen?

Die Antwort auf diese beiden Fragen ist, dass wir »flippen«, unsere Persönlichkeit verändern und somit im übertragenen Sinne sterben, wenn wir es uns erlauben, vom Unbewussten überschwemmt zu werden. Das geschieht immer dann, wenn wir schlechte Laune haben. Wenn wir das Unbekannte unvorbereitet betreten, werden wir von Launen, Geistern, Gefühlen, Komplexen und Symptomen besetzt. Von morgens bis abends machen wir uns Sorgen über unsere Gesundheit und unser Wohlbefinden und darüber, was alles passieren könnte.

Ein Leser meines Buches »Der Leib und die Träume« berichtete mir einmal von seinen Problemen, die aufgetaucht waren, nachdem er versucht hatte, den Vorschlägen des Buches zu folgen. Er hatte versucht, die kreative Energie hinter seinen Kopfschmerzen zu erfassen. Dabei war er vorgegangen wie ein Jäger bei den ersten Versuchen, ein Krieger zu werden. Zuerst hatte er den Schmerz in seinem Kopf gefühlt und bemerkt, dass es sich so anfühlte, als würde jemand auf ihn einschlagen. Er hatte dann die Energie aufgenommen, war selbst zur schlagenden Figur geworden und hatte auf ein Kissen eingeschlagen. Seine Kopfschmerzen hatten nachgelassen, aber bevor er erkannt hatte, was geschehen war, hatte er sich unbewusst mit seinem Vater identifiziert, der ihn als Kind gewalttätig missbraucht hatte.

Statt einfach etwas energischer zu werden, wurde dieser Mann nun ausfallend zu jedermann in seiner Umgebung. Auf diese Weise ertrank er in seinem Prozess; er starb im übertragenen Sinne. Er war vergiftet von diesem neuen veränderten Bewusstseinszustand, der bis dahin unterdrückt gewesen war und sich nur in einem Symptom hatte äußern können. Während er nun an sich selbst arbeitete, verlor er den Zugang zu seiner gewöhnlichen Persönlichkeit und wurde von einer inneren Figur besetzt. Er überließ sich sekundären Prozessen, aber nicht in kontrollierter Weise. Solche kleineren Tode sind Irrtümer, die zum Weg des Schamanen gehören.

Wenn wir andererseits sekundäre Prozesse lediglich zur Kenntnis nehmen und sie vermeiden, neigen sie dazu, sich zu verstärken und destruktiv zu werden. Wenn bestimmte sekundäre Prozesse sich selbst überlassen werden, wie z. B. Schmerzen aller Art, werden sie zu Körperproblemen und vernichten schließlich unsere primäre Identität, indem sie uns krank machen. Sekundäre Prozesse, die wir nicht beachten, werden chaotisch und chronisch; sie führen zu Verwirrung im Umgang mit anderen und zerstören unsere Gesundheit und unser Wohlbefinden.

Auf diese Weise steht unser ordentlich gepflegtes Leben als Jäger auf dem Spiel, während wir nach Macht jagen. Der primäre Prozess des Jägers – unser Respekt, unsere Zurückhaltung und unsere anspruchsvolle Natur – muss nicht verschwinden, wenn wir Erfahrungen mit veränderten Bewusstseinszuständen machen. Selbst in solchen Bewusstseinszuständen müssen wir nüchtern bleiben.

Wenn wir Krieger sind, ist Träumen die Essenz der Realität, weil wir während des Träumens lernen können, ganz bewusst zu handeln, indem wir sekundäre Prozesse wählen, die zur Macht führen. Wir können diese Geschehnisse berühren und mit ihnen arbeiten, während wir in gewöhnlichen Träumen nicht bewusst handeln, sondern mit den Geschehnissen fortgerissen werden.

Träumen lernen hat mit Willkür nichts zu tun, sondern ist aktiv und ganz bewusst. Wir greifen bewusst in spontane Erfahrungen ein, verbinden veränderte Bewusstseinszustände mit achtsamen Handlungen und können so feststellen, welche von ihnen primär und dem Bewusstsein näher und welche sekundär und weiter weg sind. Der Krieger nimmt etwas ihm Unbekanntes wahr und entscheidet sich bewusst, seine zweite Aufmerksamkeit einzusetzen, um es zu erforschen. Er fühlt sich in die Prozesse ein und wählt Geschehnisse und Erfahrungen aus, je nach der Energie, die sie enthalten. Am machtvollsten sind die Ereignisse, die am merkwürdigsten und am bewusstseinsfernsten erscheinen, nämlich die am wenigsten vertrauten sekundären Prozesse.

Vielleicht kannst du mir am besten folgen, indem du es gleich während des Lesens ausprobierst. Inszeniere dein Träumen in der Weise, dass du etwas findest, was sich jetzt gerade an der Peripherie deines Bewusstseins abspielt. Wähle die Begebenheiten, die am ungewöhnlichsten sind. Konzentriere dich auf sie. Dann erweitere und intensiviere sie und unterstütze ihre Signale, damit sie ihre Geheimnisse enthüllen können. Wenn es Körperprobleme sind, gehe spürsam in sie hinein. Sind es plötzlich auftretende Fantasien, bleibe bei den Bildern. Sind es ungewöhnliche Bewegungen oder Klänge, begleite sie.

Bleibe sehr achtsam bei dem, was geschieht. Wenn du merkst, dass du dich von den Erfahrungen zurückziehst, bist du wahrscheinlich an eine Grenze geraten und deine persönliche Geschichte hält dich zurück. Erkenne diese Grenze – nämlich dein Zögern und deine Widerstände gegenüber dem, was geschieht – und entscheide dich bewusst, ob du weitermachen oder umkehren willst. In gewöhnlichen Träumen und Imaginationen werden Sackgassen oder Grenzen nicht wahrgenommen. Wir vermeiden sie durch Themenwechsel, Erwachen oder durch plötzliches Zerstreutwerden.

Macht, diese bewusstseinsverändernde, energetisierende und erleuchtende Erfahrung unseres sekundären Prozesses, lässt sich mit unserer individuellen Persönlichkeit oder dem besonderen Inhalt einer Botschaft nicht vollständig erklären. Wir erfahren das Leben zwar immer im Blick auf uns selbst, die Energie und der entsprechende Zeitpunkt hinter den Prozessen unterliegen jedoch nicht unserer Kontrolle. Die Energie erreicht uns, wann sie will, so als seien wir ihr Kanal. Wir können uns nur bewusst mit der Macht verbinden und versuchen, ihre Energie zu verwenden, um auf dem Pfad, dem Fluss des Träumens, zu bleiben. Die Natur dieser Macht bleibt ein Geheimnis, das vielleicht niemals gelöst werden wird.

Die Schamanen geben ihren Lehrlingen während des Träumens besondere Aufgaben, damit sie luzid bleiben. Don Juan gibt Castaneda als ersten Schritt beim Erlernen des Träumens die Aufgabe im Traum seine Hände zu betrachten. Es ist nichts Besonderes, auf seine Hände zu schauen, aber im Traum etwas anzusehen ist eine Möglichkeit, sich mitten in der Unbewusstheit an unser gewöhnliches Selbst zu erinnern. Während des Träumens unsere Hände zu finden, heißt, mitten im Träumen und Alltagsschlummer unseren üblichen unbewussten Wachzuständen hellwach zu bleiben.

Wenn wir merken, dass wir uns mitten in einem sekundären Prozess befinden, können wir »aufwachen«, d. h., wir können unsere zweite Aufmerksamkeit anwenden und den Prozess vollenden. Sonst träumen wir einfach nur, verlieren uns im Traum und sind dann schlechter Laune. Bewusst zu träumen heißt, uns an unser gesamtes Selbst zu erinnern, unabhängig davon, in welchem Zustand wir sind: Wir sollten im Zorn an unsere Warmherzigkeit, in der Depression an den Sinn des Lebens, in betrunkenem Zustand an die kühle Nüchternheit denken. Am besten können wir mit Träumen oder sekundären Prozessen arbeiten, wenn wir in beiden Bewusstseinszuständen gleichzeitig sind, d. h., dass wir uns, während wir träumen, unseres gewöhnlichen Selbst bewusst sind.

Mein Bruder Carl erzählte mir dazu eine lustige Geschichte. Einer seiner Meditationslehrer verbrachte eine Schulungszeit in Indien. Einmal fiel er im Ashram in einen tiefen Trancezustand. Genau zu diesem Zeitpunkt kam sein Guru vorbei und unterbrach abrupt sein Nirvana, um ihn darum zu bitten, einem amerikanischen Touristen, der gerade gekommen war, den Ashram zu zeigen. Der Guru war von der Versunkenheit des Meditationslehrers im Nirvana überhaupt nicht beeindruckt. Die Handlungsweise des Gurus enthielt die Botschaft, dass wir uns selbst nicht vergessen dürfen, wenn wir in einem veränderten Bewusstseinszustand sind. Tun wir es doch, werden uns unsere Hilfsmittel nicht mehr zur Verfügung stehen. Wir sollen unsere ekstatischen Erfahrungen haben, uns aber gleichzeitig nicht mit ihnen identifizieren. Der erste Schritt bei der Arbeit mit uns selbst besteht in der Erkenntnis, dass wir sowohl Beobachter als auch Teilnehmer sind; wir müssen also immer um unser ganzes Selbst wissen, auch wenn wir träumen.

Es gibt viele Methoden, mit deren Hilfe wir uns von unseren Prozessen unterscheiden und ein Besetztwerden verhindern können. Eine davon besteht darin, dass wir unsere gewöhnlichen alltäglichen Probleme und Ziele in die inneren Erfahrungen mit hineinnehmen. Wenn wir mitten in einem veränderten Bewusstseinszustand unser gewöhnliches Selbst nicht vergessen, werden wir nicht nur ein Wegtreten verhindern, sondern auch zulassen, dass eine Wandlung unserer alltäglichen Persönlichkeit stattfinden kann. Das ist es, was hinter der Betrachtung unserer Hände während des Träumens steht.

»Metafähigkeiten«

Unabhängig von der Methode, die wir anwenden, scheinen die Gefühle, die wir im Zusammenhang mit ungewöhnlichen Erfahrungen haben, den Erfolg unserer Erfahrungen zu bestimmen. Nicht nur die Fähigkeiten und Techniken sind entscheidend, sondern in erster Linie die Gefühle, die mit den Techniken verbunden sind, die Amy »Metafähigkeiten« nennt.

Eine sehr nützliche und ganz besondere Metafähigkeit ist eine Art von Herzenskraft: Mitgefühl für uns selbst und liebevolles Interesse an unseren eigenen Erfahrungen. Ich habe überhaupt keine Ahnung, wie man dieses Gefühl lernen oder lehren könnte, obwohl ich genau weiß, dass es wichtiger ist als all die anderen Werkzeuge oder Fähigkeiten zusammen.

Diese losgelöste Herzenskraft ist sehr machtvoll im Umgang mit dem verführerischsten aller Trancezustände, der gewöhnlichen Realität. Wie wunderbar und wie schwer ist es, daran zu denken, dass wir unvergängliche Wesen sind, die auch im Alltag an Fragen von Leben und Tod interessiert sind – besonders in schwierigen Phasen oder in Beziehungsangelegenheiten.

Wenn wir in solchen besonderen Augenblicken an unser ganzes Selbst denken, können wir uns tief in die weltliche Alltagsrealität hineinbegeben und uns über ihr Geheimnis freuen. Erwachen bedeutet, dass wir mitten in Trancezuständen und Problemen um unser ganzheitliches Selbst wissen und die Bedeutung dieser Zustände verstehen können. Das heißt nicht, dass wir keine Probleme haben.

Jeder geht durch einen Zyklus von Entdeckung, Ermüdung, Schlaf und Wiedererwachen. Der Krieger jedoch versucht, diesen Zyklus zu durchbrechen, indem er sich ununterbrochen an sein gesamtes Selbst erinnert. Während er sich in der Welt der täglichen Aktivitäten aufhält, ist er gleichzeitig auf einem Berggipfel, genauso, wie er während des Schlafens wach ist. Die Fähigkeit besteht darin, sekundäre Prozesse aufzugreifen, während die Metafähigkeit das Mitgefühl für sich selbst und für die Erfahrung ist.

Beim Träumen ist es entscheidend, wahrzunehmen, was geschieht, aber auch, den Anblick unserer Erfahrung zu ertragen. In den Kampfkünsten ist die Fähigkeit das Kämpfen und die Metafähigkeit die Liebe zum Universum, das diese Begegnung ermöglicht. Diese Metafähigkeit in der Kampfbegegnung erlaubt es jedem zu gewinnen. In gleicher Weise birgt die Prozessarbeit Fähigkeiten, wie Amy gezeigt hat; das Mitgefühl oder die Voraussetzungslosigkeit bei der Arbeit ist die Metafähigkeit, die Qualität, die die Arbeit bestimmt.

Die Methode, einen auftauchenden sekundären Prozess aufrechtzuerhalten, hängt von der Wahrnehmungskraft und dem Amplifikationsvermögen ab. Unsere wirkliche Eignung dafür ist jedoch abhängig von unserer Liebe für das Unvorhersehbare. Um mit dem Unbekannten arbeiten zu können, brauchen wir eine Mischung von Respekt, Klarheit, Mut und Zärtlichkeit. Diese Metafähigkeiten unterscheiden sich möglicherweise von unserer Haltung bei den üblichen Meditationsweisen.

Eine der wichtigsten Überzeugungen hinter der Aufrechterhaltung eines ungewöhnlichen Prozesses ist, dass dieser auftauchende Prozess uns in das Abenteuer der Ganzwerdung führt. Wenn wir Fragen haben, wird der Prozess sich selbst beantworten. Wenn wir uns Sorgen machen wegen etwas, wird es sich ohne unser Zutun von selbst lösen. Jung sagte, ein Traum sei seine eigene beste Interpretation. Ähnliches meint die Theorie von Wilhelm Reich, die besagt, dass der Körper sich selbst korrigiert. Patanjali, einer der frühesten Yogalehrer und -schriftsteller, sagte: »Yoga lehrt Yoga«. Wenn wir einmal begonnen haben, unsere zweite Aufmerksamkeit anzuwenden, werden die Prozesse, die wir erfahren, unsere Lehrer sein.

Wenn wir uns versprechen oder etwas tun, das albern erscheint, sollten wir uns wegen des Fehlers nicht verurteilen, sondern versuchen, das Unbekannte in uns, das den »Fehler« beging, zu achten, dem Fehler mit Liebe zu begegnen und ihn in seiner Weiterentfaltung zu unterstützen. Wenn ein Freund etwas Bestimmtes sagt, aber etwas anderes tut, sollten wir uns mit dem »anderen« anfreunden, aber den Freund dabei nicht vergessen. Die Metafähigkeiten des Träumens werden uns davor zurückhalten, unsere eigene Unbewusstheit und die der anderen zu kritisieren und uns stattdessen ermutigen, noch tiefer in sie hineinzugehen. Statt Körpersymptome und Unfälle zu missachten, sollten wir sie begrüßen. Wenn wir solche Energien nutzen, wird das Leben für alle reicher. Wir sollten Symptome erzeugen, statt nur mit ihnen zu experimentieren. Wenn uns Träume durcheinanderbringen, müssen wir den Traumprozess aufrechterhalten.

Der Schamane in uns betrachtet die Macht als Liebe zum Ungewöhnlichen, als eine Liebe, die alles lebendig macht. Liebe zum Absurden ist eine verwandelnde Metafähigkeit, die alles, Dinge und Menschen, zu Gold werden lässt. Wir sollten nicht den Gegenstand, sondern den Geist verehren, der ihn belebt; nicht den Inhalt, sondern das schöpferische Element im Hintergrund.

Alles, was wir sehen, hören, fühlen oder zu dem wir in Beziehung treten, ist wirklich, unabhängig davon, ob es wiederholbar ist oder nicht. Wenn wir plötzlich eine Fantasie haben, ist ihr Muster existent; es will sich ereignen. Es ist unsere Lebensenergie – unser größter, vielleicht unser einziger Besitz.

So ist auch das Tier in seinem Todeskampf wirklich, denn es war unser Lehrling mit seinen eingefahrenen Gewohnheiten, die gestorben sind. Das ist Wirklichkeit. Willst du ein Jäger sein, musst du fähig sein, wahrzunehmen, wenn sich etwas Ungewöhnliches ereignet. Du musst es studieren. Willst du aber ein Krieger sein, musst du die zweite Aufmerksamkeit haben; du musst nicht nur die Macht erblicken und sie spüren, sondern du musst auch ihre Energie achten und dich mit ihr anfreunden.

Ohne eine solche Grundhaltung werden wir immer, wenn etwas Unkontrollierbares geschieht, meinen, wir hätten es selbst verursacht, und werden dadurch unabsichtlich die Leben spendende Macht vernichten, weil wir das Geheimnisvolle nicht entdeckt und erkannt haben. Diese Haltung fordert die Natur heraus und stört sie, die dann entsprechend reagiert. Dabei kommt mir ein Mann in den Sinn, der unter sogenannten »schweren Halluzinationen« litt. Zu jener Zeit wurden in der Schweiz noch nicht so häufig Medikamente zur Unterdrückung von Halluzinationen eingesetzt wie heute; und es war überhaupt nicht ungewöhnlich, einen Klienten mitten in einer schizophrenen Episode zu erleben. Dieser Klient jedenfalls verlor sich gerade in überwältigenden Visionen und wurde von unberechenbaren und schreckenerregenden Ungeheuern überschwemmt.

An einem bestimmten Punkt unserer Arbeit rief er aus: »Ich bin das Monster aus den Bergen«, und hob den Stuhl, auf dem ich saß, in die Höhe. Ich bekam Angst, erstarrte und fiel in die Traumwelt. Ich bestand darauf, dass er sich von dem, was geschah, distanzierte – hauptsächlich wegen mir selbst. So schrie ich zurück: »Ich bin Arny, Therapeut aus Zürich, bereit zum Mittagessen!« Natürlich war das Ungeheuer davon überhaupt nicht beeindruckt und hob den zweiten Stuhl in die Höhe.

Mein erster Versuch, das Geschehen aufzuhalten, war gescheitert, doch glücklicherweise erinnerte ich mich an mein ganzes Selbst und hielt dies für den besten Zeitpunkt, das Bild des Ungeheuers aufrechtzuerhalten und mich mit ihm anzufreunden. Ich ergriff also die Gelegenheit und schrie: »Hallo, du da drüben! Toll, dass du da bist. Bestimmt bist du gekommen, um meinem Klienten mit seinem Alltag zu helfen. Ich bin froh, dass du heute mit mir hier bist. Bestimmt bist du wahnsinnig stark!« Das Ungeheuer machte eine kurze Pause und schien zuzuhören.

Es schrie zurück: »Dein Klient ist ein Schlappschwanz, ein Schwächling, der vor seiner eigenen Mutter Angst hat!«, worauf der Klient zusammenbrach und weinte.

Der Mann, der sich inzwischen in einem mehr oder weniger normalen Bewusstseinszustand befand, schien seine Halluzinationen vergessen zu haben und bat mich, ihm zu helfen, sich gegen seine Mutter zu wehren, die ihn als Kind offensichtlich sexuell missbraucht hatte.

»Erinnere dich an das machtvolle Ungeheuer«, machte ich dem Mann gegenüber geltend. »Glaubst du wirklich daran?«, fragte er in seinem nunmehr normalen Bewusstseinszustand. »Ja«, sagte ich, »und wenn du vorhast, geistig gesund zu bleiben, empfehle ich auch dir, an dieses Monster zu glauben. Denn sonst wird es wütend werden auf uns alle«. Der Mann erwiderte, dass dies machtvolle Konsequenzen mit sich bringe. »Jetzt muss ich lernen, mich selbst zu verteidigen!«

Übungen

1. *Schreibe eine kurze persönliche Geschichte. Wie identifizierst du dich gerade jetzt? Welche Aufgabe hast du zu bewältigen? Bist du eine Frau oder ein Mann? Mit welcher Rasse, Religion oder Gruppe identifizierst du dich, wenn überhaupt? Lebst du allein oder mitten in einer Familie?*

2. *Frage, ob die Natur es dir erlaubt, damit zu experimentieren, dass du für ein paar Minuten ein Krieger bist. Wenn du unsicher bist, frage das I Ging oder stell dir vor, eine weise innere Traumfigur zu fragen, ob du wenigstens ein Jäger sein könntest.*

3. *Nun ist dein Weg offen, und du musst weitergehen. Gebrauche deine erste Aufmerksamkeit und jage nach Macht. Nimm wahr, was geschieht, und halte Ausschau nach etwas Unvorhersehbarem in dir oder um dich herum. Dafür solltest du nicht viel Zeit aufwenden.*

4. *Mach weiter und fange dieses unberechenbare Ding. Gebrauche jetzt deine zweite Aufmerksamkeit. Halte diese*

ungewöhnliche Erfahrung oder Begebenheit fest. Kon-
zentriere dich mit Sehen, Hören, Fühlen und Bewegung
auf dieses Ding, so, als würdest du ihm größten Respekt
und Achtung schulden. Bewahre deine Aufmerksamkeit,
indem du ihm ganz behutsam Zeit einräumst, damit es
sich enthüllen und leben kann. Sei liebevoll zu ihm.

5. *Falls du dieser Erfahrung deine zweite Aufmerksamkeit*
   nicht länger zuwenden kannst, könnte das daran lie-
   gen, dass du zu sehr an deiner persönlichen Geschichte
   hängst. Geh zurück und studiere das, was du im ersten
   Teil dieser Übung über dich selbst geschrieben hast. Fra-
   ge dich, ob deine Geschichte gerade sehr wesentlich für
   dich ist oder ob du es dir leisten kannst, sie für kurze Zeit
   fallen zu lassen. Deine Geschichte wie ein Krieger fallen
   zu lassen, würde dir erlauben, das unberechenbare Ding
   noch einmal zu beobachten und zu erfahren. Fang da-
   mit an, indem du deine Geschichte einen Augenblick lang
   einfach fallen lässt.

6. *Folge der Begebenheit oder Erfahrung und tu so, als seist*
   du die Kraft, die Energie oder die Macht, die sich hinter
   ihr verbirgt. Nimm wahr, wie dein Körper und dein Geist
   sich verändern.

7. *Vergiss deine »Hände« nicht, dein Alltagsbewusstsein.*
   Frage dich, wo und wie diese Kraft eingesetzt werden
   könnte, um die Alltagsrealität und deine persönliche Ge-
   schichte zu verwandeln.

8. *Begib dich nun in den Strom der Ereignisse und lass dich*
   von deinen Träumen tragen.

7.

DER VERBÜNDETE

Während wir die Fähigkeit des Jagens und Träumens entwickeln, tauchen charakteristische Hindernisse auf, die unsere Wahrnehmungsfähigkeit hemmen. Diese Hindernisse sind klassische Grenzen mit vielen Bezeichnungen. In Übereinstimmung mit Don Juan könnte man sie verstandesmäßige Klarheit, Furcht, Macht und Alter nennen. Um überhaupt einen Grad von Selbsterkenntnis und Flexibilität zu erreichen, müssen wir uns diesen Hindernissen stellen.

Wenn wir anfangen zu klagen, weil alles so seltsam wird, könnte es sein, dass unser Bedürfnis nach Klarheit und Verständnis unser Wahrnehmungsvermögen blockiert und uns Lebensaspekte, die irrational, unlogisch oder seltsam erscheinen, übersehen lässt. Eine rein logische Klarheit sagt, dass das, was geschieht, nicht der Wirklichkeit entspricht, weil es zu sonderbar oder einfach total verrückt ist. Rationale Klarheit ist aber nur eine Grenze, ein Hindernis, das überwunden werden muss.

Das erste Mal wurde ich mit diesem Hindernis konfrontiert, als ich in Mombasa, Kenia, mit Amy auf dem Boden der Busch-Hütte unserer Girami-Heiler saß. Unsere Heiler, ein Schamanen-Paar, gingen in Trance und vollzogen Heilungen mit Kräutern und Operationen. Ich erinnere mich noch lebhaft an die seltsamen Tänze und Trancezustände dieser beiden, besonders der Frau, die schrie und sich auf dem erdigen Boden wälzte. Die Verbindung ihrer exotischen Sprache mit den fremdartigen Kräutertrünken, die wir zu uns nehmen mussten, den chirurgischen Heilungen, die sie für anwesende Dorfbewohner durchführten und den telepathischen Fähigkeiten der Frau, meine »Feinde« zu Hause zu visualisieren, war so außerordentlich fremdartig für mich, dass sich das Bedürfnis nach Klarheit vordrängte, um meine Erfahrungen einige Minuten zu blockieren. Mein Verstand weigerte sich, an der Zeremonie teilzunehmen.

Meine schamanischen und anthropologischen Studien halfen mir, die von meinem unbewussten Bedürfnis nach Klarheit errichtete Barriere zu verringern. Endlich entschloss ich mich, von meinen gelegentlichen telepathischen Erfahrungen – die ich nie richtig hatte begreifen können – leiten zu lassen. Ich ließ los und erlaubte der Wirkung des Mysteriums, meinen Körper zu führen. Die Zeremonie dauerte Stunden. Unsere Heiler zogen uns aus und kleideten uns als Afrikaner, um uns in ihre Mysterien einweihen zu können. Ihre Liebe und Ehrfurcht, die ich in diesen zwei Tagen und Nächten erlebte, ermöglichten es mir, die Barriere der rationalen Klarheit zu überwinden.

Heute bindet diese Grenze mich nicht mehr; jedes Mal wenn jemand wissen möchte, was ihm bei der Arbeit mit sich selbst begegnen wird, gebe ich ganz einfach zu, dass ich es nicht weiß. Ich kann nur auf den besten Weg hinweisen, um zu entdecken, was sich auf der anderen Seite befindet, nämlich, seine Vorbehalte zu lange zurückzuhalten, bis die Prozesse sich selbst enthüllen. Wir sollten Klarheit mitbringen und sie nicht bekämpfen, sondern sie so anwenden, dass wir das Unbekannte so gut wie möglich definieren können.

Wenn wir uns Gedanken machen über unsere Sicherheit, ist die Furcht nicht mehr weit. Furcht ist ein schwieriger Feind, weil uns die Gefahr, die das Unbekannte mit sich bringen könnte, beunruhigt, selbst wenn wir unseren Sinn für rationale Klarheit benutzen. Wir fürchten, verletzt, überrannt oder getötet zu werden. Furcht ist normalerweise mit dem Verlust der Identität verbunden. Wenn die Sicherheit entscheidend wichtig für uns ist, fühlt sich das Unbekannte bedrohlich an. Deshalb ist es wichtig, am Auslöschen der persönlichen Geschichte zu arbeiten und zu erkennen, dass wir letztendlich mehr sind als unsere Identität. Es ist gar nicht so schlecht, uns selbst immer wieder für kurze Zeit zu verlieren. Es könnte sogar erleichternd sein.

Wenn wir unsere Ängste annehmen und respektieren, sind wir nicht mehr in Gefahr, vom Unbekannten vernichtet zu werden; stattdessen nehmen wir an unserer eigenen Transformation teil. Wenn wir unsere bisherige Identität lockern, bevor sie ausgelöscht wird, können wir unheimlichen Mächten begegnen, die stärker sind als wir, können Neues von ihnen lernen und uns schließlich selbst stärker fühlen.

Wenn aber unser Selbstvertrauen die Menschen um uns zu irritieren beginnt, wird Macht das Problem sein. Wenn wir durch rationale Klarheit und Furcht nicht mehr eingeengt sind, taucht das Machtproblem auf. Macht ist wahrhaftig ein schwieriger Feind, denn wir erlangen sie sogar, ohne dass wir es merken. Wenn wir glauben, die anderen müssten unsere Erfahrungen machen, wenn wir meinen, nur unser Weg sei der einzig richtige, dann haben wir ein Machtproblem. Ganz besonders schwierig ist es mit der Macht, wenn wir beeindruckende Erfahrungen gemacht haben. Von unseren begrenzten, aber unglaublichen Erfahrungen des Unbekannten machen wir so etwas wie eine Landkarte unseres Pfades und meinen, dass andere denselben Weg gehen müssten. Wenn uns die Macht überwältigt, verhalten wir uns weise, haben auf alles eine Antwort und sind beleidigt und verteidigen uns, wenn die anderen uns nicht zustimmen. Wir interpretieren, beraten, erklären und warnen, als seien wir die Lehrmeister und nicht die Natur.

Der schlimmste Aspekt der Macht ist wahrscheinlich das Gefühl der Minderwertigkeit. Wir haben solche unermesslichen Vorstellungen von dem, was wir sein sollten, dass alles, was diesen Vorstellungen nicht ganz entspricht, uns depressiv macht. Daher sind wir, wenn wir gerade nicht überheblich sind, depressiv und unglücklich, weil wir selbst dem goldenen Pfad nicht folgen können, den wir für alle anderen bestimmt haben. Die Macht ist ein furchtbarer Feind; sie führt dazu, dass wir unseren Humor verlieren, zunehmend depressiv, ernsthaft und herrschsüchtig werden. Sie lässt uns glauben, dass wir wissen, was geschehen sollte. In Wahrheit ist es so, dass kein einziger mehr Macht hat als ein anderer und wir immer nur die Macht zu unserer Verfügung haben, die uns von Moment zu Moment gegeben wird.

Jeder erinnert sich an seine eigenen Momente der Macht und kann sich ins Gedächtnis rufen, was er da durchgemacht hat. Die Stimmen und Botschaften unseres Weges waren bedeutend für uns und für die Welt, in der wir gerade lebten. Aber die Zeiten ändern sich und die Macht jenes Augenblicks mit ihrer Botschaft kann schon im nächsten Moment bedeutungslos sein. Unsere Chance, mit den unheimlichen Mächten der Natur verbunden zu bleiben, hängt davon ab, ob wir ihnen gegenüber offen und fähig sind, jeden Moment neu zu erleben.

Damit wir mit der Macht umgehen können, müssen wir versuchen, sie anzunehmen. Sie muss gegenwärtig sein, weil wir noch immer nicht unseren eigenen Regeln und Vorschriften folgen. Wenn wir versuchen, unsere Macht auf den Teil von uns selbst anzuwenden, der einen ordentlichen Stoß braucht, könnte sie sich in Lachen verwandeln. Dann realisieren wir, dass wir selbst unser schlechtester Lehrling sind – aber was macht das schon? Schließlich fangen wir an, uns zu entspannen, und bevor wir uns umsehen, ist alles nicht mehr so wichtig.

Nachdem wir mit Furcht, Klarheit und Macht gearbeitet haben, treffen wir auf eines der schwierigsten Hindernisse überhaupt: auf das Alter. Hohes Alter ist etwas sehr Subtiles und kann in jedem Altersbereich auftreten. Mir scheint, dass das Alter mit einem Gefühl der Loslösung beginnt. Dann kommt unmerklich Langeweile auf und plötzlich sitzt uns das Alter im Nacken.

Nachdem wir die Macht überwunden haben, wenn unsere Verbindung zur Welt und unsere Bedeutung für andere also nicht mehr wichtig sind, erhebt sich der größte Konflikt. Warum sollten wir überhaupt weiterleben? Wofür? Plötzlich sind wir eher erschöpft als inspiriert. Wir haben das Gefühl, dass es jetzt reicht und dass wir mehr als genug getan haben. Wie wär's mit ein wenig Urlaub? Warum sollen nicht mal die anderen sich um diese verrückte Welt kümmern? Diese Art des Alters äußert sich nicht in Losgelöstheit, sondern in einer subtilen und chronischen Depression, die eine entscheidend wichtige Einsicht verbirgt. Wir müssen wirklich sterben, um wir selbst werden zu können; sogar unsere Losgelöstheit muss sterben. Auch sie ist nur wieder ein anderer Gemütszustand. Die Art von Losgelöstheit, die mit Erschöpfung einhergeht, ist Apathie, die dann erscheint, wenn wir den Druck der Verpflichtungen hinter uns gelassen haben.

Wenn das Bewusstsein hohen Alters jedoch zu einem metaphorischen Tod führt, kann die Leere sich in Kreativität verwandeln, und wir können wieder einen Anfängergeist entwickeln. Sogar eine Nah-Todeserfahrung kann ein Neubeginn sein. Von den Menschen, mit denen ich in Todesnähe gearbeitet habe, hat jeder, der keinen so massiven Hirnschaden erlitten hatte, dass er nach der Rückkehr aus einem Koma nicht mehr sprechen konnte, sich so verhalten, als ginge das Leben weiter. Viele haben gesagt, dass sie an sich selbst arbeiten wollten. Ich erinnere mich, wie meine Mutter kurz vor ihrem Tod mit einem Lächeln zu mir sagte, dass sie zum Studium nach Zürich kommen werde. Peter, der Mann, über den ich in meinem Buch »Schlüssel zum Erwachen« berichtet habe, sagte kurz vor seinem Tod, dass ich mich um seine Frau und seine Kinder kümmern sollte und dass er weiter mit mir arbeiten würde.

Es scheint, dass hohes Alter nur dann ein Feind ist, wenn wir sterben sollten. Wenn wir dann gestorben sind, können wir vollständiger leben als je zuvor.

Der Verbündete

Einer der Unterschiede zwischen dem Krieger und dem Jäger ist, dass der Krieger einen Verbündeten hat. Das ist das Kennzeichen eines Schamanen. Wenn wir einmal gelernt haben, wie man jagt und wie man mit einigen unserer Hindernisse umgeht, ist der nächste wichtige Schritt, die Beziehung zu einem Verbündeten zu entwickeln.

Nach Eliade ist »ein Schamane ein Mensch, der unmittelbare, konkrete Erfahrungen mit Göttern und Geistern hat; er sieht sie von Angesicht zu Angesicht, spricht mit ihnen, betet zu ihnen, fleht sie an – aber er kann nur eine begrenzte Anzahl von ihnen ›kontrollieren‹.«[16] Diese Götter und Geister, diese vertrautesten Verbündeten des Schamanen, sind oft Hunde, Stiere, Hengstfüllen, Adler, Elche oder Braunbären. Der Verbündete kann auch der Geist eines toten Schamanen oder ein himmlischer Geist geringerer Ordnung sein. Er wird in Australien »Buschseele« und in Mittelamerika oder Mexiko »Nagual« genannt.

Der Krieger muss einen magischen inneren Guru oder einen Lehrer finden, der ihm beim Lernen helfen kann. Die psychologische Erklärung dafür ist, dass wir neben unserer momentanen Identität etwas als unseren Lehrer anerkennen und respektieren müssen. Der Verbündete ist ein Lehrer, der Symbol oder Ausdruck eines veränderten Bewusstseins ist. Man könnte sagen, dass der Verbündete eine Brücke zwischen den Welten ist. In der schamanischen Ausdrucksweise heißt Ganzwerden, unseren Verbündeten zu finden und ihn darum zu bitten, uns beim Suchen verlorener oder fehlender Teile unserer Seele zu helfen.

Nach Aussage aller Schamanen ist der Verbündete unerlässlich, da er uns dabei helfen kann, Dinge zu verstehen, die

---

16 Eliade »Schamanismus und archaische Ekstasetechnik.

andere Menschen einfach nicht wissen können. Der Verbündete kann uns über unsere Grenzen hinwegtragen und uns ein Verständnis von Freundschaft und Sicherheit in der Welt geben, wie wir sie im alltäglichen Leben nicht erfahren können.

Der Verbündete bringt uns ins Gleichgewicht und kann uns ein Gefühl der Macht verleihen, wenn wir uns als schwach erleben. Aber er kann uns auch ein Gefühl der Wertlosigkeit verleihen, wenn wir voller Ehrgeiz sind und das Leben selbst bestimmen wollen. Der Verbündete ist unmöglich und gefährlich; und doch ist das Leben leer ohne ihn. Ohne die bewusste Beziehung zu einem Verbündeten können wir veränderte Bewusstseinszustände nur über eine Abhängigkeit von Essen oder Drogen finden.

Hört sich das Konzept vom Verbündeten ungewohnt und fremdartig an? Können wir uns an unseren Kindheits-Teddy erinnern, der auch dann zu uns hielt, wenn es hart herging? Dieser Spielzeugbär war lieb zu uns, wenn sonst niemand etwas von uns wissen wollte. Unsere Puppen und Stofftiere waren elterliche Verbündete, die uns zeigten, wie wir uns selbst lieben und für uns sorgen konnten, wenn wir ganz allein mit der Nacht konfrontiert waren. Oder sie waren unsere kindlichen Verbündeten, die genau das taten, was ungezogen und verboten war.

Nicht nur der Schamane, sondern jedermann sucht sich imaginäre Freunde, Traumfiguren und äußere Lehrer als Vorbild und Führer, wenn das Leben unmöglich erscheint. Solche Figuren tauchen fast automatisch auf, wenn wir in den Fluss der Träume eintauchen. In Todesnähe wird es uns gehen wie anderen auch; wir werden plötzlich unsere verstorbenen Eltern oder Freunde erkennen, die erscheinen, um uns über die Schwelle in neue Dimensionen hinüberzuhelfen. Wir erleben verstorbene Eltern und weise Menschen als wundervolle Verbündete, besonders, wenn wir sie geliebt haben.

Die meisten Erwachsenen vergessen ihre Verbündeten, aber viele erleben Phasen des Suchens nach hilfreichen äußeren Lehrern oder inneren Geistern. Manche beten auch zu Gott. Ein Schamane oder Seher braucht Vertraute, Wesen, die inspirieren und lehren, seltsame Sprachen sprechen und uns Dinge beibringen, die Menschen nicht wissen können.

Verbündete sind Teil unserer persönlichen Psychologie, aber sie scheinen genauso auch außerhalb von uns zu existieren. Tatsächlich mag vieles in unserem Leben von so etwas wie einem Schutzengel gestaltet sein. Während wir unsere Aufgaben erfüllen, haben wir das Gefühl, dass wir es sind, die handeln. Wenn wir aber zurückblicken, könnten wir den Eindruck haben, dass alles, was wir taten, von einer anderen Kraft vollbracht wurde und nicht von uns. Meinen wir nicht manchmal, wir könnten niemals die Kraft oder den Mut aufbringen, bestimmte Aufgaben alleine zu bewältigen? Wir spüren, dass so etwas wie ein leitendes Licht, ein hilfreicher Engel oder ein Verbündeter hinter unserem Schicksal steht.

Verbündete können in Träumen, Fantasien und Körpersymptomen erscheinen. Möglicherweise treten sie erstmals mitten in einer schwierigen Krise auf oder nachdem ein uns nahestehender Mensch uns angegriffen hat. Die mächtigsten Verbündeten treiben uns in die Enge. Wir wollen, dass unser Leben einen bestimmten Verlauf nimmt, aber unbewusste Energien führen in eine andere Richtung.

Die meisten Menschen, mit denen ich gearbeitet habe, entdecken ihre wertvollsten Verbündeten, wenn sie erwachsen sind. Obwohl ich viele Menschen mit Verbündeten kennengelernt habe, wollen die wenigsten über ihre Beziehung zu diesen Figuren sprechen, weil dies eine sehr tiefe und persönliche Sache ist. Jesus war der Verbündete eines meiner Heiler. Der Verbündete eines meiner liebsten Lehrer war Jung. Und Jung selbst sagt in seiner Autobiografie, dass er mit mehreren Figuren im Gespräch war. Die uralte weise Figur, die er Philemon nannte, war sehr hilfreich für ihn.

Die Prüfung des Verbündeten

Bevor ein Schamane seinen Verbündeten in Anspruch nimmt, der ihm bei der Reise in andere Welten helfen soll, die Seele oder fehlende Dinge zu finden, bewertet er den Verbündeten. So sind z. B. Kojoten und Hunde weniger wertvoll als Bären.[17] Der Verbündete ist ein Geist, der Macht, Ausdauer und Weisheit haben mag, aber keine Intelligenz, Warmherzigkeit oder Gefühl. Er ist nicht unbedingt weise oder vollständig. Es ist wichtig, dass wir unsere Verbündeten kennen.

Schamanen sagen, dass ein Mensch nicht besser sei als sein Verbündeter. Allerdings wissen die wenigsten Menschen, dass sie überhaupt einen Verbündeten haben. Die meisten denken, sie hätten gar keine Macht, das heißt, sie sind sich ihrer Kräfte nicht bewusst. Manche Menschen haben jedoch immer so etwas wie einen geistigen Helfer gehabt.

Haben wir selbst einen geistigen Helfer? Wie ist er? Haben wir eine Figur oder ein Objekt oder ein Körpergefühl, von dem wir eine Orientierung erwarten? Tauchte dieser Verbündete erstmals während einer Krise auf, als wir nicht mehr weiterwussten? Was geschah damals mit uns? Diese besondere Hilfe, die wir damals erhielten – Weisheit, Stärke oder Schlauheit – könnte unser Verbündeter gewesen sein. Gebrauchen wir diese Figur noch immer? Wir sollten unser tiefstes Selbst, diesen Verbündeten, kennenlernen und ihm begegnen. Wir sollten seine Stärken und Schwächen erfahren.

Wenn unser Verbündeter ein Kojote ist, haben wir die Tendenz, diesem Tier zu gleichen, d. h., wir könnten Lügner oder Betrüger sein. Wir sollten uns keinen Illusionen über uns selbst hingeben. Manche Verbündete, vielleicht sogar alle, machen uns überheblich. Sie geben uns zwar das, was uns gerade fehlt, aber sie lassen uns auch weiser, zäher oder

---

17 ebenda

erleuchteter handeln und fühlen als andere. Wenn wir zu ehrgeizig sind, können sie sogar bewirken, dass wir uns krank und wertlos fühlen. Es ist die besondere Macht der Verbündeten, die solche Wirkungen hervorruft.

Viele Verbündete, sogar tote spirituelle Lehrer und Führer, können uns im alltäglichen Leben nicht viel helfen, weil sie kaum Interesse an der weltlichen Realität haben. Diese Verbündeten machen einen interessanten Eindruck in Träumen, aber wenn wir sie nicht prüfen, kann es sein, dass sie uns in fantastische Reiche führen oder transpersonale Wunderflüge erleben lassen, um den banalen, alltäglichen menschlichen Problemen auszuweichen.

Tatsächlich hören sich Don Juans Kommentare manchmal wie die Stimme seines Verbündeten an. Vielleicht denken deshalb viele von Castanedas Lesern, dass Don Juan nur eine Figur in der Imagination des Lehrlings gewesen sei. Dennoch hat Don Juan (oder die so genannte Figur, die Castaneda möglicherweise aus vielen verschiedenen Menschen zusammengesetzt hat) das umfassende Wissen eines Menschen, der große Erfahrung in der Unterscheidung ungewöhnlicher und veränderter Bewusstseinszustände hat. Don Juan ist sogar fähig, seinen eigenen Lehrer prüfend zu betrachten. Er sagt, dass der Verbündete seines Lehrers das Teufelskraut war; deshalb sei er zu machtvoll aufgetreten.

Manche Gemeinschaften unterscheiden sogenannte weiße und schwarze Schamanen, je nach der Natur ihrer Verbündeten und der Art ihrer magischen Fähigkeiten. Don Juan vergleicht zwei verschiedene Erfahrungen von Verbündeten, die er »das Teufelskraut« und »der kleine Rauch« nennt, die beide durch Drogen hervorgerufen werden können. Er bevorzugt die Erfahrungen des kleinen Rauches, die zu einer losgelösten Haltung führen. Er sagt zu Castaneda, der sich natürlich in die Macht des Teufelskrautes verliebt, dass keinerlei Bedarf mehr für das Kraut bestehe. Don Juan mag Macht nicht. Er sagt, dass die Indianer früher außergewöhnliche Taten vollbringen konnten und aufgrund ihrer Macht verehrt, gefürchtet und geachtet wurden. Aber heute würde die Macht des Teufelskrautes nicht mehr benötigt.[18]

Wenn wir psychologisch denken, können wir die durch Drogen induzierten Erfahrungen des Krautes und des Rauches als normale Bewusstseinszustände betrachten, durch die wir gewöhnlich gehen, ohne sie als solche zu erkennen. Die Menschen um uns herum allerdings merken, wenn wir vom Kraut oder vom Rauch besessen sind.

Wenn wir uns in bestimmten Lebensphasen schwach und ohnmächtig fühlen, werden wir eher die Macht des Krautes suchen. Aber die Suche nach einer solchen Kraft ist nur eine vorübergehende Entwicklungsphase, da sie zu untragbaren Beziehungen und zu einer Gemeinschaft führt, in der jeder auf jeden einschlägt. Jedenfalls scheint es mir vom Grad unserer Entwicklung abzuhängen, ob unser Verbündeter Wesenszüge des Teufelskrautes oder des kleinen Rauches trägt. Am Anfang brauchen wir Kraft und müssen stärker werden um in der Welt leben zu können. Später werden wir jedoch unserer Stärke überdrüssig und brauchen eine neue Art von Geisthelfer, so etwas wie den kleinen Rauch, der uns Herzenskraft und Geduld bringt.

Das Teufelskraut

Wir können spüren, wenn jemand vom Teufelskraut besessen ist, weil er nicht von dem, was er ist und was er vollbracht hat, absehen kann. Wie viele Lehrer kennen wir, die vielleicht wie wir selbst von ihren eigenen Systemen besessen und für alles andere blind sind? Dennoch gibt es, nach Aussagen der Schamanen, hierüber kein endgültiges Urteil. Entscheidend ist nur,

---

18   Castaneda »Reise nach Ixtlan«

dass wir uns unserem Verbündeten gegenüber so objektiv wie möglich verhalten.

Wir müssen uns vor der Schmeichelei unseres Verbündeten hüten. Wenn er dem Kraut gleicht, verführt uns unsere innere Gottheit und macht uns ehrgeizig. Wir können unsere Freunde und Kollegen, die genauso gut oder besser sind als wir selbst, nicht ausstehen. Wir können es kaum erwarten, sie herabzusetzen.

Der typische Wesenszug von Menschen, die dem Teufelskraut verfallen sind, ist, dass sie leiden, weil sie verletzt wurden –, sie müssen ständig gegen ein Gefühl der Wertlosigkeit ankämpfen. Aus Furcht vor Schwachheit wollen sie unbedingt stärker werden. Besonders wichtig scheint ihnen zu sein, von anderen angenommen und nicht abgelehnt zu werden. Wenn sie einen Freund verlieren, sind sie nicht nur eifersüchtig, sondern reagieren mit Gewalt. Vielleicht ist ihre wahre Schwäche ein Mangel an Mitgefühl für sich selbst oder für andere. Statt Herzenswärme zu entwickeln, werden sie grob und werden auch von groben Menschen angezogen. Das wiederum führt dazu, dass sie weniger geliebt werden.

Während wir kaum bemerken, dass wir vom Teufelskraut verführt worden sind, macht uns dieser Verbündete zum Gefangenen und abhängig von Schmeicheleien. Wenn wir ohne das Kraut nicht genug Komplimente erhalten, werden wir schwächlich und unausstehlich.

Ein Beispiel für jemanden, der dem Teufelskraut verfallen war, fällt mir dabei ein: ein unglücklicher Mann, der über viele Jahre viel zu sanft gewesen war, hatte unter seinem Mangel an Angriffslust und Bestimmtheit gelitten. Jetzt hatte er den Eindruck, dass er immer kämpferischer wurde. Als er seine neuen Kräfte untersuchte, wurde er, ohne es zu wollen, aggressiv und fing an, alle Menschen seiner Umgebung zu stören. Mit der Zeit kam er sich härter und klüger vor als andere und begann, andere das zu lehren, was sie seiner Ansicht nach wissen mussten, obwohl sie ihn nicht darum gebeten

hatten. Schließlich merkte er doch, dass etwas nicht stimmte, und bat mich in seiner machtvollen Art, ihn »fertigzuma-
chen«. Das wollte ich nicht, weil ich ihn mochte und auch
nicht die Kraft hatte, die er mir zuschrieb. Es war sein Kraut,
das mir sagte, was ich tun musste.

Es gab keinen Ausweg. Umsonst flehte ich ihn an, seine
verlorene Demut wiederzufinden. Schließlich drängte er mich
über meine Grenzen hinaus, sodass ich die Geduld verlor und
ihn fertigmachte. Ich schrie: »Schweig doch endlich und
ändere dich gefälligst!«. Obwohl meine Explosion sehr wir-
kungsvoll war, hatte ich einen Moment lang ein schreckliches
Gefühl, so grob gewesen zu sein. Unmittelbar nachdem ich
ihn so massiv angefahren hatte, entschuldigte ich mich bei
ihm. Meine Zerknirschung muss ihn berührt haben, denn er
änderte sich auf der Stelle. Ein paar Tage nach unserer Konfrontation berichtete er mir von seiner Erkenntnis, machtbe-
sessen gewesen zu sein, und er bedankte sich bei mir.

Dieser Mensch war großartig. Nicht jeder kann sich so
schnell ändern. Er erkannte seine Machtbesessenheit und war
bescheiden genug, sich zu ändern und mehr über sich selbst
lernen zu wollen. Ich muss zugeben, dass ich in Zeiten, in
denen ich dem Kraut verfallen war, keine Demut kannte. Es
ist das Problem der Geistbesessenheit, dass die Betreffenden
nicht erkennen, was mit ihnen los ist. Wenn wir besessen sind,
werden wir sozusagen aus unserem eigenen Haus geworfen.
Wir kommen gar nicht auf den Gedanken, dass wir von einem
Verbündeten besessen sein könnten, weil wir zutiefst beeindruckt davon sind, etwas so Machtvolles zu erleben.

Gefühle von Macht oder Wertlosigkeit beeindrucken uns
so sehr, dass uns die Distanz fehlt, um wahrzunehmen, dass
dieser Zustand unser Leben zugrunde richten könnte, wenn
wir ihn nicht prüfen. Wenn wir jedoch erwachen und mit dem
Kraut in Beziehung treten, sind wir frei, seine Macht so anzuwenden, wie wir sie brauchen; dann können wir sie auch
loslassen. Wir können Zugang finden zum Teufelskraut, ohne

von ihm abhängig zu werden, und können erstaunliche Leistungen der Kraft vollbringen, ohne uns hinterher mit ihnen zu identifizieren.

Mein ganzes Leben werde ich mich an die einzige Person erinnern, die einen solchen Zugang zur Macht des Teufelskrautes hatte und doch völlig frei davon war. Das war Barbara Hannah, eine Lehrerin von mir, die damals über 80 Jahre alt war, als ich ihr in Zürich in den 60er-Jahren begegnete. Nie werde ich vergessen, wie sie die Macht des Teufelskrautes einmal im Rahmen einer Vorlesung anwandte. Eine unangenehme Studentin ging nach der Vorlesung zu ihr und stellte ihr eine irritierende Frage. Ich stand zwischen Frau Hannah und meiner unmöglichen Mitstudentin, die darauf bestand, dass ihre alberne Frage beantwortet würde.

Ich war verblüfft, als Frau Hannah einen unglaublichen, schlangenähnlichen Zischlaut ausstieß. Meine Mitstudentin, die mir ziemlich eingebildet erschien, wurde sehr blass und kollabierte fast. Frau Hannah reagierte sofort und fragte die geschockte Studentin liebevoll und ruhig, ob sie denn ihre Frage vergessen hätte. »Sie Arme«, sagte sie, »Sie sehen blass aus. Soll ich nach jemandem schauen, der Sie nach Hause bringt?« Ich konnte den Wandel dieser schrecklichen Mitstudentin nicht fassen. Als ich sie das nächste Mal sah, wirkte sie tatsächlich anziehend, und Frau Hannah war unwahrscheinlich nett zu ihr. Frau Hannah war nicht abhängig von dem Kraut, hatte aber seine Kraft als Verbündeten benutzt, um einen hilfreichen Wandel herbeizuführen.

Der kleine Rauch

Die Macht des kleinen Rauches ist von ganz anderer Art als die des Krautes. Während das Kraut Kraft und Stärke erfordert, fordert der Rauch uns dazu heraus, Herzenskraft zu entwickeln und an die Ewigkeit zu denken oder zumindest an das nächste Jahrhundert. Wenn der Rauch unser Verbündeter ist, machen wir uns Gedanken um die Zukunft aller Menschen, nicht nur um unsere eigene.

Der Rauch hat etwas Edles an sich und die, deren Verbündeter er ist, scheinen ein reines Herz zu haben. Der Rauch liebt und hasst nicht; er bringt uns in eine Verfassung, die es uns ermöglicht, aus dem Kreis der Emotionen herauszutreten. Die Tibeter würden sagen, dass der Rauch ein Verbündeter ist, der uns vom Schicksalsrad befreit. Tatsächlich treten die Stimmungen, die das Kraut und der Rauch hervorrufen, in jedermann und jederzeit auf, obwohl beide nach halluzinogenen Drogen benannt werden.

Die Stärke des Herzens, egal, wann sie sich manifestiert, macht uns frei von der Unruhe und den Aufregungen des täglichen Lebens; sie hilft uns, über unsere eigene Dummheit und die der anderen zu lachen. Noch wichtiger ist, dass der Rauch uns befähigt, beharrlich zu sein, wenn die Dinge schwierig werden oder die Chancen gegen uns stehen. Das Kraut kann uns Kraft geben, uns in schwierigen Situationen zu verteidigen, aber der Rauch gibt uns mehr: im Kampf nicht verhaftet zu sein. Er erinnert uns daran, dass alles, was geschieht, vorübergehend ist und dass sich alles – besonders die Menschen – verändert, wie die Jahreszeiten.

Während das Kraut bewirkt, dass wir uns für alles, was geschieht, verantwortlich fühlen, erinnert uns der Rauch an unsere Aufgabe, auf den mächtigen Wellen des Wandels zu reiten, und nicht, sie zu erzeugen. Beide Verbündete sind Metafähigkeiten, die wir unbewusst bei der Arbeit an uns selbst anwenden. Während das Kraut versucht, uns anzutreiben und unser Verhalten zu ändern, ermuntert uns der Rauch dazu, uns tiefer damit zu befassen. Das Kraut will dauerhafte Lösungen und Entscheidungen; der Rauch empfiehlt das klare Sehen. Mit dem Rauch als unserem Verbündeten können wir Schwäche annehmen. Er drängt uns, Ereignisse im Licht der

Ewigkeit zu sehen. Er möchte wissen, ob unser Leben auch wirklich menschlich ist.

Obwohl die Haltung des kleinen Rauches normalerweise mit Weisheit, Alter und Losgelöstheit verbunden ist, haben auch viele junge Menschen den Geist des kleinen Rauches. Ich lief einmal in der Nähe von Mombasa am Ostindischen Ozean. Ganz plötzlich änderte sich das Wetter und es begann so heftig zu regnen, dass ich in einer Höhle am Strand Schutz suchen musste. Ich war überrascht, einen jungen Kenianer in der Höhle anzutreffen, der auf seinen Fersen saß. Er lächelte über mein Erstaunen, ihn so still da sitzen zu sehen.

Er sagte, sein Name sei Amani, was in Suaheli »Friede« heißt. Seine Eltern hatten ihn so genannt, nachdem die Afrikaner vor etwa zwanzig Jahren Kenia von den Engländern wieder in ihren Besitz übernommen hatten. Amani sagte, dass die meisten Weißen es schwerer hätten als die Afrikaner, weil wir immer nach irgendetwas streben, irgendwohin gehen und irgendetwas brauchen würden. Er sagte, die Afrikaner hätten gelernt, über lange Zeitperioden mit fast nichts absolut glücklich zu sein.

Amani war ein Mann des Friedens. Er fand sozusagen seinen eigenen kleinen Rauch, und auch ich fand ihn für diesen Augenblick in jener Höhle am Ostindischen Ozean.

Der Körper als Verbündeter

Ich habe verschiedene Verbündete gehabt. Nach Abschluss meiner Studien in Physik und der Jung'schen Psychologie entdeckte ich, dass ich über Jahre immer mit denselben Verbündeten sprach, einem weiblichen und einem männlichen Geist. Die Intensität meiner Beziehung zu diesen Figuren zeigte sich fortwährend in meinen Fantasien, Träumen und Meditationen.

Dann lernte ich die Traumkörperarbeit und fand diese Visionen in meinen Körpergefühlen wieder. Ich lernte, meinen Körper als Verbündeten um Rat zu fragen, was ich in bestimmten Situationen tun sollte. Ich verbrachte Monate mit dem Versuch, der unberechenbaren Natur meiner körperlichen Empfindungen zu folgen, statt sie zu verändern. Als ich einmal mehrere Tage in den Schweizer Alpen wanderte, ging ich durch ungewöhnliche Erfahrungen hindurch. Bis zu jener Zeit, in den frühen Siebzigerjahren, hatte ich unter ständigen Erkältungen und grippalen Infekten gelitten. Meinem Traumkörper zu folgen half mir bei diesem Problem. Ich entwickelte eine ungewöhnliche Sensitivität für Erkältungen und lernte, den Wind und leichte Brisen unmittelbar wahrzunehmen, fast schon, bevor sie anfingen zu wehen. Manchmal rannte ich so schnell, als ginge es um mein Leben, wenn mir mein Körper beibrachte, wie ich mich hinter einem Baum oder hinter großen Felsbrocken vor den kleinen Windbrisen verstecken konnte. Ich spielte gern mit der Brise, den Felsen und Bäumen, aber ich war auch dankbar für die sich hieraus ergebende Freiheit von der Grippe. Tatsächlich bekam ich jahrelang danach keine Erkältung oder Halsschmerzen mehr.

Obwohl ein Verbündeter eine Quelle der Weisheit ist, die in Visionen oder in Halluzinationen auftaucht, kann er auch in anderen Kanälen erscheinen. Diese Macht können wir als die Kraft hinter spontanem Tanz oder Bewegungen, in der weisen Führung bestimmter Körperempfindungen oder in einem Sinn von Ehrfurcht in der Wildnis finden.

Was verbindet die Körperweisheit mit den Figuren der Verbündeten? Während die Namen, die wir unseren Verbündeten geben, sich auf Bilder oder Geschichten beziehen, wie die des Krautes oder des kleinen Rauches, können wir die Erscheinung des Verbündeten im Körper nur schwer in Worte fassen. Um die Weisheit unseres Körpers zu verstehen, müssen wir uns fragen, was ihn antreibt. Wie fühlen sich der »Stoß« oder die Erschöpfung hinter unserem Körper an? Wie sehen sie aus?

Frage dich selbst, welchen Körperbereich du als den weisesten wahrnimmst. Tu es sofort. Gehe durch deinen Körper und finde die Antwort. Wie fühlt sich deine Körperweisheit an? Erspüre es und versuche, dir ein Bild zu machen, das diesem Körpergefühl entspricht. Wie sieht dieses Bild aus? Sieh das Bild, wie es in dem betreffenden Körperteil lokalisiert ist. Wenn du eine Frage hast, stelle sie diesem Körperbereich, diesem Verbündeten. Frage liebevoll und warte, spüre oder lausche auf eine Antwort. Oder lass diesen weisen Teil dich gerade jetzt bewegen.

Unterschiedliche Kulturen sehen den Sitz des Bewusstseins und der Weisheit an verschiedenen Orten des Körpers: am Ende der Wirbelsäule, im Sonnengeflecht, im Herzen, im Nacken, in den Augen und auf dem Scheitel. Für uns ist wichtig, die Möglichkeit in Betracht zu ziehen, dass unsere größte Weisheit sich an einem bestimmten Punkt unseres Körpers befindet.

So erscheinen Verbündete als Gefühle, Träume und Geistfiguren, die in visuellen, auditorischen und anderen Kanälen wahrgenommen werden. Die Körpererfahrung des Verbündeten, die besonders über die Körperempfindung und die Bewegung geht, nenne ich die »Macht des Körpers«. Gesundheit und Leistungsfähigkeit hängen vom Bewusstsein dieser Körpermacht ab. Wenn wir diese erspürte Energie in unserem Körper speichern, kann er Unglaubliches leisten.

Menschen mit Körpermacht erscheinen uns sehr bewundernswert. Sie haben eine unglaubliche Vitalität und Energie. Haben wir jemals unsere Energie bewahrt, statt sie zu zerstreuen? Energie zu bewahren heißt, die Körperweisheit, die Gefühle und die Richtung der Energie wahrzunehmen, sobald sie auftauchen, und sekundäre Prozesse gerade dann aufzuspüren, wenn sie sich ereignen. Das bedeutet, unvorhersehbare, subtile Körperempfindungen zu erkennen und ihnen mit unserer zweiten Aufmerksamkeit zu folgen, statt sie wegzuwerfen; es bedeutet auch, aufzustehen, wenn wir wach sind, und uns hinzulegen, wenn wir müde sind.

Wenn wir jedoch die Signale unseres Körpers vernachlässigen, zerstreuen wir die Kraft oder lehnen sie gewissermaßen ab und werden im Nu dick und alt werden.[19] Wir manipulieren und verbrauchen Energien, die uns nicht gehören und zwingen uns, gegen unsere eigene Natur zu handeln.

Um Kraft zu bewahren, müssen wir Signale wahrnehmen und fühlen, wenn wir ihnen im Traumkörper auf der Spur sind. Wir werden immer mehr mit uns selbst in Übereinstimmung kommen, je mehr wir diese Beziehung pflegen. Langsam und mit der Zeit wird sich unser Körper wie ein Traumkörper anfühlen, und wir werden entdecken, dass wir fähig sind, unvorhersehbare Dinge und Aufgaben zu bewältigen und mehr Energie zur Verfügung zu haben, als wir es je für möglich gehalten hätten.

Im Laufe der Lehrzeit rät Don Juan Castaneda, Vertrauen zu haben und das, was er die persönliche Macht nennt, herauszulassen, sodass sie mit dem, was er die Macht der Nacht nennt, verschmelzen kann. Er empfiehlt dem Lehrling, sich der Macht der Nacht zu überlassen, da er sonst niemals Freiheit im Körper erlangen könne. Er sagt, dass die Dunkelheit nur deshalb ein Problem sei, weil Castaneda sich auf seine normalen Sinne verlasse und nicht auf seine »Gangart der Kraft«, dieselbe Kraft, mit der er seinen Kraftort gefunden habe.[20] Die Gangart der Kraft hat mit Spüren und mit Bewegung zu tun. Sie ist eine authentische Bewegung und nur schwer zu beschreiben.

Deshalb muss ich mich auf deine Experimente mit Körperempfindungen verlassen und schlage Folgendes vor: Schließe deine Augen und lass dich von deinen Körperimpulsen

---

19 ebenda
20 ebenda

bewegen. Versuche, die Bewegung nicht zu lenken, lass sie einfach geschehen. Wenn du dich deinem Körper überlässt, bewegst du dich in die richtige Richtung, nämlich hin zu persönlichem Wachstum. Tust du es nicht, könnte dein Körper oder dein Verbündeter vielleicht Symptome entwickeln, denen du dann folgen musst, ob du willst oder nicht. Wenn du deinem Körper folgst, ist er ein Verbündeter; sonst wirst du ihn als Gegner erfahren, der Heilung braucht. Eine schamanische Betrachtungsweise der Traumkörperarbeit besagt, es sei dasselbe, ob wir unserem Körper oder den verlorenen Teilen unserer Seele folgen.

Ich war oft verblüfft über die Bewegungsprozesse von Menschen, die an chronischen Bewegungsstörungen litten, wie der Parkinson'schen Krankheit oder der Multiplen Sklerose. In diesen Krankheiten verbirgt sich sehr viel körperliche Kraft. Ich erinnere mich besonders an eine Frau mit Multipler Sklerose. Ihre Füße schlugen unkontrolliert und schmerzhaft auf den Boden, als sie versuchte herumzugehen. Als Amy und ich ihr halfen, ihre Bewegungen zu übertreiben, in der Annahme, dass dies Teil ihrer Gangart der Kraft sei, stampfte sie mit ihren Füßen dröhnend auf den Boden und begann, einen Freund zu verfluchen, der ihr Kummer bereitet hatte. Je heftiger sie auf den Boden stampfte, umso besser fühlte sie sich und, noch wichtiger, umso besser konnte sie gehen. Der Verbündete in ihrem Körper versuchte, sie zu ermutigen, ihrem Ärger mittels ihrer Krankheit Ausdruck zu geben. Als sie sich ihrem Körper überließ, zeigte er ihr sozusagen den richtigen Weg.

Körpererfahrungen sind nichts Zufälliges. Sie haben einen Sinn. Je beschwerlicher sie sind, umso eher scheinen sie potenzielle Verbündete zu sein. Aber die meisten Menschen spüren ihren Körper nur, wenn sie krank sind und ihn als einen Feind erleben. Durch Verlagern der Aufmerksamkeit, durch den Gebrauch unserer zweiten Aufmerksamkeit, könnten wir und alle Menschen den Körper zum Verbündeten haben.

Wenn wir unserem Körper folgen, bewegen wir uns so durch die Welt, als würden wir sie wie eine Landkarte kennen. Dann werden Körperempfindungen so erfahren, als seien sie mit den gesamten Gravitations- und elektromagnetischen Feldern der Erde verbunden, mit der Macht der Nacht. Der Traumkörper scheint dann teilweise zu uns zu gehören und teilweise mit dem Universum verbunden zu sein. Wenn wir im Traumkörper sind, erfahren wir seine Kraft auf eine solche Art und Weise, als gehörte sie nicht zu einem lebenden Wesen.

Ich erinnere mich an die Arbeit mit einem Mann, der wegen Leukämie im Sterben lag. Er war immer schwächer und schwächer geworden, und nun war er am Ende seiner Kräfte. Als ich ihn das letzte Mal besuchte, konnte er kaum sprechen, und ich legte mich neben ihn auf sein Bett. Er war Arzt und wusste um den Ernst der Lage. Ich war erstaunt, ihn nach ein paar Augenblicken aus dem Halbschlaf heraus sehr ruhig murmeln zu hören: »Die Energie und die Kraft in meinem Körper werden nicht sterben, sondern werden in meinen Sohn und in dich eingehen«. Er gab mir das Gefühl, dass der Traumkörper unabhängig ist vom realen Körper und nach dem Tod fortdauern wird.

Die Macht gehört nicht irgendjemandem, sagen die Schamanen. Sie verschenkt sich selbst, wenn die Zeit gekommen ist. Die körperliche Macht dieses Mannes wollte sich selbst verschenken. Vielleicht hatte er vor seiner Krankheit gedacht, dass die Macht seines Körpers, sein Verbündeter, nur ihm allein gehörte. Das, was wir Leben nennen, ist selbst ein Verbündeter, den wir und die, die uns am nächsten stehen, gemeinsam haben.

Übungen

1. *Arbeite an einem Weghindernis. Wenn du dich von etwas
   gehindert fühlst, ist es vielleicht die rationale Klarheit,
   die Notwendigkeit, etwas verstehen und die Kontrolle
   über das, was geschieht, behalten zu müssen. Oder ist
   dein Problem Furcht und Schrecken vor etwas, das du
   nicht kennst? Wahrscheinlich ist es Macht, die Besessen-
   heit von deiner potenziellen Wichtigkeit oder Unwichtigkeit. Oder das Gefühl, alt, depressiv oder losgelöst zu
   sein, könnte deine Energie blockieren. Was es auch immer sei, wähle das dir am nächsten stehende Hindernis
   und arbeite daran.*

2. *Probiere verschiedene Möglichkeiten aus, um an deinem
   Hindernis zu arbeiten. Wenn dein Hindernis Klarheit ist,
   gebrauche sie ganz bewusst. Studiere und plane, wo du
   so kopflastig wie möglich sein kannst. Nimm die Klarheit
   mit auf die Reise; übe Kontrolle in Zeiten der Hingabe.
   Wenn dein Hindernis Furcht ist, konzentriere dich auf
   das, was dich ängstigt. Werde so, wie du dir dieses furcht-
   erregende Ding vorstellst. Wenn dein Hindernis Macht
   ist, versuche eine Geschichte über deine Wichtigkeit oder
   deine Unwichtigkeit zu erzählen; nimm die Geschichte
   ernst und diskutiere mit ihr. Gebrauche Macht, um dich
   selbst zu verändern und nicht die anderen.
   Wenn dein Hindernis das Alter ist, begrüße es, lass es los
   und stirb. Was würdest du als Nächstes tun, wenn du tot
   und frei wärst von Loslösung und Depression? Tu es jetzt.*

3. *Tritt in Beziehung zu deinen Verbündeten. Erinnere dich
   an eine weise menschliche Figur aus einem Traum oder
   stelle dir jetzt eine solche Figur vor, eine weisheitsvolle
   Figur. Nimm dir einen Moment Zeit und sprich mit ihr.*

Mach dir Notizen von eurer Unterhaltung. Als weitere Möglichkeit erinnere dich an ein freundliches Tier, das du in einem Traum gesehen hast, oder stell' dir ein solches Tier vor. Kannst du es fühlen? Was will es dir sagen?

Spüre deinen Körper und taste ihn langsam innerlich ab. Wo spürst du die Macht deines Körpers, die Weisheit oder den Verbündeten? Wie fühlt es sich dort an? Welches Bild passt zu diesem Körperbereich? Dieses Bild ist ein Verbündeter des Körpers.

Wenn du jetzt oder jemals vorher Körpersymptome in diesem Bereich gehabt hast, stelle dir deinen Verbündeten in diesen Symptomen vor. Spüre alle Veränderungen in deinem Körper, die auftreten, wenn du dich mit dem Verbündeten identifizierst.

Stell dir vor, du seist dein Verbündeter, und gib deinem alltäglichen Selbst eine Botschaft.

Experimentiere zum Schluss damit, deine Körperweisheit ständig zu spüren und zu sehen, nicht nur während dieser Übung. Wenn deine persönliche Geschichte diesem Experiment im Weg steht, bitte deinen Verbündeten, das Gefühl deiner eigenen Wichtigkeit zu beseitigen.

8.

DAS GEHEIMNIS DES VERBÜNDETEN

Der Körper birgt viele Geheimnisse, und wenn wir uns mit ihm verbinden, erfahren wir eine Steigerung unserer Vitalität und Präsenz. Darüber hinaus ist Körperbewusstsein grundlegend für ein Leben in der Gegenwart.

Schamanen haben viele Bezeichnungen für körperliche Kräfte, wie z. B. »Leuchtende Fasern«, »Wille«, »Magie«, »Heilende Hände« und »Reisen in andere Welten«. Der genaue Sitz der Körperweisheit ist individuell verschieden. Wir können die Umgebung mit unseren gewöhnlichen Augen, Ohren und unserem Tastsinn oder mit anderen Sinnen unseres Traumkörpers wahrnehmen. Die Schamanen erfahren dieses Traum- und Körperphänomen als Teil der Umgebung. Manchmal taucht es auf als Kraft im Bauch oder als Fasern, die sich an die Welt heften. Manchmal macht unser Traumkörper sich so bemerkbar, als sei er ein Aspekt der Welt, der uns beeinflusst. Normalerweise besetzen oder gebrauchen wir nur zwei oder drei Sinneskanäle bewusst: Sehen, Hören und vielleicht noch Riechen. Aber wir können auch unsere Fähigkeit des Empfindens und ein Bewusstsein für authentische Bewegung entwickeln und über die Absicht unseres Körpers mit anderen direkt Kontakt aufnehmen. Ich habe Menschen getroffen, die die Welt über ihren Rücken, ihren Nacken, über ihr Stirnzentrum oder über ihren Bauch wahrnehmen.

Für unseren gewöhnlichen Verstand scheint der Körper willkürlich zu funktionieren. Er scheint zu den unvorhergesehensten und ungünstigsten Zeiten müde, wach, nervös, aufgedreht, krank oder erregt zu sein. Für viele medizinische Schulen ist der Körper krank, fehlgesteuert und korrekturbedürftig, sobald Symptome auftauchen. Diese Schulen lehren uns, Spannungen loszulassen oder zu unterdrücken, und andere physikalische Dinge, die wir nicht verstehen können.

Während es wichtig ist, die Gedanken dieser Schulen zu verstehen, hat der Traumkörper eine andere Botschaft, die sich nicht mit Krankheiten befasst. Von diesem inneren Standpunkt her ist unser Körper potenziell weise; er nimmt die Welt unmittelbar wahr und hat einen Willen oder eine Absicht. Diese Absicht heftet sich an die Ereignisse, entsprechend ihrer Bedeutung für unser ganzheitliches Wachstum und für die Welt zu einem bestimmten Zeitpunkt. Dieselbe Energie, die sich uns in Form einer Krankheit entgegenzustellen scheint, kann sich als Absicht, als sinnvolle Kraft enthüllen, die sich von unserem Bewusstsein unterscheidet. Diese Erfahrung bestätigt sich uns weltweit immer wieder. Allerdings brauchen wir dafür keinen äußeren Beweis, denn jeder von uns weiß, wie plötzliche Körperreaktionen Menschen vor lebensgefährlichen Unfällen bewahren können.

Wenn wir unseren Verbündeten jedoch nicht kennen, prüfen und entwickeln, werden wir auch die Kraft des Körpers nicht immer gerade dann zur Verfügung haben, wenn wir sie brauchen. Wenn gesellschaftliche Umstände uns davon abhalten, den Bewegungen unseres Traumkörpers zu folgen, weil solche ungewöhnlichen Bewegungen andere stören würden, können wir auch andere Wahrnehmungskanäle benutzen, wie z. B. das Sehen. Wir können hin- und herwechseln zwischen dem Gefühl des Traumkörpers und einer Visualisation dieses Gefühls, um die Weisheit des Körpers zu finden und ihr zu folgen. Statt uns zu bewegen, können wir Informationen des Körpers auch visuell oder verbal ausdrücken.

Ich erinnere mich an eine etwas peinliche Situation aus den Anfangsjahren meiner Praxis, als ich den unerklärlichen Drang verspürte, eine meiner Klientinnen zu berühren. Ich hatte mich schon während mehrerer Sitzungen unbehaglich gefühlt, bevor ich es wagte, mir einzugestehen, dass meine linke Hand sich gedrängt fühlte, die Brust der Klientin zu berühren. Diese Frau zog mich nicht körperlich an, der Impuls der Berührung war nicht sexueller Art, sondern glich eher einem tiefen Verlangen, etwas herauszufinden. Hätte der Wunsch darin bestanden, die Hand zu berühren, wäre das kein Problem gewesen. Aber ihre Brust? Natürlich hatte ich keine Lust, diesem Impuls nachzugeben, und fragte mich nach seiner Bedeutung.

Ich dachte darüber nach, versuchte das Bedürfnis zu unterdrücken und schob es beiseite. Nach einer Weile konnte ich jedoch meinen Traumkörper nicht mehr unterdrücken und sprach mit meiner Klientin darüber.

Sie sagte, sie habe Vertrauen zu mir, und fragte, wohin meine Hand gehen wolle. Ohne zu wissen, warum, sagte ich ihr, wo an ihrer linken Brust ich sie berühren würde. Sie war bereit zu experimentieren, und ich bat sie, ihre eigene Hand dorthin zu legen. Zu ihrer Überraschung fühlte sie dort einen Knoten, den sie bisher noch nicht bemerkt hatte. Eine daraufhin durchgeführte Biopsie zeigte, dass der Tumor bösartig war. Sie ließ den Knoten entfernen und wurde wieder ganz gesund. In diesem Fall ist mein Traumkörper hilfreich gewesen. Er wäre es aber nicht gewesen, wenn ich ihn nicht geprüft, an ihm gezweifelt und ihn zunächst unterdrückt hätte. Der Verbündete hat eine Wahrheit, die sich nur dann vollständig enthüllen kann, wenn wir mit ihm kämpfen, so dass er wirklich nützlich für uns werden kann.

Der letzte Tanz

So kann der Verbündete also in Visionen, in Körpererfahrungen, in Beziehungen oder in der Umgebung erscheinen. In den Traditionen der Eingeborenen widerstehen Körpermächte sogar dem Tod. Gemäß einigen nordamerikanischen Indianertraditionen lässt der Krieger, nach einem langen und vollendeten Leben, seine in den Skelettmuskeln gespeicherte Körperenergie und seine Erinnerungen und Erfahrungen sich zum letzten Mal ausdrücken, während der Tod als Zeuge dabeisteht. Dieser »letzte Tanz«, wie ihn Don Juan nennt, erinnert an die Kämpfe und Begebenheiten aus dem Leben des Kriegers.

Der letzte Tanz ist der Traumkörper, freigelassen, um sich selbst ausdrücken zu können. Bei der Arbeit mit Sterbenden habe ich gesehen, wie die letzten Prozesse des Lebens sich in veränderten Bewusstseinszuständen ereignen. In den letzten Stunden des Lebens transzendieren die Menschen ihre Vorstellung vom Tod und vollbringen Unglaubliches. Sie schieben den Tod hinaus, während tiefgreifende und wichtigere Dinge zum Vorschein kommen.

Sogyal Rinpoche zeigt in »Das Tibetische Buch vom Leben und vom Sterben«, dass ein wesentlicher Teil der tibetischen spirituellen Lehre sich damit befasst, das Bewusstsein während der veränderten Zustände im Zeitraum der Todeserfahrung aufrechtzuerhalten. Dieses Buch ist ganz besonders wichtig für mich. Als ich anfing, Menschen in Todesnähe Mut zu machen, ihr Bewusstsein aufrechtzuerhalten und ihren Körperimpulsen zu folgen, dachten viele, dass Menschen im Koma so gut wie tot oder nicht anwesend seien. Das westliche Denken hat den Tod zwar so schmerzlos wie möglich gemacht, es hat ihm aber das Ehrfurchtgebietende genommen. Die Schamanen jedoch folgen ihrem Atem, ihrem Husten, sogar den zitternden Bewegungen ihres Gesichts oder ihrer Gliedmaßen – eben ihrem Traumkörper oder ihrem letzten Tanz. Im 7. Kapitel berichtete ich über einen Mann, von dem man annahm, dass er an Leukämie sterben würde. Sein letzter Tanz, von dem ich dort berichtet habe, konnte den Tod so weit hinausschieben, dass der Mann danach noch 18 Monate ins gewöhnliche Leben zurückkehrte.

Aber der letzte Tanz ereignet sich nicht immer spontan. Ohne bewusste Wahrnehmung wird er wahrscheinlich gar nicht stattfinden. In »Schlüssel zum Erwachen« berichtete ich von Peter, einem Mann, der in seinen letzten Lebensstunden beinahe an einer Lungenentzündung »ertrunken« wäre. Man hatte ihm eine Überdosis Morphium gegeben, damit er rasch und schmerzlos sterben könne. Amy und ich arbeiteten mit ihm, als er sich im Koma und in Todesnähe befand und fast erstickte. Wir ermutigten ihn, an sich selbst zu glauben, weiter zu husten und alle Geräusche von sich zu geben, die er wollte, ob er nun an seiner Lungenentzündung ersticken würde oder nicht. Einige Stunden später vollführte er seinen letzten Tanz. Spontan und plötzlich setzte er sich mitten aus dem Koma heraus auf und starrte uns verstört an. Kurz, er kam aus seinem komatösen Zustand heraus und entwickelte eine neue Bewusstheit. Er sprach und sang sogar stundenlang mit uns; als wir nämlich weiter mit seinem Husten arbeiteten, verwandelten sich seine röchelnden Laute in ein herzerwärmendes, ekstatisches Lied.

Das war in den frühen Morgenstunden. Das Krankenhauspersonal staunte über die Energie und Aktivität dieses Mannes, fühlte sich aber auch gestört, da er die anderen damit weckte. Seine Geräusche, Bewegungen und Gesänge führten dazu, dass Peter allen möglichen Gefühlen freien Lauf ließ – besonders seiner Liebe zum Universum, zu seinen Freunden und zu anderen Menschen. Sein Tanz verwandelte seine Symptome, die vorübergehend zurückgingen. Sein Hals wurde frei, und sogar seine Nieren arbeiteten wieder, sodass er seinen letzten Tanz vollenden konnte, während der Tod wartete.

Der Tod musste zur Seite treten und diesem bewundernswerten menschlichen Wesen zusehen. Seine mutige Frau stand ihm bei, und während sein physischer Körper im Sterben lag, stieg Peter in seinen Traumkörper und erlebte innere Geschichten, Gefühle und Mythen. Sein Traumkörper war noch nie so lebendig gewesen und unmittelbar, bevor er starb, sagte Peter ganz nüchtern zu uns, dass er den Schlüssel zum Leben gefunden habe.

Der letzte Tanz ist so überwältigend, dass man ihn denen, die ihn noch nie erlebt haben, nicht beschreiben kann. Der Traumkörper hat unglaubliche Kräfte und Absichten; er will vollständig werden und leben wie das Universum. Meine Erfahrung sagt mir, dass dieser letzte Tanz sich jedoch ohne Unterstützung von außen nicht ereignen kann, genauso, wie der letzte Tanz der Indianer ohne die entsprechende schamanische Stammesumgebung vielleicht nicht mehr stattfinden wird.

Der Kampf mit dem, der uns Geheimnisse schenkt

Der Traumkörper ist ein Verbündeter, der uns seine Botschaft oder seine Macht nicht immer ohne mutige Konfrontation schenkt. Schamanen finden die Geheimnisse des Verbündeten auf Visionssuchen an einsamen, verlassenen Orten der Natur oder in Visionen von anderen Welten. Das heißt, dass wir den Verbündeten in der Wildnis, an unzugänglichen und abgelegenen Stellen oder in den Tiefen unbewusster und sekundärer Prozesse unseres Lebens finden können.

Auch durch Meditation, Drogeneinnahme, Überessen, Rauchen oder Langstreckenläufe können wir Zugang zum Verbündeten finden. Don Juan gibt Castaneda Drogen wie das Teufelskraut und den Kleinen Rauch, um ihm den Zugang zur Welt des Verbündeten zu erleichtern und um Castanedas starrköpfigen, rationalen primären Prozess auszutreiben.

Fast alle diese Methoden sind jedoch gefährlich; wenn wir in ihnen den Verbündeten nicht finden, können sie uns süchtig machen. In gewisser Weise ist eine Sucht, wie Alkoholismus oder Rauchen, der Versuch des Verbündeten, unser Bewusstsein zu erreichen. Wenn wir uns zum Beispiel betrinken, werden uns möglicherweise bewusstseinsferne Erfahrungen wie ein Delirium oder ein Koma zugänglich.

So können wir uns von unserer Kopflastigkeit entfernen, um unseren Körperverbündeten zu entdecken. Da Alkoholismus gefährlich ist, haben Schamanen schon immer vorgeschlagen, dass die Krieger durch Schulung und die Gemeinschaft unterstützt werden müssen, damit sie finden, was sie brauchen, und um die Gefahren der Sucht zu vermeiden, die sich verheerend auswirken können.

Besonders der Alkohol ist heutzutage ein riesiges Problem unter den Eingeborenen, auch unter den Schamanen. In meiner Erfahrung mit solchen Menschen erlebte ich den Alkohol wie ein Symptom des Versuchs, die Traumzeit in der kosmopolitischen Realität zu finden; es ist ein Symptom der Entwurzelung aus der Ganzheit und aus den Träumen, wie auch der Depression und des Schmerzes durch Unterdrückung und Bevormundung. Drogen sind Mittel, die persönliche Geschichte loszuwerden und in andere Bereiche zu reisen, um die fehlenden Teile der Wirklichkeit zu finden. Aber wenn wir nicht gut aufpassen, werden Drogen zu einem zerstörerischen Verbündeten.

Es ist wichtig, mit dem Verbündeten zu kämpfen. Don Juan empfiehlt, unseren ganzen Mut zusammenzunehmen, wenn wir dem Verbündeten gegenüberstehen, um ihn packen zu können, bevor er uns zerstört, und ihn zu verfolgen, bevor er uns jagt. Wir müssen diese Jagd fortsetzen, bis wir mit ihm verbunden sind und der Kampf beginnen kann. Dann müssen wir »den Geist zu Boden zwingen« und ihn so lange dort festhalten, bis er uns Macht schenkt[21].

Der Kampf mit dem Verbündeten kann in unserem normalen Bewusstsein oder in Träumen stattfinden. Eine der Rezensentinnen dieses Buches hatte einen aufregenden Traum über das Geheimnis des Verbündeten. In diesem Traum traf sie auf einen Verbündeten und kämpfte mit ihm. Sie beschreibt den Traum folgendermaßen: »Ich stand an einem See, und ein

---

21 Castaneda »Eine andere Wirklichkeit«

ungewöhnlicher Fisch erhob sich aus dem Wasser. Ich bekam Angst, weil er solch eine lange Nase hatte. Er war fett und sah aus wie ein Schwein mit fluoreszierenden rosa-gelben Farben, so, als wäre er angemalt. Ich schlug ihm auf die Nase, damit er weggehen sollte, weil ich Angst vor ihm hatte. Er tauchte unter, kam dann aber wieder hoch und sprach zu mir. Er sagte: »Dein Problem ist, dass du zu rational bist – du solltest viel irrationaler sein!«

Der Traum hat bestimmte Charakteristika, die mit dieser Frau zu tun haben, aber der Schlag auf die Nase war ihr Kampf mit dem Verbündeten. Zur Zeit dieses Traumes machte sie sich Sorgen um ihre Verantwortlichkeiten der Welt gegenüber. Als sie in ihrer Vorstellung mit dem farbenfrohen Fisch-Schwein spielte, beschwerte es sich und sagte, dass es keine Lust habe zu arbeiten. Sie solle ein Schwein und unordentlich sein und sich entspannen.

Das Schwein in dieser Frau sprach im Traum erst dann mit ihr, als sie mit ihm gekämpft hatte. Es war wichtig, dass sie zunächst Widerstand leistete bzw. den Fisch schlug; sie war nicht gleich einverstanden und ließ sich nicht von ihm besetzen. Besetzt oder besessen zu sein, hätte bedeutet, dass sie einfach ein Schwein geworden wäre, sich überfressen hätte oder unordentlich geworden wäre. Nachdem sie das Tier ins Wasser zurückgestoßen hatte, kam der Verbündete ein zweites Mal hoch, diesmal mit seinem Geheimnis, der wirklichen Botschaft: »Sei irrationaler«. Die Macht, die von dem Fisch ausging, bestand in der Ermutigung, das Unbekannte im Leben zu erforschen.

Tezcatlipoca

Don Juans Beschreibung des Kampfes mit dem Verbündeten muss eine Verbindung haben zu den alten aztekischen Mythen von einem schreckenerregenden Gott, dem gefürchteten

Tezcatlipoca. Nach der Legende glaubten die Azteken, dass Tezcatlipoca nachts in Gestalt eines Riesen umherginge, umhüllt von einem aschfarbenen Schleier, seinen Kopf in der Hand tragend. Wenn ängstliche Menschen ihn erblickten, mussten sie sterben. Aber der Tapfere ergriff den Riesen und sagte, er würde ihn nicht vor Sonnenaufgang gehen lassen. Der Riese bettelte darum, freigelassen zu werden, und wenn es ihm gelang, verfluchte er den Betroffenen. Schaffte der Mann es aber, das Ungeheuer bis zum Tagesanbruch festzuhalten, änderte Tezcatlipoca sein Verhalten. Er bot dem Mann Reichtümer und versprach ihm unüberwindbare Kräfte, wenn er ihn freiließe. Der siegreiche Mann erhielt von dem Besiegten vier Dornen als Pfand. Der tapfere Mann riss Tezcatlipoca das Herz heraus und nahm es mit nach Hause; als er aber das Tuch aufschlug, in das er es eingewickelt hatte, fand er nichts als weiße Federn, einen Dorn, Asche und einen alten Lumpen.[22] Der archetypische Verbündete Tezcatlipoca wird mit der Sommersonne verglichen, der Spenderin des Lebens. In der Nähe des Äquators jedoch kann die Sonne auch tödlich wirken. Tezcatlipoca erscheint uns als ein persönlicher Geist, aber der Geist gehört dem Universum, so wie die Sonne der Erde und dem Kosmos gehört.

Der archetypische und sehr mächtige Verbündete ist keine schützende Figur wie Buddha oder Christus; er ist ein unmöglicher Gott der Dunkelheit. Im aztekischen Mythos wird er als die schreckenerregendste Erfahrung dargestellt, als etwas, das uns am meisten Angst einjagt und am weitesten von unserer Fähigkeit, Kontrolle auszuüben, entfernt ist.

Nach der Legende von Tezcatlipoca müssen wir mit dem Verbündeten kämpfen und ihn jagen, bevor er uns jagt; das heißt, wir müssen sein Geheimnis erfahren, ohne vom ihm besetzt zu werden. Wenn der Verbündete der Kern eines veränderten Bewusstseinszustandes ist, einer Botschaft, die

---

22 Larousse »Encyclopedia of Mythology«, S. 436—437.

durch Krankheit, irrationale Bewegungen und Impulse zu ahnen ist, dann bedeutet der Kampf mit dem Verbündeten, dass wir mit ihm in einen Prozess hineingehen, um seine Bedeutung herauszufinden. Kämpfe mit dem Gefühl, besessen zu sein; ziehe die Botschaft aus Fantasien der Angst heraus, ziehe sie aus der Luft herunter zum Boden, sonst könnte die kostbare Information verloren gehen. Kämpfe mit einer Sucht und kämpfe mit körperlichen Schmerzen, bis du ihre Botschaft erfährst. Frage die Götter, warum sie das Leben so erschaffen haben, wie es ist.

Was ist Tezcatlipocas geheime Botschaft? Nach dem Mythos sind es weiße Federn, ein Dorn, Asche und ein alter Lumpen. Diese Geschenke symbolisieren spirituelle Qualitäten ohne unmittelbaren weltlichen Wert. Der Schlüssel zum Leben ist ein alter Lumpen, eine Feder, Asche – nicht etwas, das vollbracht werden müsste, sondern ein Lebensgefühl. Im Traum vom Fisch-Schwein mit der langen Nase besteht das Geschenk aus dem Gefühl, dass das Leben ein verrückter und irrationaler Ort ist, das man so auch leben muss.

Die Begegnung mit dem Verbündeten kann auch tödlich sein. Wenn wir jemals von einer potenziell gefährlichen Krankheit bedroht worden sind, wissen wir, wie diese Begegnung mit dem Verbündeten aussieht. Am Ende steht der Tod. Entweder erhalten wir die Botschaft des Verbündeten oder wir müssen um unser Leben fürchten. Wenn wir andererseits vom Verbündeten verzaubert werden, werden wir von ihm fortgerissen und können, enthemmt z. B. durch Drogeneinfluss, seiner Macht verfallen.

Opfer für den Verbündeten

Der Grund, weshalb die Azteken Tezcatlipoca mehr als jeden anderen Gott fürchteten und ihm Blutopfer darbrachten, könnte darin gelegen haben, dass sie glaubten, er könne, wenn er wolle, die Welt vernichten. Alljährlich wählten sie daher den schönsten Gefangenen, der diesen Gott zu repräsentieren hatte. Man brachte ihm bei, zu singen und Flöte zu spielen, Blumen zu tragen und vornehm zu rauchen. Er war kostbar gekleidet und acht Pagen standen zu seinen Diensten. Ein ganzes Jahr lang wurde er mit Ehren und Vergnügungen überschüttet. Zwanzig Tage vor seiner festgelegten Opferung wurde er mit vier jungen Frauen vermählt, die Göttinnen personifizierten. Dann begann eine Reihe von Festlichkeiten und Tänzen. Schließlich, als der schicksalsschwere Tag herangekommen war, wurde der junge Mann mit großem Prunk aus der Stadt hinausgeführt und auf der letzten Terrasse des Tempels geopfert. Der Priester öffnete die Brust des Gefangenen mit einem Schnitt seines Obsidianmessers und riss das pochende Herz heraus, um es der Sonne darzubieten.[23]

Was hat diese schreckliche Opferung des schönsten, an die vier Göttinnen gebundenen Gefangenen zu bedeuten (wenn wir, zumindest für den Moment, von dem abstoßenden Sexismus in diesem Mythos und in anderen Mythen absehen wollen)? Mit dieser Geschichte soll wohl gesagt werden, dass wir unserem Verbündeten Gott dienen und ihm unser weltliches Ansehen, unseren Erfolg, opfern müssen. Da Tezcatlipoca die Sonne ist, müssen wir an erster Stelle den Impuls, zu brennen und ekstatisch zu leben, achten oder ihm bewusst nachgeben. Hierdurch wird ein Teil unseres gewöhnlichen Selbst geopfert, wodurch wir in gewisser Weise kriminell erscheinen, weil Ekstase in den meisten Gesellschaften unterdrückt wird.

---

23 ebenda, S. 437

Wenn wir dann unserem Verbündeten wirklich dienen, sterben alte Teile von uns, während Neues, das mit transpersonaler Erfahrung verbunden ist, zu leben beginnt.

Wenn uns die Gabe, einen Verbündeten zu haben, zuteil geworden ist, wir aber nicht bewusst durch diesen Prozess gehen, kann der Verbündete uns töten. Denken wir z. B. an den Komponisten Wolfgang Amadeus Mozart. Dieser große Mensch diente seinem Verbündeten, dem musikalischen Genius. Er komponierte Musik, war aber dem Alkohol verfallen, was ihn schließlich, noch sehr jung, das Leben kostete. Obwohl keiner einen anderen Menschen beurteilen kann, frage ich mich oft, was aus Mozart geworden wäre, wenn er mehr mit seinem Verbündeten gelebt und seinen gutaussehenden weltlichen Teil getötet hätte, wie es die aztekischen Mythen empfehlen. Stattdessen versuchte er, ein bürgerliches Mittelklasseleben zu führen (obwohl sein Alkoholismus dies fast unmöglich machte). »Nein« zum Alkohol und »Ja« zu seiner göttlichen Manifestation zu sagen, hätte ihn wahrscheinlich seine Kreativität bejahen und seinen angepassten Lebensstil ablehnen lassen.

Allerdings ist es leichter, über diesen Kampf zu sprechen, als ihn selbst zu durchleben. Wer sich jemals inspiriert gefühlt hat, kennt einige der positiven Gefühle des Getriebenseins durch einen mächtigen Verbündeten, kennt aber auch den Tribut, der ihm vom Verbündeten im Bereich des normalen Lebens und der Beziehungen auferlegt wird.

Begegnungen mit Verbündeten kündigen sich in albtraumartigen Kindheiträumen an, in denen wir gerade noch den Klauen eines Ungeheuers entkommen sind. Oft fangen uns diese frühen Traumfiguren auch ein und prophezeien uns periodisch wiederkehrende Krisen in unserem späteren Leben. Überall in unserem weiteren Leben scheinen die Ungeheuer unsere Anpassungsfähigkeit zu bedrohen, indem sie uns zu einem unannehmbaren Verhalten herausfordern. Da gibt es die Krisen unserer Schulzeit, in der wir uns, durch Zutun des Verbündeten, viel komplizierter verhalten, als es unseren Eltern und dem Schulsystem angenehm ist. Dann kommen die Zwanzigerjahre, in denen wir Schwierigkeiten mit der Berufswahl haben – der Verbündete überzeugt uns immer wieder davon, dass wir den Beruf wechseln oder solch einen wählen sollten, der nicht realistisch erscheint. In der Mitte des Lebens taucht der Verbündete mit einer Krise auf, indem er droht, unser gesamtes Leben umzustürzen, Beziehungen durcheinanderzubringen und überhaupt ganz offensichtlich Verwirrung zu stiften. Schließlich, wenn wir alt sind, erscheint der Dämon wieder, lässt uns reizbar und unerträglich sein, setzt unsere Toleranzgrenze für weltliche Belange herab und sorgt dafür, dass wir uns in die Angelegenheiten unserer Freunde und Verwandten einmischen.

Immer wieder meldet sich der Verbündete in unseren Launen und stört unsere Beziehungen. Da unsere Probleme aus anderen Dimensionen stammen, erkennen wir nicht, dass wir selbst die Ursache unserer Probleme sind. Die anderen jedoch sehen es so, während wir wiederum die anderen als schwierig betrachten.

Unsere menschliche Aufgabe besteht seit jeher darin, alles wiederzugewinnen, was uns ganz macht, unsere Seele zu finden und unseren Dämon zu entdecken. Das heißt, wahrzunehmen, wo er ist, und dann seine unheimlichen Energien zu prozessieren. Erinnern wir uns an die Frau mit Multipler Sklerose, die ich im 7. Kapitel erwähnt habe. Wenn wir das Körperproblem als den Verbündeten betrachten, bestand seine Botschaft für die Frau darin, unberechenbar zu sein und alle ihre Gefühle auszudrücken. Da sie Mut hatte, konnte sie das tun. Es gehört enorm viel Mut dazu, das Geheimnis des Verbündeten zu suchen und den Schlüssel zu unserer Existenz zu finden, bevor wir geistig oder körperlich krank werden.

Der Verbündete, der Geist, der in uns spukt, ist mehr als unser persönlicher Dämon. Wie Tezcatlipoca ist er ein kosmischer Stern, eine universale Gottheit, etwas, das überall in der

Atmosphäre ist. Er ist in unserer Familie, in unserer Gruppe und in unserer Nation. Der Verbündete ist ein vernachlässigter kollektiver Geist. Er ist der Ausgestoßene, der Schatten unserer ganzen Gemeinschaft, der Aspekt unserer Kultur, der sich nicht an die Regeln des gegenwärtigen Systems hält.

So ist der Dämon jedermanns Unordnung, aber auch jedermanns potenzielle künftige Erneuerung. Er spielt eine wichtige Rolle in der Welt, eine Rolle, die in der Kultur bezeichnenderweise fehlt; er ist unsere verrückte, pervertierte, ekstatische Seite, der Rebell, der Leidende und der Weise in uns. Seit unserer frühesten Kindheit haben wir nicht nur mit unserem persönlichen Dämon, sondern auch mit der von der Welt am wenigsten annehmbaren Psychologie zu tun gehabt. Der Kampf mit unserem persönlichen Verbündeten ist gleichzeitig Weltarbeit.

Die Götter und Geister gehören nicht nur uns, sondern jedermann. Wir leiden unter Fantasien und Körperproblemen, die nicht nur uns quälen, sondern die etwa zur gleichen Zeit in den Träumen vieler Menschen erscheinen. Unser Leiden ist der mythische Konflikt zwischen dem Geist der Zeit, in der wir leben und dem unbekannten Dämon der Erneuerung. Deshalb verwandelt unser Kampf den Dämon nicht nur in einen hilfreichen Ratgeber, wenn wir als Krieger erfolgreich sind, sondern entlastet auch die Atmosphäre um uns herum. Indem wir unsere eigene grundlegende Natur neu schmieden, verändern wir die Welt, wie ein Schamane, der mit den Dämonen kämpft, um seine Gemeinschaft zu schützen.

Mit jedem Kampf nähern wir uns etwas Unvergänglichem, und es fällt uns immer leichter, unsere persönliche Geschichte fallen zu lassen. Der Verbündete fordert nicht nur eine momentane Veränderung, sondern eine vollständige Neubewertung unserer persönlichen Identität und Weltanschauung. Unsere Göttinnen und Götter verlangen, dass wir unsere mythische Natur annehmen und meisterhafte Leistungen vollbringen, die wir lieber den Göttern überlassen würden.

Erinnern wir uns an Peter, den ich weiter oben in diesem Kapitel erwähnt habe. Als er aus dem Koma auftauchte, rief er immer wieder: »Ich habe den Schlüssel zum Leben gefunden!« Amy und ich haben nie ganz verstanden, was dieser Schlüssel eigentlich war; aber der letzte Traum vor seinem Tod gab uns einen Hinweis. In diesem Traum hatte er sich verirrt, fand aber den Weg, indem er den riesigen Fußspuren einer mythischen Figur durch den Schnee folgte. Er folgte den Fußspuren seines Verbündeten durch das Unbekannte, über die Schwelle des physischen Lebens hinweg. Der Verbündete, der sich in seinem sterbenden Körper zeigte, wies ihm den Weg in die Ewigkeit.

Übungen

1. *Wenn du bereit bist, mit dem Verbündeten zu arbeiten, betrachte die Ereignisse in deinem Leben, die am schwierigsten, schreckenerregendsten, rätselhaftesten oder blockierendsten waren.*

2. *Wähle eine dieser Schwierigkeiten, einen Unfall, ein Symptom, ein Beziehungsproblem oder einen Albtraum.*

3. *Vertiefe dich in die Bedrohung. Fühle ihre Natur. Konzentriere dich auf sie. Was für ein Gefühl ist es, ihr Opfer zu sein?*

4. *Bereite dich nun auf einen Wechsel vor. Experimentiere damit, deine alte Opferidentität einen Moment lang hinter dir zu lassen und das Problem von außen zu betrachten. Wenn du so weit bist, werde zum Verursacher des Problems. Wenn es ein Unfall war, fühle oder imaginiere eine mächtige Kraft oder einen Verbündeten, der ihn ver-*

ursacht haben könnte. Wenn es ein Symptom ist, fühle oder imaginiere die Natur des Geistes, der das Symptom hervorgebracht haben könnte, dessen Macht du gespürt hast. Dann stelle dir vor, selbst dieser Geist zu sein. Fühle dich in den Symptomerzeuger ein und mache ein Bild von ihm. Versuche, ein menschliches Gesicht zu gestalten. Ist dein Problem ein Beziehungskonflikt, fühle oder imaginiere ein Wesen, das diese Beziehung so schwierig machen könnte. Male oder zeichne diesen Geist; stelle ihn spielerisch dar oder bitte einen Freund, ihn für dich zu spielen.

5. Wenn du so weit bist, gehe in Konfrontation zu diesem Geist. Erfahre seine Botschaft. Kämpfe mit dem Verbündeten und frage ihn, während du ihn spielst. Fühle die Botschaft und versuche herauszufinden, welchem Aspekt von dir selbst sie in deinem persönlichen Leben entgegensteht. Kannst du dich ein klein wenig ändern? Kannst du dein persönliches Leben opfern oder transformieren, um die Macht dieses Dämons so in dich aufzunehmen, dass er dein Verbündeter wird? Auf welche Weise könnte der Verbündete die Kultur bereichern, in der du momentan lebst?

6. Fühle die Energie des Verbündeten und stelle dir vor, sie in nützlicher Weise jetzt sofort in einer weltlichen Aufgabe anzuwenden.

7. Nimm dir etwas Zeit, dich auf Singen und Tanzen einzustellen. Bringe schließlich auch den Verbündeten dazu, zu singen und zu tanzen. Bewege dich mit seiner Energie und lass ihn Töne in Übereinstimmung mit deinen Bewegungen machen. Bringe ihn so weit, ein Lied mit Worten zu singen. Vergiss nicht, sein Lied aufzunehmen. Wenn du so weit gekommen bist, wirst du den Verbündeten zu Boden gezwungen und sein Geheimnis gefunden haben.

9.

DER DOPPELGÄNGER

Während wir über viele Jahre geduldig an uns selbst arbeiten, ändert sich ganz allmählich unsere Identität. Wir lernen unsere Launen kennen, und unsere Probleme verwandeln sich, indem ihr ursprüngliches apokalyptisches Aussehen menschliche Züge annimmt. In dieser Zeit werden wir kreativer und sind enger mit unserer Körperenergie und unseren Träumen verbunden. Es sieht fast so aus, als sei unser Verbündeter verschwunden, jedenfalls tritt er in unseren Träumen in weniger dramatischen Gestalten auf. Manchmal hat er sogar eine gewisse Ähnlichkeit mit uns selbst.

Dass wir uns in den Verbündeten verwandeln können und er sich in uns, ist ein Ergebnis der wachsenden Übereinstimmung mit uns selbst und der Ganzheit, wie es der aztekische Mythos von Tezcatlipoca beschreibt. Der Name Tezcatlipoca bedeutet »Rauchender Spiegel«. Den Aspekt eines Spiegels hat der Verbündete deshalb, weil er das Gesicht dessen reflektiert, der ihn bekämpft. So ist der Verbündete der Vorläufer des Doppelgängers, des Abbilds unseres zeitlosen, ganzheitlichen Selbst, des Traumkörpers mit unserem Gesicht.

Jetzt können wir verstehen, warum Jagen und Kriegerschaft so wesentliche Rollen in den Werken vieler moderner Autoren über den Schamanismus spielen. Die zentrale Ausrichtung auf Kriegerschaft in unserer Zeit ist nicht historisch begründet, da sich Schamanen und eingeborene Völker nicht sehr intensiv mit diesem Aspekt des spirituellen Lebens befasst haben. Die Bezeichnung »Krieger« taucht nicht einmal im Register des grundlegenden Werkes »Schamanismus und archaische Ekstasetechnik« von Eliade auf!

Die momentane Betonung der Kriegerschaft hat mehr Bezug zu unserer heutigen Zeit als zur Vergangenheit. Während wir auf ein neues Jahrhundert zugehen, werden wir einer größeren Vielfalt an Einflüssen ausgesetzt als unsere Stammesverwandten in ihren ethnischen Gruppen. Wir leben nicht mehr in einem ethnisch homogenen Stamm. Unsere gegenwärtige Kultur ist wesentlich vielfältiger, als wir uns überhaupt vorstellen können. Wir sehen der Tatsache entgegen, dass die Welt mehr und mehr zu einem Dorf wird, ohne gelernt zu haben, wie wir miteinander auskommen können. Wir scheinen unfähig zu sein, Rassismus, Armut, Homophobie, Umweltschäden, Kriminalität und andere Problembereiche zu verhindern. Niemand kann die Probleme der Andersartigkeit unterdrücken. Daher also unsere unbewusste Faszination für Krieg und Kriegerschaft.

Aber die äußere Dimension dieses Dilemmas findet sich genauso in unserem Inneren. Rassismus kann z. B. nur in einem Individuum entstehen, das sich von der Farbe oder der Natur anderer in sich selbst abgetrennt hat. Weiße Menschen europäischer Herkunft sollten die Natur ihrer Mitmenschen bejahen, die sie kolonialisiert haben. Die Menschen der amerikanischen Kontinente sind einseitig, wenn sie den indianischen Geist in sich selbst nicht wahrnehmen; die Australier sind wie entwurzelte Bäume ohne Verbindung zum Leben der Aborigines. Wir sind ungewollte Rassisten, wenn wir nur eine Seite in uns akzeptieren. Wir können versuchen, andere aus unserer Weltvorstellung zu verbannen, aber mit unserer eigenen Seele kommen wir so nicht zurecht. Denken wir doch einmal darüber nach: Erst vor Kurzem haben die Australier den Aborigines das Wahlrecht zugestanden. Und viele sogenannte moderne Menschen denken immer noch, Schamanismus und Eingeborene seien barbarisch. Diese Vorurteile schaffen Spaltungen, Spannungen und eine Faszination von Krieg und Kriegerschaft.

Wenn wir weiser werden, werden wir uns mehr mit den Menschen befassen, die wir unterdrückt haben. In uns selbst können neue Konflikte entstehen, weil wir bestimmte Bereiche des Lebens unterdrückt haben. Wir brauchen und brauchten Kriegerschaft, aber wenn wir einmal unserem Verbündeten begegnet sind, verbinden wir uns mit ihm, und es scheint, als sei Kriegerschaft nur eine bestimmte Lebensphase gewesen. Vielleicht haben wir uns auch, ohne diese Phase je wahrgenommen zu haben, selbst befreit und jene unserer Teile angenommen, die wir in einer früheren Lebensphase nicht zugelassen hätten.

Aus unserer gegenwärtigen Sicht war der Kampf mit dem Verbündeten ein Kampf mit uns selbst und mit einem unterdrückten Teil unserer Kultur. Jetzt, da unsere Faszination für den Krieg nachlässt, sind wir erstaunt, wie besessen alle anderen von Machtfragen zu sein scheinen.

Wenn sich innere Arbeit, Disziplin, Mut und Standhaftigkeit in ein neues Werk verwandeln, sind wir immer weniger im Kriegszustand und mehr in Harmonie mit der inneren Welt, die wir widerspiegeln. Noch bevor es uns bewusst ist, entwickeln wir allmählich einen Doppelgänger, und unsere äußere Erscheinung passt sich langsam unserem inneren Wesen an.

Moderne Veröffentlichungen über Wahrnehmung und Bewusstsein haben der Untersuchung des Doppelgängers zu wenig Aufmerksamkeit gewidmet. Deshalb freue ich mich, hier einen Anfang zu setzen und über die empirische Natur des Doppelgängers und die Geschichten des Guru-Schamanen Don Genaro zu berichten.

Der Doppelgänger und Doppelsignale

Haben wir uns schon einmal gefragt, warum wir von einem Tier oder einer eigenartigen Situation träumen, wenn wir aufgrund einer Meinungsverschiedenheit am Arbeitsplatz oder mit einem Freund außer Fassung geraten sind? Ein Schamane betrachtet diesen Traumprozess so, als seien weder wir noch unsere Freunde wir selbst, sondern Tiere oder merkwürdig aussehende Wesen.

Als Don Juan Castaneda dabei hilft, sich seine Freunde in der Fantasie vorzustellen, erscheinen sie alle als Symbole, z. B. als Pilze, Tiger oder andere Tiere. Don Juan sagt, diese Figuren repräsentierten die Verbündeten der Freunde.

Mit anderen Worten sind unsere Fantasien und Träume über unsere Freunde Bilder ihrer wesensgemäßen, aber nicht integrierten Natur. Wir begeben uns in Traumdimensionen, um überhaupt sehen zu können, was sich in Wirklichkeit ereignete oder was fehlte. Wir wussten es einfach nicht. So sehen wir beim Träumen das Unbewusste, die sekundären Prozesse unserer Freunde in den Symbolen oder traumähnlichen Figuren, die ihre Handlungen beherrschen.

In gewisser Weise träumen wir immer von verborgenen Mächten hinter dem alltäglichen Leben, unter der oberflächlichen Wirklichkeit. Träume schildern die verleugneten Seiten der Welt. In der Alltagsrealität befassen wir uns nicht mit diesen Aspekten – unserem zurückgewiesenen Selbst und nicht vertretenen, verborgenen Aspekten der Umwelt.

Dennoch könnten wir eine Freundin haben, die auch im Alltag ihr ganzheitliches Selbst lebt. Sie verhält sich genauso, wie sie wirklich ist, und erscheint deshalb in unseren Träumen als sie selbst. Castaneda ist z. B. schockiert, als er entdeckt, dass einer seiner schamanischen Mentoren nicht als Symbol in seinen Fantasien erscheint. Genaro erscheint ihm nämlich als Genaro selbst. Castaneda ist so sprachlos, dass Don Juan ihn mit der Erklärung zu beruhigen versucht: »Genaro ist jetzt sein eigener Zwilling«. Es gibt keine Möglichkeit herauszufinden, ob er real ist oder nicht, denn Genaros Doppelgänger ist laut Don Juan so real wie der Mann selbst. Genaros Doppelgänger ist tatsächlich das Selbst, und diese Erklärung sollte genügen.[24]

---

24 Castaneda »Der Ring der Kraft«.

Diese Erklärung wäre dann ausreichend, wenn wir praktizierende und erleuchtete Taoisten wären. Aber es sieht so aus, als würden wir uns mit der Zeit, dem Raum, dem materiellen Körper und den Aktivitäten der westlichen Kultur identifizieren. Wenn der Schamane erklärt, Genaro sei weder wirklich noch unwirklich, weder Traum noch Wirklichkeit und weder tot noch lebendig, so meint er, der Zauberer identifiziere sich nicht weniger mit dem Geist, der ihn bewegt, als mit der Welt um ihn herum. Es gibt keine Unterschiede mehr. Er ist zu gleicher Zeit wirklich, unwirklich und keines von beiden.

Wenn jemand sein vollständiges Selbst lebt, sehen wir ihn in unseren Fantasien und Visionen als den, der er ist. Deshalb sieht Genaro im Traumland genauso aus wie auf der Straße: er ist Genaro. Wie ist er so geworden? Er könnte einfach in Übereinstimmung sein mit sich selbst. Er könnte auch jahrelang in Therapie gewesen sein. Vielleicht sind andere Schamanen in vergessene Reiche gereist, um abgespaltene Teile seiner Seele zu finden. Oder er hat einfach den Geist der Schamanen geerbt und verhält sich nicht mehr anders, als er sich fühlt.

In der Sprache der Prozessarbeit heißt das, wir identifizieren uns normalerweise mit unseren primären Prozessen und verdrängen die sekundären. Wir entwickeln »Grenzen« gegen unsere sekundären Prozesse. Wenn wir als Kinder verletzt worden sind, sind Teile unserer kindlichen Natur abgespalten und erscheinen nur noch in Träumen. Wenn wir als Teenager befürchteten, nicht hübsch genug zu sein, oder wenn niemand mit uns tanzen wollte, könnte der »Teenager« unser Bewusstsein verlassen haben und in eine andere Welt gegangen sein. Vielleicht haben wir unsere gesamte instinkthafte Natur weggepackt, weil diejenigen, die uns aufgezogen haben, sich vor ihren eigenen Instinkten fürchteten.

Dies alles führt dazu, dass wir in Teile gespalten sind. Diese Teile sind nun in der Unterwelt oder in himmlischen Reichen, wie die Schamanen sagen. Heute wissen wir auch, dass sie wohl vorhanden, aber momentan unerwünscht sind. Sie zeigen sich in unseren Doppelsignalen, die uns meistens nicht bewusst sind und mit denen auch die anderen nichts anfangen können. Doppelsignale zeigen sich in einem Verhalten, mit dem wir uns nicht identifizieren.

War unsere Kindheit beispielsweise schwierig, werden wir kindliche Instinkte unterdrücken und jammern und klagen, statt zu spielen. Unterdrücken wir diese kindlichen Signale, wird das unsere Freunde verwirren, und sie träumen dann die unterdrückten Signale als kindliche Figuren, mit denen wir uns nicht verbunden fühlen. Daher können wir in den Träumen anderer als Kleinkinder, Feen, Ungeheuer, Geschäftsleute oder Gurus erscheinen, je nachdem, was uns zu einem bestimmten Zeitpunkt am unangenehmsten ist.

Unsere Träume und Körpersignale geben uns die Chance, uns selbst wiederzufinden. Träume heben Teile der Welt hervor, die wir in uns selbst und auch in unseren Freunden erkennen lernen können. Nehmen wir an, unsere Erfahrungen, Fantasien, Träume und Körpersensationen – alles Aspekte unseres Traumkörpers – seien kennzeichnend für eine bestimmte Umgebung und einen bestimmten Zeitpunkt. Das bedeutet, dass bewusste Wahrnehmung nicht nur persönliche innere Arbeit, sondern auch Arbeit an der Welt ist.

Hierzu kommt mir ein Beispiel in den Sinn. Amy und ich hatten uns entschlossen, mit unserer gemeinsamen Freundin Rachel zu experimentieren, unser ganzheitliches Selbst zu leben. Jeder von uns hatte die Aufgabe, seine Doppelsignale zu erkennen und zu leben, d. h. seinen Traumkörper zu leben.

Als wir begannen, stellte Rachel fest, dass sie mit mir flirtete. Sie richtete ihre zweite Aufmerksamkeit auf sich selbst und auf Signale, die ihr wie flirten erschienen. Sie experimentierte, flirtete mit mir und machte mir hübsche Augen. In der Zwischenzeit entdeckte Amy, die ihre eigenen Signale untersuchte, dass ihre Schultern sich bewegten. Auch sie gebrauchte ihre zweite Aufmerksamkeit, hielt diese Bewegungen in ihrem Bewusstsein fest und ließ sie sich entfalten. Sie folgte ihren Armen, die versuchten zu flattern, und plötzlich wurde sie ein wilder Vogel. Sie kreischte Rachel an, die mit mir flirtete, was bei uns allen zu unkontrollierbarem Gelächter führte. Wir waren zwar Menschen, hätten aber genauso gut drei Vögel beim Austragen eines Beziehungskonfliktes sein können.

Nachdem wir uns von unserem Gelächter erholt hatten, versuchte ich herauszufinden, was mit mir geschah. Ich bemerkte, dass ich versuchte, mich so zu verhalten, als gäbe es nichts, was mich stören könnte. Dann stellte ich fest, dass ich meinen Kopf einzog, weil die zwei Frauen mich erschreckt hatten. Mich in meinen Doppelgänger begebend, lief ich vor den beiden weg und flehte um Schutz vor ihrer Macht. Wieder brachen wir in Lachen aus.

Als ich mich fragte, vor was ich eigentlich davonlief, erkannte ich nicht nur ihre Macht, sondern auch meine eigene Bedürftigkeit. Ich fühlte mich ihrer ganzen Aufmerksamkeit unwürdig und hatte Angst, sie darum zu bitten. Da ich aber Probleme hatte, bat ich sie, mir dabei zu helfen. Etwas später taten die beiden Frauen dasselbe. Indem wir uns in unsere Doppelsignale hineinbegaben, waren wir für diesen Zeitpunkt in Übereinstimmung mit uns selbst. Wir lebten unsere Doppelgänger.

Felder und Projektionen

Wir können uns fragen, ob wir einfach träumen oder ob wir unsere eigenen inneren Bilder auf unsere Freunde projizieren, wenn wir von ihnen träumen. Es ist tatsächlich so, dass eine Projektion immer dann stattfindet, wenn etwas in uns selbst ein äußeres Objekt entdeckt, an dem es sich aufhängen kann. Aber während die Idee der Projektion hauptsächlich aus der Individualpsychologie stammt, ist der Doppelgänger ein Feldkonzept. Wenn sich im Feld um uns ein bestimmtes Bild befindet, wird es in unseren Träumen auftauchen, und es können auch andere davon träumen oder es erfahren. Feldkonzepte sind Erfahrungen, die wir miteinander teilen. Sie stammen zwar aus unserer persönlichen Psychologie und der Psychologie unserer Mitmenschen, aber sie sind mehr als das, denn sie gehören zum gesamten Feld.

Unser Doppelgänger kann zu einer bestimmten Zeit und zu einem bestimmten Raum gehören, was von außen jedoch parapsychologisch anmuten könnte. Andere sehen uns vielleicht irgendwo auf der Erde. Würden die Schamanen sich in der modernen Physik auskennen, würden sie vielleicht sagen, wir seien sowohl wir selbst als auch Teil eines universalen Quantenfeldes.

Am einfachsten können wir den Doppelgänger beim Träumen entwickeln. In unserer Traumwelt können wir unsere verschiedenen Teile zusammenbringen. In der Prozessarbeit sagen wir, dass wir den Doppelgänger erreichen, wenn wir sekundäre Prozesse wahrnehmen, traumähnliche Erfahrungen im Wachzustand haben und die Energie von Impulsen und Figuren spüren und leben, bis sie mit uns verschmelzen. Warten wir nicht auf die Nacht, um zu träumen; träumen wir jetzt und ununterbrochen. Das ist eine Sache des Bewusstseins im Fühlen, Bewegen, Sehen, Hören und in Beziehungen.

Nimm wahr, wie du versuchst, etwas zu tun; dann achte darauf, ob irgendetwas anderes geschieht. Wenn ja, begib dich hinein. Es ist schwierig, aus deiner Identität herauszutreten und in den Traumprozess hineinzugehen – also sozusagen die Welt anzuhalten. Während du ein Bewusstsein für deine Gefühle entwickelst, lass dein Verhalten von deinen Körperempfindungen leiten. So entwickelst du den Doppelgänger durch Träumen.

Je weniger du mit dir selbst verbunden bist, umso eher wirst du dazu neigen, aus Menschen, die eine gute Verbindung zu sich selbst haben, Lehrer oder Gurus zu machen. Du beschreibst sie als weise, furchterregend, liebevoll und mächtig. Wenn du solche Körperkräfte selbst erlebst, wirst du sie wahrscheinlich hinterher als außergewöhnliche Erfahrung bezeichnen. Aber während du deinen Traumkörper lebst, fühlst du dich weder großartig noch furchterregend oder mächtig. Du fühlst dich ganz einfach gut, gegenwärtig und zu Hause.

Unser Doppelgänger realisiert sich dann, wenn wir unsere sekundären Prozesse leben und Zweifel und Bedenken überwunden haben. Übernehmen wir Verantwortung und leben wir das, was wir wahrnehmen und erfahren, unabhängig von dem, was andere denken könnten!

Aus der Zeit heraustreten

Es kann so aussehen, als würden wir aus der Zeit heraustreten und sogar an zwei Orten gleichzeitig erscheinen. Don Juan erklärt Castaneda, ein flexibler Krieger richte sich nicht nach der gewöhnlichen Zeit, da er sich selbst nicht als Objekt erfahre. Der Krieger bemerke erst im Nachhinein, dass er sich an zwei Orten gleichzeitig befunden habe. Dies sei jedoch nur »Buchführung«, es habe ihn nicht beeinflusst, während er so flexibel tätig gewesen ist.

Don Juan sagt, für einen Krieger wie Genaro gebe es nur einen einzigen Prozess. Lediglich der Außenstehende meine, der Krieger befinde sich inmitten zweier verschiedener Ereignisse. Der Krieger merke erst hinterher, dass er zwei voneinander getrennte Erfahrungen gemacht habe, »weil der Leim der Zeitbeschreibung nicht länger bindet«.

Dies ist ein hoch differenziertes Verständnis von Wahrnehmung und hört sich mehr nach moderner Psychologie als nach altem Schamanismus an. Oder wir beginnen jetzt, die Welten miteinander zu verbinden. Auf jeden Fall kann ein parapsychologisches Ereignis von zwei Seiten betrachtet werden. Magische Ereignisse können auf mindestens zwei verschiedene Weisen erfahren werden: vom außenstehenden Beobachter und vom Schamanen, der sie lebt.

Als Außenstehende leben wir in Zeit und Raum und in einem bestimmten sozialen oder gemeinschaftlichen Zusammenhang. Wir verhalten uns wie alle anderen. Unsere Zielsetzungen und unsere Identität gehören zu dieser Zeit und zu diesem Bereich. Wenn wir sekundäre Prozesse betrachten, an deren Fluss wir nicht aktiv teilnehmen, wirken sie symbolisch, fremdartig und unberechenbar. Wir sehen dann unsere eigenen Handlungen als Ereignisse an, die sich jenseits der Regeln normalen Verhaltens befinden; sie brechen soziale Kodes und sogar die Gesetze von Raum und Zeit. Als Außenstehende meinen wir, entweder ein Krieger mit einem Körper an einem bestimmten Ort zu einer bestimmten Zeit oder eine Projektion oder eine Erfindung der Einbildung zu sein.

Da wir uns so verhalten, als könnten wir nur »wirkliche« Körper sehen, meinen wir, ein Geist zu sein, der aus seinem Körper austreten und an zwei Orten gleichzeitig sein kann. Deshalb glaubt Castaneda, Genaro an dem einen Ort zu sehen, während dieser sich an einem anderen Ort befindet. Er nimmt an, Genaro habe einen Doppelgänger entwickelt. Wäre Castaneda zusammen mit Genaro innerhalb der Erfahrung – wenn er teilhaben und in den Fluss der Träume hineingehen könnte –, würde er erkennen, dass Genaro einfach real ist, wo auch immer er wahrgenommen wird.

Wenn wir in unserem Traumkörper sind, ist alles real, und wir erfahren das Leben so, wie es sein sollte. Sind wir jedoch in einem normalen Bewusstseinszustand und mit unserem primären Prozess und den Aktivitäten der alltäglichen Welt identifiziert, sind wir erschüttert und überrascht, wenn Träume manchmal real erscheinen, und nennen sie dann Synchronizitäten oder Doppelgänger. Genauso meinen wir auch, dass andere, die sich in Übereinstimmung mit sich selbst befinden, Magier seien.

In einer Geschichte in »Der Ring der Kraft« versuchen Don Juan und Castaneda einem Freund Castanedas, der sich mit Don Juan treffen will, zu entkommen. Vor einem großen Bürogebäude gibt Don Juan Castaneda einen Stoß zwischen die Schultern und schickt ihn taumelnd durch das Büro und durch Raum und Zeit. Durch den Schlag kommt Castaneda so durcheinander, dass er in der Zeit rückwärts zu einem Marktplatz vom vergangenen Samstag kommt und durch Szenen wandert, die sich zu jenem Zeitpunkt ereignet haben. Tatsächlich erlebt er Ereignisse, die sich eine Woche zuvor an einem Ort zugetragen haben, an dem er bisher noch nie gewesen war.

Obwohl es unglaublich erscheint, ist es nach den Regeln der Physik doch möglich, in der Zeit rückwärts zu gehen. Antimaterie ist dasselbe wie gewöhnliche Materie, aber sie ist sehr kurzlebig. Richard Feynman, ein Nobelpreisträger der Physik, hat eine Theorie der Antimaterie entwickelt, die mich an Don Juans Doppelgänger erinnert. Feynman berichtet darüber, was mit einem Elektron in einem magnetischen Feld geschieht. Ein Elektron hat hier zwei verschiedene Möglichkeiten, in Erscheinung zu treten: als »Insider« oder als »Outsider«.

Feynmans Outsider-Theorie besagt, dass vorübergehend neue Materieteilchen entstehen, wenn ein Elektron in ein magnetisches Feld kommt. Es entsteht dabei ein neues Elektron und sein Antimaterie-Doppelgänger, ein Positron. Als Nächstes bewegen sich alle drei Partikel – das alte Elektron zusammen mit dem Elektron-Positron-Paar in der Zeit vorwärts, bis schließlich das Positron oder der Doppelgänger das ursprüngliche, alte Elektron im Feld vernichtet. In der Zwischenzeit bewegt sich das zweite, neue Elektron außerhalb des magnetischen Feldes weiter. Natürlich merkt niemand, dass dieses Elektron sich von dem ursprünglichen in irgendeiner Weise unterscheidet. Dieses Erschaffen und Vernichten gleicht einer Geschichte, in der jemand von seinem Doppelgänger getötet und wieder inkarniert wird.

Feynman hatte noch eine zweite Geschichte, um zu beschreiben, was mit dem ursprünglichen Elektron geschieht, eine Geschichte ohne zusätzliches Erschaffen und Vernichten. Hier wandte er die Betrachtungsweise des Insiders an. Er sagte, das erste Elektron sei flexibel. Statt von seinem Verbündeten vernichtet zu werden, könne es ein anpassungsfähiger Krieger werden, kommende Störungen erkennen und sich in der Zeit rückwärts bewegen. Von diesem Standpunkt aus brauchen wir keine Konzepte wie Materie und Antimaterie, sondern müssen in Betracht ziehen, dass ein Elektron in einem magnetischen Feld in der Zeit rückwärts und dann auch wieder vorwärts gehen kann. Das Elektron wird vorübergehend paranormal, d. h., es wird frei von Raum und Zeit.

Wenn wir also das Gefühl haben, wir gingen rückwärts in der Zeit, so entspricht das der Art und Weise, wie Antimaterie in der quantenmechanischen Welt lebt. Entweder stoßen wir mit unserem Verbündeten zusammen, oder wir treten aus der Zeit heraus und werden zeitlos. Im alltäglichen Leben könnten wir anderen so erscheinen, als seien wir Teil eines geheimnisvollen parapsychologischen Ereignisses. Wenn wir einen Doppelgänger haben und Krieger sind, die ihrem Traumkörper folgen, dann sind solche Geschichten völlig normal.

Den Traumkörper zu leben ist eigentlich einfach: Wir tun es ganz spontan, wenn wir den Mut haben, unseren Gefühlen zu folgen und das Leben so zu improvisieren, wie es sich ergibt. Und doch gehört für den gewöhnlichen Beobachter, der den Traumkörper nicht wahrnimmt und sich daher außerhalb befindet, alles, was mit der allgemein anerkannten Realität nicht übereinstimmt, zum Ehrfurcht gebietenden, unbegreiflichen Tun eines Zauberers.

Die Chance, mit dem Doppelgänger zu experimentieren und aus Raum und Zeit, aus unseren primären Prozessen, herauszutreten, ergibt sich immer dann, wenn wir anfangen, uns ungewohnt zu fühlen, oder wenn wir uns mitten in einer aufregenden Situation befinden. Geladene, gespannte oder verwickelte Situationen spalten uns in Teile.

Nehmen wir z. B. an, wir gingen nachts einen dunklen Waldweg entlang oder müssten vor einer großen Gruppe von Menschen sprechen. Solche Aktivitäten trennen uns in Teile. Ein Teil identifiziert sich mit unserem schüchternen oder verängstigten Selbst, und ein anderer ist verbunden mit imaginären böswilligen, üblen Mächten im Wald oder mit kritischen Leuten in der Gruppe. Natürlich identifizieren wir uns nicht mit unserer böswilligen, machtvollen Seite, sondern verleugnen sie. Ein Schamane wird jedoch seine zweite Aufmerksamkeit auf diese Kraft richten, um mehr über sie zu erfahren.

Auf jeden Fall entdecken wir plötzlich, dass wir zwei Dinge zugleich sind: das Opfer und die kritische, bedrohliche Figur. Während unser Durchschnitts-Ich sich spaltet und sowohl die üblen Mächte als auch die sie betreffenden Träume und Doppelsignale verdrängt, wird das bewusste Ich zu beiden Teilen: Es wird erst den einen und dann den anderen Teil verkörpern. Als Schamane lassen wir es zu, dass die Welt uns herausfordert oder führt. Wir sind unser normales Selbst und genießen unseren Abendspaziergang, bis unsere Furcht aufkommt. Wir bemerken diese Furcht, wenden unsere zweite Aufmerksamkeit an, erkennen das Ungeheuer und werden unberechenbar. Wir könnten selbst das machtvolle Ungeheuer werden und anfangen zu knurren, statt es abzuspalten. Oder wir könnten um unser Leben rennen und unseren Körper dahin tragen lassen, wohin er will. Ein außenstehender Beobachter würde bemerken, dass wir die Regeln des normalen Verhaltens brechen und könnte denken, wir seien ausgelassen, verrückt oder ein parapsychologischer Fall.

Einmal hörte ich eine Geschichte über ein Treffen der Vereinigung amerikanischer humanistischer Psychologen, das Abe Maslow leitete. Plötzlich sah man Fritz Perls unter den Tisch kriechen, an dem Maslow saß. »Papa, sei lieb zu mir, bitte, sei lieb«, wimmerte Perls am Boden, während er an Maslows Hosenbeinen zog. Perls lebte seinen Doppelgänger, indem er dem Willen des Traumkörpers folgte. Aber seine Rolle des kleinen Kindes muss auch ein Teil der Gruppenatmosphäre gewesen sein, der nicht vertreten war.

Große Gruppenszenen schaffen komplexe Felder. Das könnte der Grund sein, warum wir die Neigung haben, großen Gruppen auszuweichen, denn sie könnten Aspekte von uns hochbringen, die wir vermeiden möchten.

Sterbende scheinen unwillkürlich in ihren Traumkörper zu gelangen und durch Raum und Zeit zu reisen. Das konnte ich bei einem Schweizer Klienten nachweisen, der mir ein paar Tage vor seinem Tod, als wir in den 70er-Jahren in Zürich zusammensaßen, erklärte, er befinde sich in Hamburg in einer bestimmten Straße, vor einer roten Ampel, mitten im Verkehrsstau. Ich rief einen Freund in Hamburg an, der mir bestätigte, dass in dieser normalerweise ruhigen Straße tatsächlich eine Verkehrsstauung war. Vom Standpunkt des Außenstehenden war der sterbende Mann sowohl in Hamburg als auch in Zürich. Er war an zwei Orten zur gleichen Zeit. Von seinem Standpunkt aus lebte er in seinem Traumkörper.

Sekundäre Prozesse können wie Träume mit der ganzen Welt verbunden sein. Unser persönliches Leben ist nicht nur persönlich. Vom Standpunkt eines Außenstehenden betrachtet leiden wir an Träumen, Körperproblemen, Neurosen, Beziehungs- und Weltproblemen. Aber vom Standpunkt des Insiders aus sind wir überall gleichzeitig und haben die Möglichkeit, aus Raum und Zeit herauszutreten und überall zu sein, zu jeder Zeit.

Unser gewöhnlicher Lebensweg ist wahrscheinlich ein Pfad mit wenig Herz. Erbarmungslos schleppt er uns mit sich herum, als seien wir ein Stück leblose Materie. Auch wir selbst stoßen uns und treiben uns unbewusst an, als hätten wir unser Schicksal selbst zu bestimmen. Der Weg des Herzens ist jedoch erhellt von der Sichtweise des Kriegers. Sobald etwas Neues aufkommt, verstärkt er es, spannt seine Kräfte an und tritt aus seinem vorgeschriebenen Schauplatz heraus, um der Zeit und vielleicht auch dem Tod zu entgehen.

Das Selbst träumen

Don Juan bezeichnet die Entwicklung eines Doppelgängers als Anhalten der Welt, als Heraustreten aus unserer Identität. Er sagt, unser gewöhnliches Selbst träume den Doppelgänger. Hätten wir aber einmal gelernt, den Doppelgänger zu träumen, kehrten die Dinge sich um, und wir könnten erkennen, dass in Wirklichkeit der Doppelgänger das Selbst träume; wir selbst seien ein Traum, weil der Doppelgänger uns träume, genauso wie wir normalerweise meinen, wir hätten ihn geträumt.[25]

Normalerweise identifizieren wir uns mit unserem alltäglichen Selbst, unserem primären Prozess, weil unsere persönliche Geschichte und unsere Identität wichtig für uns sind. Aber je besser wir auch die sekundären Prozesse wahrnehmen, umso eher sind wir fähig, unsere normale Identität anzuhalten. Wenn wir das tun, wird unser Traumkörper zu unserer grundlegenden Realität, die unsere normale Welt aufzuträumen scheint, um sich selbst zu verwirklichen.

Wir wissen, dass unser Traumkörper oder unser Doppelgänger wirklich das erzeugt, was wir als gewöhnliches Leben erfahren, wie z. B. Störungen und Körpersymptome, weil wir Probleme aufträumen, wenn es uns langweilig ist. Wir haben keine andere Möglichkeit, um zu zeigen, wer wir sind, als die, uns selbst zu irritieren und durch ein gewöhnliches Alltagsleben einzuschränken.

---

25 ebenda

Jung berichtet in seiner Autobiografie von einer Begegnung mit dem Doppelgänger, die kurz vor seinem Tod stattfand:

»Über das Problem der Beziehung von Selbst (d. h. von Doppelgänger) und Ich hatte ich schon einmal geträumt. In jenem früheren Traum befand ich mich auf der Wanderschaft. Auf einer kleinen Straße ging ich durch eine hügelige Landschaft, die Sonne schien, und ich hatte einen weiten Ausblick ringsum. Da kam ich an eine kleine Wegkapelle. Die Tür war angelehnt, und ich ging hinein. Zu meinem Erstaunen befand sich auf dem Altar kein Muttergottesbild und auch kein Kruzifix, sondern nur ein Arrangement aus herrlichen Blumen. Dann aber sah ich, dass vor dem Altar, auf dem Boden, mir zugewandt, ein Yogi saß – im Lotus-Sitz und in tiefer Versenkung. Als ich ihn näher anschaute, erkannte ich, dass er mein Gesicht hatte. Ich erschrak zutiefst und erwachte an dem Gedanken: Ach so, das ist der, der mich meditiert. Er hat einen Traum, und das bin ich. Ich wusste, dass, wenn er aufwacht, ich nicht mehr sein werde.«[26]

Jung erklärt, dass sein Traum »das Unbewusste als Erzeuger der empirischen Person« darstelle. Er sagt, sein Traum zeige eine Umkehrung der Wirklichkeit. Statt das Leben vom Standpunkt der normalen Identität, des Ego, zu sehen, zeigt dieser Traum vielmehr, dass das Ego der Traum des Unbewussten sei. Weiter sagt er, dass »... unsere unbewusste Existenz die wirkliche ist und unsere Bewusstseinswelt eine Art Illusion oder eine scheinbare, zu einem bestimmten Zweck hergestellte Wirklichkeit darstellt, etwa wie ein Traum, der auch so lange Wirklichkeit zu sein scheint, als man sich darin befindet ... Die unbewusste Ganzheit erscheint mir daher als der eigentliche spiritus rector alles biologischen und psychischen Geschehens.«/[27]Der spiritus rector, der führende Geist im Leben, ist das, was wir sind, wenn wir uns mit dem

---

26 ebenda
27 ebenda, S. 327.

sekundären Prozess identifizieren und in ihn hineingehen. Dann sind wir unser Doppelgänger, der Traummacher, das körperliche Leben und die unkontrollierbaren Ereignisse der Welt. Jungs spiritus rector, unser Traumkörper und der Doppelgänger des Schamanen, haben die Welt, in der wir alle leben, aufgeträumt.

Übungen

1. *Schließe deine Augen und stelle dir vor, dass du von deinen Freunden träumst. Wer sind diese Freunde? Welche sind im Einklang mit sich selbst? Welche sind Tiere, Bäume, Kinder oder Drachen?*
   Schlage deinen Freunden vor, dass sie damit experimentieren, sich wie die Tiere oder andere Figuren aus deinen Träumen und Fantasien zu verhalten. Frage sie dann hinterher, wie gut deine Bilder zu bestimmten Aspekten passen, die sie bei sich bisher nicht ernst genommen haben. Besprich mit ihnen, inwiefern deine Imagination von ihnen ein gemeinsamer veränderter Bewusstseinszustand ist, den auch du in dir hast.

2. *Entwickle deinen Doppelgänger. Bitte einen Freund, neben dir zu sitzen, seine Augen zu schließen und zu träumen oder sich vorzustellen, wer du wirklich bist. Versuche jetzt, als Experiment, die Person aus der Imagination deines Freundes zu sein. Besprecht hinterher, wie nah seine Vision an deine Wirklichkeit herankam. Wie nah kommt seine Vision an das heran, was in eurer Beziehung noch fehlt?*

3. *Entwickle deinen Doppelgänger in der Öffentlichkeit. Welche äußeren Situationen oder Felder bringen dich aus der Fassung oder in Konflikt mit deinen Gefühlen?*

Erschaffe eine solche äußere Szene in deiner Vorstellung oder mit ein paar Freunden. Stelle fest, wie du dich zu verhalten versuchst und welche Gefühle du ablehnst. Statt dich von diesen Gefühlen inkongruent machen zu lassen, lass sie dich dazu bewegen, zu sprechen, zu tanzen oder zu singen. Geh in deinen Traumkörper und werde zu einer Rolle in diesem Feld. Wird diese Rolle auf irgendeine Weise von jedermann gebraucht? Ist sie ein fehlender Geist? Spiele das jetzt durch und übe es bei der nächsten Gelegenheit in der Öffentlichkeit.

10.

DER PFAD DES HERZENS

Der Traumkörper beginnt, sich im täglichen Leben zu zeigen, wenn wir unsere bewusste Wahrnehmung schulen, ungewöhnliche Bewegungen aufgreifen und uns seltsam fühlen. Allmählich arbeiten unsere Wahrnehmungsfähigkeiten fast automatisch. Wir entdecken sogar, dass wir mitten in den allerweltlichsten Tätigkeiten, wie Schlafen, Einkaufen, mit Freunden reden und Arbeiten, viel luzider und wacher geworden sind.

Aber dann geschieht etwas Unerwartetes. Während wir luzider werden, haben wir manchmal den Eindruck, dass wir die Wahrnehmungsfähigkeiten, die wir uns so hart erarbeitet haben, vergessen haben. Es gibt nun Zeiten, in denen wir ganz einfach nur wach sind. Die Erinnerung daran, wie wir unseren momentanen Bewusstseinszustand erreicht haben, wird irgendwie ausgeblendet. Diese Entwicklung ist für viele psychologische und spirituelle Traditionen charakteristisch.

Zen beschreibt diese Entwicklung in knappen Worten: Vor der Zenschulung ist ein Berg ein Berg; während der Zenschulung ist ein Berg kein Berg mehr; und nach der Zenschulung ist ein Berg wieder ein Berg. Das soll heißen, dass unser Leben vor der Bewusstseinsschulung normal ist – entweder voller Schwierigkeiten oder einfach in Ordnung. Dann nehmen wir plötzlich Traumfiguren und Geister wahr, bewusste und unbewusste Teile, sekundäre und primäre Prozesse. Alles ist voller verborgener Botschaften und Bedeutungen. Die Welt ist voll von Teilen und Komplexen, von Scham, Unterdrückung, Kindheitsleid, von Verbündeten, Signalen und von Missbrauch. Wir müssen Krieger sein, um überleben zu können. Wir disziplinieren uns und führen ein strenges Leben.

Schließlich, nach der Zen-Schulung, gibt es keine verborgenen Bedeutungen mehr; die Welt ist wieder die Welt. In dieser Phase gibt es zeitweise nichts, worüber wir nachdenken müssen. Der Drang, die Welt als etwas aus Teilen Zusammengesetztes – Seele und Körper – zu verstehen, lässt nach. Wir vergessen, Jäger und Krieger zu sein und sogar jene unglaublichen Verbündeten und gehen stattdessen durch Zeiten stetiger Bewusstheit. Mit Hilfe unserer Gefühle und Intuitionen lernen wir, kongruent zu werden. Wir bewegen uns zwischen den Welten hin und her, ohne sie als getrennt zu erleben. Wir fragen uns sogar, warum andere von unterschiedlichen Realitäten sprechen, von Individuum und Umwelt, von Mensch und Natur, von bewusst und unbewusst. Manchmal meinen wir sogar, niemand außer uns habe das Licht gesehen.

Aber wir müssen achtgeben. Der nächste Schritt in der Zen-Geschichte sollte heißen: »… und der Berg stürzte ein und musste neu erschaffen werden«. Wenn wir durch das Hindernis des Alters nicht Schiffbruch erleiden wollen, muss die Schulung ganz von vorne beginnen. Wir können gut verstehen, wie gut es für einen Lehrling ist, einen Meister gefunden zu haben; wir sollten aber auch bedenken, dass der Lehrer froh sein kann, von einem halsstarrigen Anfänger in Schwierigkeiten gebracht zu werden. Bleibt ein guter Lehrer sich selbst überlassen, scheint er nie die Energie aufzubringen, seine entscheidenden Entdeckungen zu offenbaren, nämlich den notwendigen Überblick und das Mitgefühl, das die anderen weiterbringt. Der Lehrling zwingt den Meister dazu, wieder von vorn zu beginnen.

Gerne denke ich an Laotse, den legendären Verfasser des Tao Te King, einer alten und grundlegenden Schrift des Taoismus. Die Legende berichtet, dass Laotse von einem Torhüter zurückgehalten wurde, als er im hohen Alter die Stadt verlassen wollte. Der Torhüter bat den alten Meister, seine Weisheit niederzuschreiben. Ohne diese Konfrontation wären die Lehren des Tao Te King nicht niedergelegt und überliefert worden.

Hohes Alter ist nur dann kein Hindernis, wenn wir neugierig und hartnäckige Anfänger sind, die sich ständig mit grundlegenden Fragen und der letzten Bedeutung des Lebens auseinandersetzen. Fragen wir uns nicht oft selbst nach dem Sinn des Lebens? Worum geht es auf dieser Welt? Obwohl es darauf keine allgemeingültigen Antworten gibt, gibt es doch gewisse Richtlinien, je nach der psychologischen Schule, die uns interessiert, und je nach unserer spirituellen Tradition, Religion und Rassenzugehörigkeit.

Eine Antwort aus der Welt der Schamanen lautet, dass es sich im Leben um ekstatische Reisen in andere Dimensionen handelt. Es geht nicht nur darum, dort draußen Probleme zu lösen oder verlorene Seelen zu retten. Das wäre zwar auch schon gut, aber es geht um viel mehr. Für einen Schamanen ist das Leben selbst eine ekstatische Reise, voller Trancezustände, Aufstiege in himmlische Bereiche und Kämpfe mit der Unterwelt. Es geht im Leben um das Abenteuer veränderter Bewusstseinszustände. Und gleichzeitig ist dieses Leben der spannendste Kriminalroman, den es gibt.

Don Juan spiegelt viele indianische Traditionen wider, wenn er Fragen nach der tieferen Bedeutung unseres Lebens mit dem »Pfad des Herzens« beantwortet. Am Ende seiner Lehren in »Eine andere Wirklichkeit« lässt Don Juan die Ausdrucksweise und die Kennzeichen des Kriegertums fallen und konzentriert sich auf die reine Essenz des Schamanismus, auf die hinter der Arbeit stehenden Gefühle und Metafähigkeiten. Er gibt Castaneda zu verstehen, dass er sich bei seiner Rückkehr ins Alltagsleben vor wichtige Probleme gestellt sehen und nicht länger fähig sein wird, zu leben wie bisher. Der Krieger muss einen Überblick haben. Er braucht sehr viel mehr als reine Fertigkeiten; er braucht Weisheit, um sein Leben weiterführen und mit den Problemen des Alltags fertig werden zu können.

Don Juan empfiehlt, den Pfad des Herzens zu suchen und ihm zu folgen. Jeder Prozess, dem wir folgen, ist immer nur einer von vielen möglichen Wegen. Deshalb müssen wir wissen, dass »ein Pfad nur ein Pfad ist«. Wenn wir das Gefühl haben, auf dem falschen Weg zu sein, sollten wir uns frei genug fühlen, ihn zu verlassen. Jeder Weg ist nur relativ, und festzustellen, ob wir weitergehen oder ihn verlassen sollten, erfordert Klarheit und Selbsterkenntnis. Unser Herz wird uns sagen, wann wir einen Weg verlassen und wann wir auf ihm bleiben sollten.[28]

Der alte Pfad

Manchmal bleiben wir auf alten Wegen, auch wenn unser Herz uns davon abrät. Wir bleiben vielleicht deshalb auf einem bestimmten Pfad, weil wir keinen anderen kennen. Vor lauter Angst sehen wir uns nur als Tochter, Sohn, Partner, Vater, Mutter, als leitenden Angestellten, Hausfrau oder als Studenten. Die Angst vor neuen Rollen und vor finanzieller Unsicherheit, aber auch engstirnige Vorurteile neuen Erfahrungen gegenüber halten uns von wesentlichen Veränderungen ab und davon, den Traumkörper in der Welt zu leben. Wir fühlen uns verpflichtet, unsere persönliche Geschichte, die wir geschaffen haben, aufrechtzuerhalten, nicht nur wegen uns selbst, sondern auch wegen unserer Mitmenschen. Die persönliche Geschichte ist ein Gefängnis, das wir uns augenscheinlich selbst geschaffen haben.

Ein anderer Trieb, der uns auf einem bestimmten Pfad festhält, ist der Ehrgeiz. Obwohl wir vielleicht davon überzeugt sind, dass unser gewählter Weg keinen Erfolg bringen wird, meinen wir doch, ihn erzwingen zu müssen. So verbringen wir die meiste Zeit mit dem Versuch, auf diesem Weg erfolgreich zu sein, selbst wenn die Anstrengung uns vollständig

28 Castaneda »Die Lehren des Don Juan«.

überfordert. Wir wissen, dass das Leben versucht, uns neu auszurichten, aber wir können nicht zuhören.

Vielleicht bleiben wir auch deshalb auf dem einmal gewählten Weg, weil wir uns am Ende fühlen und erschöpft sind. Wir haben schon so viel durchgestanden, dass es unmöglich erscheint, gerade jetzt den Weg zu ändern. Depression und Erschöpfung führen zu der Überzeugung, die Weltsituation sei hoffnungslos, sie würde sich nie mehr ändern, und es sei sowieso alles egal.

Disziplin

Lehrer der westlich ausgerichteten Psychologie sagen, dass ein starkes Ego nötig sei, um wichtige Lebensentscheidungen treffen zu können. Die Schamanen sagen, unser Leben müsse voller Disziplin sein, damit wir erkennen können, ob wir auf dem richtigen Weg sind. Es gibt einen ganz wesentlichen Unterschied zwischen den westlichen und den östlichen Lehren, zwischen dem, was wir modernes europäisches und eingeborenes oder spirituelles Denken nennen könnten.

Psychologische und spirituelle Systeme brauchen entweder ein starkes Ego, das bestimmt, was zu geschehen hat, oder eine disziplinierte Bewusstheit, die wahrnimmt, was geschieht. Systeme, die sich auf die Entwicklung des Ich-Bewusstseins stützen, legen Wert auf Stabilität und Individuation. Der Angelpunkt ist hier die Selbsterkenntnis. Die Systeme der Eingeborenen legen Wert darauf, mit allem eins zu werden, die Natur zu verehren und den Pfad des Herzens zu finden.

Jedes System enthält einen Teil der Wahrheit. Die Tradition, der wir uns zum jeweiligen Zeitpunkt zugehörig fühlen, ist auch die richtige. Wenn wir jedoch an der Zukunft der Welt interessiert sind, merken wir, dass wir Pfade des Herzens suchen. Auf einem solchen Pfad haben wir ein wachsames Auge für die uns zur Verfügung stehende Energie und für unsere Beziehungen zu anderen. Die herzensbetonten Systeme der Eingeborenen schließen die Gemeinschaft und die Umwelt mit ein. Das egobetonte System informiert uns mehr über die Natur bestimmter Teile in uns selbst. Wenn wir Antworten auf Fragen zu unserer individuellen Natur suchen, werden wir mit Therapeuten arbeiten, die von unbekannten Teilen sprechen. Wenn wir Fragen an das Leben als Ganzes haben, sind die Umwelt und der Pfad des Herzens unsere Lehrer.

Um den Pfad des Herzens zu finden – dem Strom der Natur zu folgen –, brauchen wir mehr disziplinierte Bewusstheit als Selbsterkenntnis. Denn der Pfad des Herzens ist einfach der »leichte« Weg; er ist das uralte Tao, dem aber niemand folgen kann ohne Wahrnehmung dessen, was geschieht. In diesen Augenblicken, in denen wir unsere zweite Aufmerksamkeit gebrauchen, unseren Traumkörper spüren und das Tao finden, wissen wir, dass wir auf der richtigen Spur sind; denn, egal ob wir hart arbeiten oder nicht, haben wir das Gefühl, wir brauchten überhaupt keine Energie. Alles geschieht in Übereinstimmung mit uns selbst, und es ist, als würden wir mit einer Welle im Strom des geringsten Widerstandes fließen. Auch wenn wir uns mitten in einem Wirbelwind befinden, ist es immer noch der Weg der geringsten Aktion, der Weg, der im Taoismus manchmal als das »Nicht-Tun« oder als »Wu-Wei« bezeichnet wird.

Mut

Wir brauchen auch Mut, um den Weg zu finden, denn wenn wir uns verändern, kann es sein, dass die Menschen um uns herum gekränkt sind. Sie fühlen sich durch unsere Veränderung verletzt und wollen sich vielleicht rächen. Da unsere

Freunde und Kollegen Teile des alten Pfades waren, kann es sein, dass manche unsere Veränderungen nicht unterstützen.

Wir brauchen also Mut, um Herzenskraft zu entwickeln und uns von den Meinungen der anderen lösen zu können. Mit Mut und Disziplin erkennen wir, dass wir ein sekundärer Prozess der ganzen Gemeinschaft sind. Nicht allein wir wollen uns ändern, sondern ein kultureller Weg möchte sich wandeln. Deshalb könnten unsere Veränderungen für alle anderen auch sinnvoll sein.

Herz zu haben ist etwas anderes als Sentimentalität. Sentimentalität bindet uns an die Dinge, wie sie sind, und verhindert, dass wir uns ändern, wenn die Zeit dafür gekommen ist. Wenn wir sentimental sind, hören wir zu lange auf die Befürchtungen und Klagen der anderen. Vielleicht sind die anderen auch Teile von uns selbst, die dem Wandel widerstehen. Auf jeden Fall lassen wir uns Zeit, um wachsen und uns lösen zu können. Eines Tages erkennen wir, dass unsere Wahl, den einen Weg zu verlassen, um dem Pfad des Herzens zu folgen, andere kränkt, weil wir zu ihrem Nagual, ihrem traumartigen Schicksal, geworden sind.

Für den Teenager, der sich mit seinen Eltern streiten muss, den Elternteil, der zum verliebten Teenager wird, den Lehrer, der seine Schüler verlässt, oder für das Gruppenmitglied, das rebelliert, wird der Wandel vorübergehendes Leiden verursachen. Daher brauchen wir innere Disziplin und Mut, um unseren Geist auf das Unvergängliche auszurichten und uns um den Schmerz des Augenblicks zu kümmern.

Loslösung

Für Don Juan ist Mut und Meditieren in Zurückgezogenheit außerordentlich wichtig, da wir beides brauchen, um den Pfad des Herzens wählen zu können. Diese Entscheidung kann nur treffen, wer frei ist von Furcht und Ehrgeiz und die Weisheit eines alten Menschen hat. Die entscheidende Frage ist immer, ob es ein Weg des Herzens ist oder nicht, d. h., ob wir auf der richtigen Spur sind. Der eine Weg macht uns glücklich und stark, während der andere uns schwächt.

Der Pfad des Herzens gibt uns deshalb ein starkes und glückliches Lebensgefühl, weil er unseren Träumen, unserem Traumkörper und unserer mythischen Aufgabe folgt. Der andere Weg ist hauptsächlich mit unseren primären Prozessen verbunden, mit unserer alten Identität und ihren starr programmierten Handlungen. Auf diesem Weg werden wir launisch und beklagen uns; wir fühlen uns als Opfer dieses Weges, indem wir für die anderen leben.

Der Pfad des Herzens verläuft fließend, ohne starre Identitäten. Er ist der Weg der alten Chinesen, das Tao. Er ist wie Wasser, formlos, ohne Pläne, aber überallhin fließend, wo sich ihm ein Durchgang öffnet. Der Krieger auf dem Pfad des Herzens ist wie eine Flöte, die den Wind durch sich hindurchwehen lässt und ihre eigene Musik macht.

Jeder von uns kann den Pfad des Herzens nur für sich allein wählen, denn nur wir selbst können den Traumkörper, dem wir folgen müssen, wahrnehmen und spüren. Unser fortgeschrittenes Alter wird uns helfen, daran zu denken, dass es nichts Wichtigeres gibt. Schließlich besitzen wir nichts außer unseren eigenen inneren Impulsen. Unsere Wahrnehmungen sind das einzige, was uns wirklich gehört. Vielleicht kann nur hohes Alter das Gewicht relativieren, das wir der Meinung der anderen beilegen, und uns erkennen lassen, dass es unsere wichtigste Aufgabe ist, das, was wir fühlen, zu achten und zu schätzen. Wir leiden, wenn unser Weg zu wenig Herz hat, und haben tief innerlich das Gefühl, ein sinnloses Leben zu führen.

Mehrmals in meinem Leben musste ich einen Pfad ohne Herz verlassen, und ich hatte weder die Werkzeuge noch den Mut dazu. Jedes Mal war es eine Qual. Solche Veränderungen erfordern Klarheit und Schonungslosigkeit, die aus einer inneren Gewissheit kommen, Eigenschaften, die bei mir nicht stark genug waren.

Als ich das erste Mal bewusst einen Weg verließ, war ich noch nicht zwanzig. Ich verließ eine Frau, mit der ich zusammen gewesen war, weil ich wusste, dass die Beziehung keine Zukunft haben würde. Später musste ich dasselbe mit anderen Beziehungen tun, und obwohl ich älter war, war es keineswegs einfacher. Einmal bedeutete der Wechsel auf den Pfad des Herzens, dass ich meinen Beruf als Physiker aufgeben musste, um Psychologe zu werden. Später musste ich dann die psychologische Methode ändern, die ich studiert hatte. Jeder Wechsel war für mich wie eine Angelegenheit auf Leben und Tod. Jedes Mal hoffte ich, dies sei das letzte Mal. Ich realisierte kaum, dass der Weg, den ich so sehr suchte, sich ständig wandelte.

Belebte Straßen

Da uns in diesem Stadium unserer Schulung anscheinend nicht nur die Disziplin des Krieges, sondern auch das Herz des Taoisten fehlt, fragen wir uns, ob es überhaupt je möglich sein wird, den Traumkörper in der realen Welt zu leben. Ist der Pfad des Herzens nur erreichbar, wenn wir allein sind, einen Meister haben oder uns in Therapie befinden? Kann er auch in der Stadt gelebt werden?

Hier sagt Don Juan zu Castaneda, dass die belebte Straße vor dem Haus, in dem sie sich aufgehalten haben, seine – Castanedas – Welt, sein »Jagdgrund« gewesen sei.[29] Da niemand den Aktivitäten der Welt entgehen kann, ändert der Krieger seine Haltung grundlegend und wendet auch die letz-

---

29 Castaneda »Reise nach Ixtlan«.

te Kleinigkeit dieser Welt nutzbringend an. Im Zen wäre dies der Zeitpunkt, an dem die zweite Schulung beginnt, nämlich dann, wenn der Mönch die Zeit im Kloster beendet hat und für diese Welt bereit ist. Es ist der Augenblick, in dem wir ein »Diplom« bekommen. Jetzt ist es Zeit, das zu leben, was wir gelernt haben. Die indianische spirituelle Tradition betrachtet diesen Zeitpunkt als den richtigen, den einzig möglichen. Alle Welten sind jetzt hier vereint. Außerhalb dieses Augenblicks gibt es weder Himmel noch Erde.

Wenn wir die Welt vom Pfad des Herzens aus sehen, erleben wir sie als genau den Ort, an dem wir jetzt sein müssen, einen Ort, den wir brauchen, um wachsen zu können. Die Welt ist schrecklich und Ehrfurcht gebietend zugleich; vom Pfad des Herzens aus betrachtet muss das, was geschieht, voll und ganz genutzt werden; es wird von der Traumzeit beherrscht. Die Welt ist nicht nur eine gewöhnliche Realität; sie ist das Universum, ein Dorf, in dem wir alle miteinander kämpfen, um unser ganzheitliches Selbst zu finden. Genau hier finden wir unsere größten Lehrer, unseren Körper, unsere Beziehungen, unsere Träume und unsere Umgebung. Wo sonst können wir zu uns selbst finden als in der Wildnis mit Pumas und Bären oder mitten in der Stadt mit Kämpfen, Drogen und den Gefahren des täglichen Lebens? Aber die Lehren der Meister sind immer irgendwie nicht ganz stimmig. Sie sprechen davon, das Nagual im Alltag zu leben, aber dann lassen sie sich doch meistens in einem Ashram oder in der Wildnis nieder. Die meisten Lehrer arbeiten nicht in der Stadt. Sie bewerben sich selten um ein politisches Amt. Vielleicht gehen wir deshalb so selten zu Wahlen.

Warum leben große Lehrer nur in unseren Träumen oder in der Abgeschiedenheit? Warum führt sie ihr Pfad des Herzens in die Berge oder in einen Ashram? Schätzen sie das alltägliche Leben zu gering ein? Oder hat es damit zu tun, dass manche Lehren sich nicht mit Beziehungen, dem Alltagsleben und der modernen Welt befassen? Vielleicht müssen wir selbst zu den neuen Lehrern werden, die ihren Platz mitten in einem Faustkampf oder in einem Krawall haben und die behaupten, dies sei der richtige Jagdgrund. Lehrer, die sagen, Kämpfe seien schlecht, Menschen sollten keine Aufstände machen, und die Stadt als solche sei irgendwie nicht in Ordnung, meinen damit vielleicht, dass sie eigentlich, genau wie wir, nicht wissen, wie sie mit der Welt, so wie sie ist, umgehen sollen.

Castanedas Lehrer versuchen, ein Gleichgewicht herzustellen zwischen den Gegensätzen des Reisens in andere Dimensionen und dem Leben auf der Straße, indem sie erklären, wie schmerzlich es ist, nach mächtigen inneren Erfahrungen nach Hause zurückkehren zu müssen. Für jemanden, der eine erschütternde innere Erfahrung gemacht hat, scheint »Zuhause« manchmal nicht mehr der richtige Ort zu sein. Alle scheinen so materialistisch zu sein. Bei Castaneda hören sich die Yaqui-Lehrer genauso an wie viele andere spirituelle Lehrer, die unser alltägliches Selbst als unerleuchtet und dumm betrachten.

Bevor wir in Kontakt mit dem Verbündeten kommen, besteht die Welt aus vorhersagbaren Ereignissen und Situationen, die schwierig und nicht zu vermeiden sind. Nachdem wir den Verbündeten und den Traumkörper wahrgenommen haben, erscheint die Welt, aus der wir kommen, begrenzt und die Menschen dort scheinen vom Leben abgeschnitten zu sein, indem wir den Verbündeten integrieren und den Doppelgänger hervorbringen, verwandeln wir uns plötzlich und unerwartet. Aber diese Veränderung hält nicht lange an. Die Neigung, dahin zurückzukehren, woher wir gekommen sind, bedeutet, dass auch wir gewöhnliche Menschen sind; denn sonst würden wir nicht immer noch vieles von dem lieben, was wir zurückgelassen haben. Einige unserer alten Gefühle sind geblieben, auch wenn wir uns mit jener Welt nicht mehr identifizieren können. Die Veränderung geschieht so rasch, dass wir kaum Zeit haben, älter zu werden, um unser altes

Selbst von ihrer schonungslosen Art transformieren zu lassen. Wir haben das Gefühl, nicht richtig gar zu sein: Ein Teil von uns folgt dem Schicksal, während der andere sich immer noch nach einem eingebildeten Goldenen Zeitalter sehnt.

Zunächst gehen wir also rückwärts, wenn wir versuchen, unser volles Selbst zu leben. Wir kehren zurück, um die Welt neu zu entdecken, und meinen anfangs, dass wir die anderen zur Erleuchtung führen müssten. Es ist ein Moment der Einsamkeit, mit alten Freunden zusammenzusitzen und zu merken, dass wir sie nicht mehr kennen. Das Problem liegt darin, dass die anderen an Dingen hängen, die wir teilweise fallen gelassen haben. Und so merken wir, wie wir still und einsam über Dinge lachen, an denen andere nicht interessiert sind.

Aber diese Einsamkeit ist ein Zeichen dafür, dass noch viel Arbeit vor uns liegt, denn plötzliche Veränderungen brauchen Jahre, um verarbeitet zu werden. Den Verbündeten zu integrieren heißt, den Doppelgänger ständig zu leben. Jung beschreibt den Schmerz und die Einsamkeit dieser Zeit folgendermaßen: »Es war ein Dämon in mir, und der war in letzter Linie ausschlaggebend. Er überflügelte mich, und wenn ich rücksichtslos war, so darum, weil ich vom Dämon gedrängt wurde. Ich konnte mich nie aufhalten beim einmal Erreichten. Ich musste weitereilen, um meine Vision einzuhalten. Da meine Zeitgenossen begreiflicherweise meine Vision nicht wahrnehmen konnten, so sahen sie nur einen sinnlos Davonlaufenden«.[30]

Noch schmerzlicher ist es jedoch, dass wir uns in solchen Zeiten selbst nicht verstehen können. Wir sind zwanghaft, getrieben, irritiert durch die anderen und immer einsam und ungeduldig. Die Verrücktheit des Verbündeten ist immer noch gegenwärtig und zwingt uns, seine Botschaft zu leben und auszudrücken. Das Auto vor uns ist uns dauernd im Weg. Warum müssen wir so lange warten, um den Überblick zu

---

30 Jung »Erinnerungen, Träume, Gedanken«, S. 358.

gewinnen, den wir brauchen, um unser unmögliches Selbst in der Welt zu unterstützen?

Jung beschreibt, wie der Verbündete ihn von den anderen trennt: »Ich weiß Dinge und muss sie andeuten, von denen die anderen anscheinend nichts wissen und meistens auch gar nichts wissen wollen. Einsamkeit entsteht nicht dadurch, dass man keine Menschen um sich hat, sondern vielmehr dadurch, dass man ihnen die Dinge, die einem wichtig erscheinen, nicht mitteilen kann oder dass man Gedanken für gültig ansieht, die den anderen als unwahrscheinlich gelten … Wenn ein Mensch mehr weiß als andere, wird er einsam«.[31] Wenn wir unseren Traumkörper besser wahrnehmen können, erscheinen uns gewöhnliche Menschen wie Phantome. Es ist nicht möglich, unsere Vorstellungen und Aktivitäten mit anderen zu teilen, denn für die Kultur, in der wir leben, scheinen sie unzulässige sekundäre Prozesse, »Schatten der Stadt« zu sein. Deshalb sucht ein Nagual das andere, um sich mit ihm eins zu fühlen. Wir suchen keine gewöhnliche Beziehung mehr, sondern eine, die vom Pfad des Herzens ausgewählt oder offenbart wurde.

Wahrscheinlich gibt es heute mehr Unterstützung und einfühlsames Verständnis für die Visionen von Verbündeten und für die schamanische Schulung als in früheren Zeiten. Wer weiß? Jedenfalls leben wir am Beginn eines neuen Zeitalters, in einer Zeit, in der die Demokratie um ihre Wiedergeburt kämpft und in der alternatives und schamanisches Denken beinahe zum allgemeinen Gedankengut gehören. Dennoch wird man sich nie darüber einig werden, wie man den Doppelgänger im Alltag leben kann. Für diejenigen, die den Pfad des Herzens gehen, wird ihre Existenz sich immer am Rande dessen abspielen, was die anderen Leben nennen.

Wie Jung schrieb, wird der Schmerz der Einsamkeit ausgeglichen durch die magische Erfahrung des Doppelgängers,

---

31 ebenda

des Lebens mit einem »Geheimnis, der Ahnung von etwas nicht Wissbarem. Es erfüllt das Leben mit etwas Unpersönlichem, einem Numinosum. Wer das nie erfahren hat, hat Wichtiges verpasst. Der Mensch muss spüren, dass er in einer Welt lebt, die in einer gewissen Hinsicht geheimnisvoll ist, dass in ihr Dinge geschehen und erfahren werden können, die unerklärbar bleiben, und nicht nur solche, die sich innerhalb der Erwartung ereignen. Das Unerwartete und das Unerhörte gehören in diese Welt. Nur dann ist das Leben ganz. Für mich war die Welt von Anfang an unendlich groß und unfasslich.«[32]

Was mag Jungs Geheimnis gewesen sein? Manche schlossen auf außereheliche Beziehungen. Jungs politische Ansichten waren naiv, sogar unmöglich. Obwohl er rundherum angesehen war, war er auch bei vielen unbeliebt; vielleicht wurde er auch von vielen seiner Zeitgenossen missverstanden. Manche sahen in ihm einen Mystiker, andere einen Verrückten. Don Juan war sich im Klaren darüber, wie die Kultur den Schamanen missversteht. Er sagte, dass ein Mann des Wissens seine persönliche Geschichte auslöschen sollte, damit die Gedanken der anderen ihn nicht umbringen können.

Vielleicht können wir niemals mehr ganz in die Stadt und zu den Menschen zurückkehren, die wir geliebt haben, denn wir können nichts mehr zu den alten Glaubenssystemen, ihren kulturellen Regeln und ihrem Aberglauben beitragen, ohne uns selbst zu verleugnen. Die Wahrnehmung unseres Körpers und der Traumzeit hindert uns daran, im einundzwanzigsten Jahrhundert anzukommen. Unser Geist vermittelt uns ein unbehagliches Gefühl, wenn wir uns verhalten wie die anderen. Wir versuchen die Tätigkeiten des Alltags auszuführen, aber etwas in uns ist traurig und sucht das geheimnisvolle Etwas, das das Leben lebenswert macht. Wir

---

32 ebenda

beklagen das, was wir verloren haben, weil der neue Boden noch nicht trägt. Es kann sogar sein, dass wir träumen, alle, die uns geliebt haben, seien gestorben, während unser Geist sich heimwehkrank in einer Regression befindet. In diesem Stadium der Ausbildung Castanedas scheinen seine Entwicklung und die Welt unvereinbar zu sein. Seine innere Arbeit bleibt von der Außenwelt getrennt. Schamanisches Lernen muss sich vor allem damit befassen, was geschieht, wenn wir in die Stadt zurückkommen, und damit, wie die Leute reagieren und wie wir mit ihnen umgehen. Die Wechselwirkung mit der Welt ist eine neue Phase des Schamanismus, die wir alle gemeinsam entwickeln müssen.

Übungen

1. *Beschreibe deinen momentanen Weg im Leben. Spüre ihn. Schenkt er dir Freude oder schwächt er dich? Welcher Teil erschöpft oder langweilt dich? Stelle fest, wo du lebst. Ist das der richtige Ort? Wenn möglich, stelle dir vor, dass du den gegenwärtigen Weg brauchst, um weiter zu wachsen. Streng dich dabei nicht an; sieh nur, ob das Wachsen leicht erscheint.*

2. *Lass den Pfad ohne Herz fallen. Wenn du auf deinem Weg glücklich bist, ist es der Pfad des Herzens; andernfalls ist er es nicht. Wenn es nicht der richtige Weg ist oder wenn du Hilfe brauchst, um Teile des jetzigen Weges zu verlassen, die nicht richtig sind für dich, dann beachte Folgendes:*
   Stell dir vor, du seist sehr alt, weise und voller Herzenswärme. Nun steh dir selbst beratend zur Seite in dem, was deinen Weg betrifft. Bist du zu aktiv in einem Bereich, so dass ein anderer zu kurz kommt? Stell dir einen Weg mit

*Herz vor und spüre ihn, sodass du deinen bisherigen Weg,
der vielleicht kein Herz hat, verlassen kannst.*

*Ein paar innere Figuren könnten dem Pfad mit Herz Wi-
derstand leisten. Wenn du selbst eine von ihnen bist, geh
zu deiner persönlichen Geschichte zurück und stelle fest,
welche Veränderung deiner Identität nötig ist, damit du
den Pfad des Herzens leben kannst. Auch draußen wehren sich Menschen dagegen, dass du auf einen Weg mit
Herz überwechselst. Stelle sie dir jetzt vor. Stelle dir Veränderungen in ihrer Welt vor, die sich ereignen würden,
wenn du dich veränderst. Welche Bedeutung könnte dein
neuer Weg für andere haben? Stell dir diese Menschen
vor und diskutiere mit ihnen in deiner Vorstellung.*

3. *Begib dich nun auf den Pfad des Herzens. Gib wenigstens
für einen Augenblick vor, dass du frei, alt und losgelöst
bist, und folge bescheiden dem, was das Leben von dir
verlangt. Tu so, als hättest du den Mut, dich zu verändern
und es auch in die Tat umzusetzen. Stell dir vor, auf dem
Weg des Herzens zu sein. Erzähle einer Freundin oder
einem Freund von diesem Weg, und wie du dort hinge-
kommen bist.*

II. Teil
Träumen in der Stadt

11.
TOD ODER ZAUBEREI

Der Körper will träumen. Er muss Stress vermindern, aber auch Beschwerden erzeugen. Er möchte an der Grenze zum Unbekannten leben und wird schwach, wenn er nur beschützt wird oder einfach nur »gesund« ist. Der Traumkörper braucht mehr als Wohlbefinden; er braucht Herausforderung, Risiko, persönliche Macht und Freiheit. Ja, er muss sogar die Gefahr suchen, um er selbst werden zu können. Der Traumkörper wird niemals nur durch gesunde Lebensführung heil werden, denn er braucht das Unheimliche durch Träumen im Grenzbereich. Don Juan drückt es dramatisch aus, wenn er sagt, der Körper suche das Grauen und die Dunkelheit, da er durch diese Elemente persönliche Macht gewinne.«

Unser Körper befindet sich auf einer schöpferischen Reise. In unseren Fantasien, in Träumen und in der Wirklichkeit kehren wir immer wieder zu magischen Orten, Augenblicken und Lehrern zurück, die uns Zugang zur Macht verschafft haben. Wir erinnern uns an Probleme und Verletzungen und experimentieren im Traum mit der Ekstase, nicht nur, um Knoten unserer persönlichen Entwicklung zu lösen, sondern auch, um nach schwieriger werdenden Aufgaben und Erfahrungen Ausschau zu halten. Die Fähigkeit, wir selbst zu sein, erfordert mehr als Selbsterkenntnis; sie ist eine Sache von Liebe und Kampf, von Fehlschlägen und Sich-wieder-Aufrichten.

So kehren wir nach mächtigen inneren Erfahrungen nach Hause zurück, nicht nur aus Sentimentalität, sondern weil dieses alltägliche Leben eine Wildnis ist, genauso wie der dunkle Wald. Heute muss der Schamanismus sich mit einer brennenden Welt befassen, mit einem riesenhaften heißen Gewächshaus, unruhigen Demokratien und unmöglichen Beziehungen. Diese Welt ist Teil unseres Pfades mit Herz, und wir alle streben nach Transformation. Die Rückkehr zur alltäglichen Welt verbindet uns nicht nur wieder mit dem, was wir zurückgelassen haben, sondern sie erinnert uns auch an das, was langweilig und schmerzhaft war, und wirft uns in einen Konflikt auf Leben und Tod: in der Stadt mit dem Nagual zu leben.

Unser Zuhause fordert uns dazu heraus, unsere Visionen im alltäglichen Leben zu verwirklichen. Da unsere Erfahrungen uns jedoch in Konflikt mit dem Leben der anderen bringen könnten, müssen sich alle verändern. Dadurch, dass wir uns verändern, werden wir umgekehrt auch den Schamanismus verwandeln, denn sein bisheriger Rahmen existiert nicht mehr. Ihn zu vergessen, brächte uns auch nicht weiter, da die Psychologie und Medizin ohne ihre alte Schwester eindimensional würden. Der Schamanismus wird deshalb bei der Umgestaltung der helfenden Berufe eine wichtige Rolle zu spielen haben.

Therapie und Zauberei

Mit der Herausforderung des Schamanismus im Hintergrund wird die Psychotherapie mehr Gemeinschaftssinn, Herzenswärme und magische Elemente entwickeln. Der Zauberer konzentriert sich auf die Lebensqualität und improvisiert ununterbrochen. Die Welt des Zauberers ist Verrücktheit und Magie, während die Psychotherapie höchstens versucht, unsere Dämonen zu zähmen und so weit zu deuten, bis wir wieder zu den anderen passen.

Gegenwärtig sieht es so aus, als sei die Psychotherapie entwickelt worden, um die Weltanschauung der Mittelklasse aufrechtzuerhalten. Sie ist nur für jene erschwinglich, die genug Geld, Zeit und Sicherheit haben, um sich nach innen zu wenden. Sie öffnet das Tor zu anderen Welten, nimmt wahr und erklärt, was sich auf der anderen Seite befindet, um dann das Tor wieder zu schließen. Die Psychotherapie ergreift das Leben der Durchschnittsperson und konzentriert sich darauf, es sicherer zu machen. Lass deine Süchte, missbrauche niemanden, stärke dein Selbstvertrauen, sei im Bild über deine Anima oder deinen Animus, hüte dich vor Schwierigkeiten mit deinen Klienten, sei nicht co-abhängig, benimm dich wie andere und wähle einen Partner des anderen Geschlechts.

Die etwas abenteuerlicheren Methoden schnuppern am Tor zur anderen Welt oder gehen auch für kurze Zeit hindurch, empfehlen aber Übereinstimmung mit der anerkannten Realität der Weißen als Maß dafür, was gut ist. Betrachte die Träume, fühle und verstehe den Körper und finde das, was gefühlsmäßig in deinen Beziehungen fehlt, dann müsste die Welt wieder in Ordnung kommen. Sie kommt aber nicht in Ordnung. Es fehlt etwas Bedeutendes. Es wird kein Jazz gespielt, alles ist farblos, und es passiert nichts Interessantes in der Gemeinschaft.

Durch die Zauberei wird die Arbeit um eine neue Dimension erweitert. Wie der Therapeut öffnet auch der Zauberer das Tor zur anderen Welt, aber anders als jener folgt er seinem Verbündeten und geht weiter. Das Leben eines Zauberers ist nicht vollständig, bevor er nicht das Tor zum Unbekannten durchschritten hat und immer weiter geht, bis die Wand zwischen den Welten verschwindet. Die Welt des Zauberers hat keine Türen, wenig Grenzen und keine Gegensätze. Er tanzt bis zur Erschöpfung, so lange, bis er den Sinn gefunden hat. Er

»integriert« die Teile seines Unbewussten nicht und untersucht sich auch nicht selbst; er folgt einfach seinem Körper.

Es ist eine Frage der Zeit, ob jemand ein Durchschnittsmensch, ein Zauberer, Krieger, Jäger oder Therapeut ist. Jeder ist ein Aspekt des anderen. Wenn wir Zauberer sind, ist das Leben Kunst, Dichtung und Verrücktheit. Wir folgen einem Drehbuch, das während der Handlung geschrieben wird. Wenn wir Therapeuten sind, studieren wir das Drehbuch und die Schauspieler und fragen uns, was das wohl alles für die Zukunft bedeutet.

Der Schamanismus fügt der persönlichen Transformation Würze hinzu, genauso, wie die Psychotherapie modernen Schamanen eine Möglichkeit gibt, ihren Lebensunterhalt zu verdienen. Der Therapeut achtet auf das Verdrängte und Vergessene, der Zauberer auf das Lächerliche. Der Zauberer stürzt sich voller Begeisterung in Schwierigkeiten, weil er das Absurde liebt. Er nährt den Dieb, den Lügner und den Verrückten.

Während Wahnsinn das Schattenproblem der Psychotherapeuten ist, die sich vor Geisteskrankheit fürchten, unterstützt der Kriegerschamane das Unheimliche. Für ihn ist Verrücktheit eine Gabe, die wir entwickeln müssen, ein Auftauchen des Geistes. So wie der Tod der Ratgeber des Kriegers ist, sollte Verrücktheit die Ratgeberin des Therapeuten sein.

Viele Therapien wurden für die Arbeit mit Menschen der Mittelklasse entwickelt. Sie unterstützen die als Norm geltenden Werte herrschender Kulturen: Familie, Arbeit, Erziehung, Wissen, körperliche und geistige Gesundheit und das alltägliche Leben. Sie legen großen Wert auf Einsicht und persönliches Wachstum, auf Leben und Glücklichsein, scheinen aber Voreingenommenheit, wirtschaftliche Unterschiede und gewalttätige Rassenkonflikte nicht zu beachten.

Anders der Zauberer, der bis vor Kurzem nicht einmal die Mittelklasse erreichte. Er befasst sich mit Leben und Tod, mit Voodoo und mit der Liebe. Er macht sich Sorgen um die

Erhaltung seiner Gemeinschaft und kümmert sich um sie, indem er mit Geistern in der Luft Kontakt aufnimmt. Wenn das unausgesprochene Ziel der Psychotherapie das Leben des Individuums ist, so gehören der Tod, das Geheimnis der Dunkelheit und die Erneuerung der Gemeinschaft zum Reich des Zauberers.

Der Tod

Wenn ein Mensch hirntot ist, wird er im Westen für tot erklärt. Das war's dann – er kommt aufs Abstellgleis. Wenn wir vor unserem Tod in ein Koma fallen, werden die Menschen zwar nett zu uns sein, denken aber in Wirklichkeit, wir seien gar nicht mehr anwesend. Diejenigen, die noch nie mit Menschen im Koma oder mit dem Tibetanischen oder Ägyptischen Totenbuch gearbeitet haben, meinen, wir existierten im Koma nicht. Wenn wir nur noch vegetativ funktionieren und nicht mehr sprechen könnten, hätten wir keine Persönlichkeit mehr. Wohin, meinen sie wohl, seien wir gegangen?

Unserer Welt des 21. Jahrhunderts sind introvertierte Menschen und fantasievolle Zustände so unangenehm, dass wir uns sogar schuldig fühlen können, wenn unsere Zeit zu sterben gekommen ist. Die Botschaft der anderen an uns ist: »Du kannst tun, was du willst, aber sei um Himmelswillen kein Verlierer und stirb ja nicht!«

Deshalb fühlen wir uns elend, wenn wir krank werden. Nicht weil wir krank sind, sondern weil wir das Gefühl haben, Verlierer zu sein. Alle gehen mit uns um, als hätten wir keinen Traumkörper. Keiner hört auf unsere Träume. Und doch sind die meisten Menschen sehr beschäftigt damit, am Rande des Todes zu leben. Alle, mit denen ich gearbeitet habe, denken über das nach, was Elisabeth Kübler-Ross vor Jahren gesagt hat, nämlich, dass Menschen in Todesnähe sich auf Lernen und auf Liebe ausrichten. Warum nicht? Die Tatsache, dass jemand 95 Jahre alt ist, bedeutet nicht, dass er nicht eine »Affäre« haben könnte. Und tatsächlich haben Menschen Affären in ihren »letzten« Traumkörpererfahrungen. Ich bin sicher, dass Seminare für sogenannte Sterbende über Schamanismus, Beziehungen und Träume zum Allgemeingut gehören werden, wenn sich dieses Wissen einmal verbreitet haben wird.

Während alle anderen dem Tod davonlaufen, versenkt der Schamane sich in ihn, um das Leben vollständiger leben zu können. Die Psychotherapeuten fühlen sich verpflichtet, das Bewusstsein aufrechtzuerhalten, um pathologische Abweichungen einordnen und ausrotten zu können. Der Zauberer aber respektiert den Tod genauso wie der Buddhist, der über seinen Tod meditiert und so zur Erleuchtung kommt.

Der Schamane in uns lebt täglich mit der Wahrnehmung des Todes, während unser alltägliches Selbst gegen den deprimierenden Gedanken ankämpft, dass das Leben bald vorbei sein wird. Es ist wohl so, wie die Schamanen sagen: »Nur das Bewusstsein des bevorstehenden Todes befreit uns von unserem momentanen Verhaftetsein, unseren Ängsten und unserem Interesse an festgelegten Programmen. So begrüßt der Zauberer den Tod als das Ende eines Lebensstiles, der ohnehin schon lange keinen Schwung mehr hatte. Der Schamane findet im Tod weder Tragik noch Versagen, sondern Transformation und Ekstase.

Kontrolliertes Loslassen

Wenn die Beziehung zwischen Psychologie und Schamanismus gut ist, werden beide sich gegenseitig unterstützen. Auch der Zauberer ist nicht vollkommen, und selbst der ideale Schamane muss noch weitere Bereiche der Welt meistern.

Wir brauchen Lehrer, die uns zeigen, wie wir den Pfad des Herzens gehen und dem Verbündeten in der Stadt und in Beziehungen begegnen können. Der Schamane weiß, dass der Verbündete nicht nur ein Geist ist, der ihn in der Wildnis verfolgt. Wenn wir uns aber vom Verbündeten in der Wildnis zum Einbrecher an der Eingangstür begeben sollen, müssen wir das erst überdenken.

Die Psychotherapie muss vieles vom Schamanismus lernen, besonders im Bereich der zweiten Aufmerksamkeit. Das ist die Fähigkeit, die wir brauchen, um bei Erfahrungen, die wir normalerweise nicht beachten, zu bleiben und uns auf sie zu konzentrieren. Jede Therapie, die sich mit dem Unbewussten befasst, wirkt hier infantil, verglichen mit dem Yaqui-Weg des Wissens.

Um die zweite Aufmerksamkeit zu entwickeln, müssen wir uns über einen längeren Zeitraum auf subtile Signale konzentrieren, während wir gleichzeitig den Zugang zur normalen Realität aufrechterhalten. Dies bedeutet Loslassen und Kontrolle: Wir lassen unsere Identität los und kontrollieren die Evolution von Prozessen, indem wir ihnen aufmerksam folgen. Je mehr wir diese Zustände erleben und über sie wissen, umso mehr Kontrolle haben wir, wenn wir uns in ihnen befinden.

Kontrolliertes Loslassen ist ein nützliches Konzept, um mit veränderten Bewusstseinszuständen arbeiten zu können. Therapeuten, die Menschen in Todesnähe oder im Koma beistehen oder ihnen helfen, ihr ganzheitliches Selbst zu entwickeln, werden die Sichtweise des Schamanen brauchen. Wir können mit Träumen, Körpererfahrungen, Beziehungen, Bewegungen, der Welt oder mit dem inneren Dialog beginnen. Wir stellen fest, was geschieht, behalten die Kontrolle über unsere Wahrnehmung und lassen los.

Manche Kulturen lehren die zweite Aufmerksamkeit mehr als andere. Viele unserer japanischen Studenten waren sehr geübt im kontrollierten Loslassen. Amy und ich arbeiteten in

Tokio mit einem Arzt, der fasziniert war von einem Traum, den er in Zusammenhang mit Alter und Tod brachte. In diesem Traum war ein lebendiges Tier von einem anderen ganz langsam aufgefressen worden. Mitten in einem Seminar erzählte er seinen Traum und fragte, was er zu bedeuten habe. Wir standen alle im Kreis um ihn herum. »Werde ich sterben?«, fragte er. Ich wusste es nicht, aber ich sagte, dass sein eigener Prozess den Traum interpretieren würde. Ich dachte, wenn der Geist den Traum erschaffen hat, muss er ihn auch deuten können. Wir einigten uns, unsere zweite Aufmerksamkeit auf den auftauchenden Traumprozess anzuwenden.

Wir standen uns gegenüber. Sein Gesicht war angespannt und er klagte plötzlich über sein rasch und unregelmäßig klopfendes Herz. Schwitzend und verwirrt fragte er mich, was er tun solle. Ich erwiderte, dieser Prozess würde uns den Weg zeigen, da sein Herzschlag seine Aufmerksamkeit erreicht hätte. »Lassen Sie uns das kontrollierte Loslassen anwenden und dem unregelmäßigen Herzschlag folgen«. Zögernd versuchte er, im Rhythmus seines Herzschlags durch den Raum zu gehen. Er stampfte, als sei er selbst ein schlagendes Herz und verkündete laut und deutlich seine Entdeckung: »Ich bin beim Militär«. Ich fragte ihn, ob das Militär sich mit etwas Bestimmtem im Krieg befinde. Mit der machtvollen Stimme eines Generals donnerte er: »Das Militär befindet sich im Krieg mit der Verantwortlichkeit! Es hasst Verantwortung und lehnt es ab, lebendig von ihr gefressen zu werden! Es ist im Krieg mit der Verantwortung!« Diese Einsicht brachte eine erstaunliche Wirkung zustande. Er hüpfte vor Freude, verließ den Kreis der Teilnehmer und setzte sich hin. Wir klatschten vor Begeisterung, aber ich glaube, dass in Wirklichkeit keiner von uns wusste, weshalb wir klatschten. Es dauerte ungefähr fünfzehn Minuten, bis wir ihn mit seiner spontanen Erleuchtung eingeholt hatten.

Seine zweite Aufmerksamkeit hatte diesem Arzt seinen Traum erklärt. Er wurde bei lebendigem Leib von der Verantwortung aufgefressen, denn er folgte seinem Herzen nicht. Sein Herz war zum Krieger geworden und zeigte ihm, wie er auf ein Leben ohne Freiheit reagieren musste. Seine Fähigkeit, loszulassen und dem Fluss der Träume zu folgen, faszinierte mich.

Um Träume verstehen zu können, brauchen wir das kontrollierte Loslassen des Schamanen, sodass der Fluss der Träume sich selbst erklären kann. Der Zauberer in uns sucht Kontakt mit dem Ehrfurchtgebietenden und Numinosen und nicht mit dem rationalen Verstehen. Der Kontakt selbst führt zu dem, was im Zen »Satori« genannt wird – einem plötzlichen Erwachen aus der unmittelbaren Erfahrung heraus.

Der Schamane hat gewisse Eigenschaften mit dem Zenmeister und dem taoistischen Priester gemeinsam; diese Eigenschaften brauchen wir, wenn wir an uns selbst arbeiten wollen. Der Erfolg von Therapie und Selbst-Transformation hängt nicht davon ab, was wir tun, sondern wie wir etwas tun. Konzepte wie die der zweiten Aufmerksamkeit und des kontrollierten Loslassens stammen aus dem Kontext des verrückten Weisheitslehrers, aus dem Teil in uns, der offen ist für die Natur, der nirgendwohin gehen muss und nur den Strömen und Impulsen des Augenblicks folgt. Unsere Haltung bei der Arbeit mit uns selbst und anderen erfordert genauso viel Aufmerksamkeit wie ein Problem im Grenzbereich des Todes. Die Interpretation von Träumen ist auf jeden Fall interessant für unseren Geist; sie fördert unser Verständnis und bereichert unser normales Dasein; doch wird sie nicht notwendigerweise unseren Körper erwecken. Wenn wir die Traumarbeit mit dem Schamanismus verbinden, werden Träume zu Einladungen für veränderte Bewusstseinszustände. Wenn wir dann noch die Psychologie mit dem Schamanismus verbinden, können wir trommeln, um in Trancezustände zu fallen, finden beim Träumen verlorene Seelen in anderen Welten und entdecken, dass genau diese Zustände aus unseren eigenen Doppelsignalen verstohlen hervorschauen.

Der Partner als Nagual

Wie wirkt Schamanismus in Beziehungen? Da jeder Heiler anders ist, kann diese Frage nie beantwortet werden. Das Ziel des Schamanen ist jedoch, durch veränderte Bewusstseinszustände zu reisen, um Lösungen zu finden. Das führt zur Erkenntnis, dass wir niemals vollständig wissen, wer wir sind und mit wem wir leben. Was sich ergibt, wenn zwei Menschen gemeinsam ihren Traumkörper leben, ist noch schwieriger zu beschreiben, als wenn ein Mensch ihn alleine lebt.

Wenn wir und unsere Partner die zweite Aufmerksamkeit gleichzeitig anwenden, halten wir die Welt an und verändern sie. Wir könnten uns in wilde Tiere oder in vornehme königliche Persönlichkeiten, in Liebende oder in Kämpfende verwandeln, entsprechend unserem jeweiligen Prozess. Zentralamerikanische Schamanen würden uns dann vielleicht als »Nagualfrau« oder »Nagualmann« bezeichnen.

Das erinnert mich an ein Paar, mit dem Amy und ich gearbeitet haben. Jan ärgerte sich über Donald, weil er ständig über andere Frauen sprach. Sie sagte, dass er immer, wenn sie spazieren gingen, mit vorübergehenden Frauen flirtete. Donald gab zu, dass auch er über sein eigenes Verhalten aufgebracht sei. Amy drehte die ganze Geschichte herum. Sie ließ beide ihre zweite Aufmerksamkeit auf das Unbekannte, den Geist zwischen ihnen, richten. Amy erklärte, dass die Frau, über die Donald jeweils sprach, ein sekundärer Prozess, eine Verbündete sei, die ständig die Beziehung störe.

Die beiden verstanden das nicht so richtig, weshalb ich sie ermutigte, ihre zweite Aufmerksamkeit und das kontrollierte Loslassen anzuwenden und sich die Frau vorzustellen. Sie konzentrierten sich auf sie, und Donald fand heraus, was ihn faszinierte. »Oh«, sagte er, »sie ist so romantisch«. Bevor Jan reagieren konnte, gab Amy Donald zu verstehen, er solle das kontrollierte Loslassen anwenden und selbst zu dieser Frau werden. Zur Überraschung aller wurde Donald tatsächlich das, was er sich unter der anderen Frau vorgestellt hatte. Er sprach und bewegte sich in leidenschaftlicher und romantischer Weise. Das war genau das, was die beiden brauchten. Jan war so begeistert von diesem neuen Verhalten, dass sie Donald umarmte und sagte, ein romantischer Ehemann sei genau das, was sie sich wünschte. Die »andere Frau« war die Verbündete dieses Paares, eine lästige Figur, die beide störte. Sie war die Vorbotin von Donalds Doppelsignalen und der größten Hoffnung seiner Frau.

Der Verbündete ist also ein gemeinsames Phänomen, das jeder braucht. Um aber diese Dimension einer Beziehung zu erreichen, müssen wir und unsere Freunde zu Nagual-Menschen werden und den Geist annehmen, indem wir unsere zweite Aufmerksamkeit und das kontrollierte Loslassen anwenden.

Der Schamanismus bereichert nicht nur die Beziehung, er ist die Beziehung. Gemeinsames Träumen ist eine Grunderfahrung, die Menschen miteinander verbindet; es war zentral unter den Stammeskulturen. Wenn es fehlt, sind Beziehungen vielleicht liebevoll, leidenschaftlich, vertrauensvoll oder schwierig, aber sicher nicht faszinierend. Gemeinsam bringen wir Welten in Schwung, was wir allein nicht schaffen würden.

Anwalt des Absurden

Mehr als alles andere ist der Zauberer der bedeutendste Aspekt der Selbst-Transformation. Mit ein wenig Überredungskunst kann er den Psychotherapeuten lehren, Freude am Beruf zu haben, indem er zum Anwalt des Absurden wird. Er dreht die Dinge um und verwandelt schwierige Ereignisse in Spaß.

Wir alle spüren fremdartige kleine Symptome und manchmal auch lebensbedrohliche Probleme in unserem Körper. Während der Therapeut in uns versucht, diese Probleme zu heilen, hält der Zauberer in uns Ausschau nach den eigentlichen Realitäten, nach der Welt, in der Symptome überleben.

Das erinnert mich an Karen, eine Frau, mit der ich im letzten Stadium ihrer Krebserkrankung gearbeitet habe. Ein paar Wochen, bevor sie starb, saß sie eines Tages in ihrem Rollstuhl und konnte kaum sprechen. Ihre Schmerzen waren heftig und kräftezehrend, und sie war zu schwach, um zu gehen. Aber wenn sie hustete oder zu sprechen versuchte, konnte man ein ganz leichtes Lächeln in ihren Mundwinkeln sehen. Ich fragte sie nach dem, was meiner Ansicht nach ein Lächeln war, und sie versicherte mir, dass sie ohne jeden Grund lächle. »Ich habe alle möglichen Behandlungen durchgemacht«, sagte sie, »und lehne jegliche weitere Hilfe ab. Ich befinde mich im Vorstadium des Sterbens«. Sie lächelte noch ein bisschen mehr.

Ich wandte meine zweite Aufmerksamkeit an, um mich auf das scheinbar irrationale Signal zu konzentrieren. »Ich mag dein Lächeln«, sagte ich. »Es gibt mir das Gefühl, dass du schon gestorben bist«. Aber ich lag falsch; sie identifizierte sich nicht mit diesem Signal. Tatsächlich wurde sie ernsthafter und sagte, sie sei nicht glücklich. »Ich möchte aber glücklich sein, bevor ich sterbe«, sagte sie. »Deshalb bin ich hier«.

Statt darauf zu beharren, dass sie ernsthaft sein und ihrem Tod ins Gesicht sehen müsse, entschied ich mich für einen anderen Weg. »Andere könnten merken, dass du bereits glücklich bist, und sich wundern, dass du zu einem solchen Zeitpunkt lachen kannst. Woher kommt dein Sinn für Humor?«, fragte ich.

Karen schaute mich verwirrt an. »Hmmm, ja... warum sollte ich unglücklich sein?«, fragte sie mich und lächelte wieder. »Ich freue mich auf das Sterben«. Ich musste dieses kleine Lächeln unbedingt ermutigen. »Ich sehe, dass du bereits einen großen Schlüssel zum Leben gefunden hast: zu lächeln und es dir gutgehen zu lassen.«

Das muss sie stark berührt haben, denn sie sah mich mit Tränen in den Augen an. »Du bringst mich dazu, dass ich vor Freude weine«, sagte sie. »Du siehst etwas in mir, was sonst niemand sieht«.

Dann erklärte sie mir, dass dies ihre zweite Krebserkrankung sei. Sie habe zu lange gewartet, bevor sie zum Chirurgen gegangen sei, weil sie eine Abneigung gegen konventionelle medizinische Institutionen hatte. Schließlich habe sie sich doch entschlossen, eine massive Behandlung gegen den Krebs durchführen zu lassen, aber da sei es zu spät gewesen. Sie sagte, dass jeder sie wegen ihrer Nachlässigkeit kritisiert habe.

Ich sah sie an und sagte: »Sie haben nicht verstanden, dass du dein Leben aufs Spiel gesetzt hast, um einen alternativen Weg zu gehen. Und sie konnten nicht sehen, dass der Tod in gewisser Weise ein Freund ist«.

Sie stimmte mir zu. »Ja«, sagte sie lebhaft, »der Tod könnte mir die Schmerzen nehmen, und er könnte mir helfen, meinen Geist zu befreien«.

Ich fragte sie, wohin ihr Geist gehen würde, wenn er einmal frei wäre. Karen dachte eine Sekunde nach und sagte, »Er würde Spaß haben! Weißt du«, bekannte sie, »ich will eigentlich gar nicht gesund werden. Ich würde zu viele Probleme haben; sie haben mich krank und müde gemacht«.

»Großartig«, sagte ich, »lass uns einfach all deinen Problemen gegenüber sterben«. Ich hatte Schuldgefühle, mich zu einem solchen Zeitpunkt wohlzufühlen, aber ich dachte an meine schamanischen Lehrer aus Afrika. Mir schien, als seien ihre Liebe zum Unfassbaren, ihre zweite Aufmerksamkeit und ihre Hingabe anwesend, um Karen und mir dabei zu helfen, unsere persönliche Geschichte und unsere Ernsthaftigkeit gegenüber dem Sterben fallen zu lassen.

Obwohl Karen sich im Rollstuhl befand, schlug ich vor, mit Bewegungen zu arbeiten. Ich wies sie an, allem zu folgen, was auch immer sich ereignen würde. Sie stimmte zu und versuchte zu stehen, obwohl sie sich nach vorne beugen musste, da der Tumor in ihrer Wirbelsäule es ihr unmöglich machte, aufrecht zu stehen. Ich bat sie, sich vorurteilslos auf ihre gebeugte Haltung zu konzentrieren, um herauszufinden, wie es sich anfühlte, in gebeugter Position zu stehen. Sie meinte, ihre Haltung mache ihr den Eindruck, ein Affe zu sein – ein Affe zu Beginn eines Wettlaufs. Wohin das Wettrennen gehen sollte, wollte ich wissen. Sie lachte schallend und sagte, es gehe nirgendwohin, sie sei einfach ein Affe, der es sich gut gehen ließe.

Dieser Affe war ihr Verbündeter, ihre Gangart der Kraft, ihr Doppelgänger. »Dein Körper unterstützt deine Natur und zeigt dir, wie du Blödsinn machen und ein Wettrennen beginnen kannst, ohne darüber nachzudenken, wie es zu Ende gehen soll«. Sie weinte vor Glück und rief aus, das Leben sei wahrhaftig absurd. Sie sei so ernsthaft gewesen und habe immer von sich verlangt, alles zu Ende zu bringen, was sie begonnen habe. Lachend sagte sie, dass unsere Arbeit, kaum dass wir mit ihr begonnen hätten, auch schon beendet sei. Das war ihr letzter Tanz, ihre Art, alle, die dabei waren, zu lehren, dass allein die Freude am Wettrennen, der Prozess der Transformation, das Wesentliche überhaupt ist. Es ist nicht wichtig, ob wir etwas zu Ende führen; wesentlich ist, dass wir den Anfang finden.

Übungen

1. *Denke an ein Beziehungsproblem, das du in letzter Zeit gehabt hast. Welcher Teil von dir wird von der anderen Person kritisiert? Versuche, wieder in diese Beziehung hineinzugehen; dieses Mal solltest du aber etwas Absurdes tun. Experimentiere mit deiner zweiten Aufmerksamkeit. Werde zu dem Teil oder der Charaktereigenschaft, die der andere kritisiert. Lass deine persönliche Geschichte los und experimentiere damit, Spaß dabei zu haben. Nun gebrauche diesen kritischen Teil von dir unabhängig von deiner Beziehung. Benutze ihn praktisch, für dich selbst und für die anderen. Dein Partner muss einen Verbündeten gesehen haben, der weit weg war von deinem Bewusstsein.*

2. *Stelle dir einen Moment lang vor, du dürftest verrückt werden. Nimm wahr, wie du dich fühlst. Wie siehst du aus? Nun stell dir vor, dass du diese Verrücktheit in deine Beziehung einbringst. Versuche nicht nur, sie in Ordnung zu bringen, sondern rühre auch ein paar Probleme auf. Tue etwas Eindrückliches, und warte nicht, bis das Leben mit dir etwas tut.*

12.

ZUSAMMEN TRÄUMEN

Wenn wir uns und unsere Freunde als Krieger in einem schamanischen Clan betrachten, ist jeder von uns ein Lehrer für
die anderen und unsere Gruppe ist das Nagual. Dies ist eine
Möglichkeit, schamanische Lehren in das Gruppenleben zu
integrieren.

Denken wir an Castaneda. An einem Punkt seiner Lehrzeit
erzählt er die Geschichte, wie er von einem anderen Lehrling,
einer Frau, mit der er geflirtet hatte, herausgefordert wird. Als
die beiden sich ihrem Bett nähern, dreht sie sich um, und um
ein Haar tötet sie den ahnungslosen Lehrling. Sie sprengt ihn
aus seiner Unbewusstheit heraus und erweckt ihn zum luziden Träumen. Tatsächlich sind alle Kollegen Castanedas zeitweise Ehrfurcht gebietende und würdige Gegner füreinander,
indem sie sich gegenseitig herausfordern, lehren und unterstützen. So ist einer das Nagual des anderen. Sie sind wild,
doch voller Herz, einsame Krieger und haben doch überaus
lebendige Beziehungen untereinander. Ihr Beziehungsstil ist
undurchschaubar, da sie mit sich selbst in Einklang sind und
sich gegenseitig in ihrer Transformation voranbringen.

Schamanengeschichten sind voll von Lektionen, die beschreiben, wie Kriegerclans sich entwickeln. Solche Gruppen organisieren sich aufgrund eines gemeinsamen Interesses
an Bewusstheit, einem Antrieb, der entscheidend, aber geheimnisvoll im Hintergrund von Beziehungen wirkt. Obwohl
Castaneda das Element der Gemeinschaft in seinen Lehren
nicht betont, können uns die Traditionen, über die er berichtet, unendlich viel über das Erschaffen und Aufrechterhalten
eines lebendigen und außergewöhnlichen Gemeinschaftslebens sagen.

Unausgesprochene Lektionen beinhalten, dass niemand Fortschritte in bewusster Wahrnehmung machen kann ohne den Fortschritt der anderen und dass unsere Kriegerkollegen uns genauso viel beibringen wie unsere Lehrer. Das Bild des einsamen Kriegers in Don Juans Geschichten ist großartig, aber ohne zugehörigen Kriegerclan macht es keinen Sinn. Eine Gruppe von Kriegern verhält sich wie ein in sich zusammenhängendes Netzwerk von Bewusstseinsenthusiasten. Jeder betrachtet den Nächsten als Freund, Partner und würdigen Gegner. Krieger zu sein heißt, sein wahres Selbst zu verwirklichen. Wir sind also schwierige und liebevolle Freunde, die sich gelegentlich Streiche spielen und den anderen und sich selbst zu größerer Bewusstheit verhelfen. Sogar Don Juan gibt zu, wie wichtig seine Lehrlinge für ihn sind. Immerhin hat Castanedas Starrköpfigkeit Don Juan dazu gezwungen, als Lehrer noch effektiver zu werden.

Während das Leben der Eingeborenen unter der Einwirkung der modernen Technologie auseinanderbricht, heißt das nicht, dass auch der Schamanismus dahinschwindet und zu einem Relikt aus vergangenen Zeiten wird. Er taucht im Mythos des Bewusstseins wieder auf und fordert uns heraus, zu unserem wirklichen Selbst zu werden. Jedermann wünscht sich sehnlichst, in einer Gesellschaft voller Ekstase leben zu können, in der Geister und Menschen ebenbürtig sind. Ohne Interaktionen schamanischer Art, die auf der zweiten Aufmerksamkeit beruhen, ist das Leben des Individuums und der Gemeinschaft einfach unvollständig. Unsere Gemeinschaft wäre langweilig ohne die unberechenbaren Geister und würdigen Gegner, die uns zwingen, ganz zu werden.

Mombasa

Wenn Amy und ich in fremde Länder reisen, suchen wir häufig Gemeinschaften von Eingeborenen und ihre schamanischen Heiler auf, um die Art und Weise, wie der Geist sich an den Orten bewegt, an denen wir arbeiten, verstehen zu können. Ganz besonders lebhaft erinnere ich mich an die Erfahrung einer Zeremonie mit zwei Heilern in Kenia, an der ostindischen Küste in der Nähe von Mombasa.

Die Zeremonie begann, kurz nachdem wir in Mombasa gelandet waren. Ich bat einen der Angestellten des Hotels, in dem wir wohnten, uns zu einem Medizinmann zu bringen. Er zögerte zunächst, sagte dann aber, dass sein Onkel uns am nächsten Tag empfangen würde.

Zur entsprechenden Zeit fuhren wir in der Hitze des äquatorialen Busches mit unserem Leihwagen über holprige, schmutzige Straßen, um den Medizinmann zu treffen. Jede gefahrene Meile führte uns tiefer hinein in den Geist Kenias und weiter weg von unserer gewöhnlichen Realität. Wir stellten unser Auto in der Nähe der Lehmhütte ab und waren sofort umgeben von allen Dorfbewohnern.

In der Hütte saßen eine Frau und ein Mann mit gekreuzten Beinen auf dem Boden, ein Heiler-Ehepaar. Er war ein Heiler und sie eine Seherin. An der Wand hingen alte vergilbte und abgenutzte Urkunden auf Englisch, die bezeugten, dass sie Medizinleute seien. Unser Heilerpaar sprach nur Suaheli. Es war eine Freude, diesen ruhigen und zurückhaltenden Menschen zu begegnen, die tagsüber als Arbeiter und nachts als Magier tätig waren.Sie waren mustergültige Gastgeber, gewöhnliche Menschen und Mystiker in einem. Sie behandelten uns mit Unschuld und äußerster Demut. Sie nahmen unsere Hände, hießen uns in ihrem Stamm willkommen und verwandten Stunden darauf, unsere westliche Kleidung gegen einfache und farbenfrohe Gewänder auszutauschen.

Sie wickelten die Kleider um unsere nackten Körper und verkündeten zu einem ganz bestimmten Zeitpunkt: »Nun seid ihr afrikanisch«. Ihre Offenheit heilte eines meiner Probleme, das ich bisher nicht wahrgenommen hatte, eine Krankheit, von der ich nicht wusste, dass ich sie hatte. Tief in mir war eine Sehnsucht, die mich halb krank machte. Ich hatte meinen tiefen Wunsch vergessen, dass die Welt, in der ich lebte, mir dieses Gefühl der Zugehörigkeit schenken möge. Man hatte mich dazu gebracht, mich schuldig zu fühlen, weil ich an manchen Gruppen nicht teilgenommen hatte; in anderen Gruppen hatte ich mich zwar geliebt gefühlt, aber in keiner hatte ich das Gefühl gehabt, wirklich wichtig für ihr Wohl zu sein.

Als die Zeremonie dann begann, saßen Amy und ich still in einer kleinen Gruppe von Menschen, die sich zusammensetzte aus unserem Heilerteam, ihren Freunden und Geschwistern und verschiedenen Nachzüglern aus dem Dorf, die aus unbekannten Gründen hier waren. Die Heilerin las aus einem heiligen Buch vor, wahrscheinlich dem Koran. Sie las halb singend, fiel nach ein paar Minuten in Trance und begann, auf dem Boden herumzurollen, indem sie ihrem Traumkörper folgte. Wir waren Klienten von Zauberern, die sich tief in unsere Seelen und Körper hineinfallen ließen. Nachdem wir uns um so viele andere gekümmert hatten, waren wir mehr als berührt davon, wie die ganze Gemeinschaft im weiteren Verlauf der Zeremonie zusammenkam, um uns zu unterstützen. Sogar die kleinen Kinder waren da, diejenigen, die uns dann am nächsten Tag an den Händen fassten und uns stolz ihr Schwimmloch zeigten, einen Fluss, der voller wilder Tiere und fremdartigen Pflanzen war. Während die Heiler sangen und herumrollten, fühlte ich mich in meiner eigenen Arbeit bestätigt und erneuert.

Die psychologische Gemeinschaft, in der ich beruflich aufgewachsen bin, sah auf Therapeuten herab, die an Gruppenerfahrungen interessiert waren. So hatte ich mich aus einer gewissen Schwäche heraus schuldig gefühlt, weil ich gelegentlich zu meiner Arbeit mit Einzelpersonen Gruppen zur Teilnahme eingeladen hatte. Hier erkannte ich, wie wichtig eine solche Teilnahme ist. Die älteren Frauen des Stammes hielten unsere Hände in der abendlichen Dunkelheit, um uns zu beruhigen, bevor wir dem Unbekannten begegnen würden. Das schwache Licht ihrer Fackeln erfüllte die Hütte mit Liebe und Kameradschaft. Das ganze Dorf nahm teil – sie hatten dunkle und respektvolle Gesichter –, und alle rechneten damit, durch das, was auch immer hier geschehen würde, geheilt zu werden.

Während die Heiler sangen und tanzten, rollten zwei »Schwestern«, die bis dahin ruhige Teilnehmerinnen im Kreis gewesen waren, nach vorn in die Mitte und bewegten sich ekstatisch in Trance. Das Aussehen der Heiler veränderte sich, während sie in unbekannte Dimensionen reisten. Sie ließen sich von ihren eigenen Prozessen führen und bewegten sich in unvorhersehbarer Weise im Kreis herum. Während die Frau sang und stöhnte, bewegte sich der Mann rasch und unberechenbar. Er führte mit seinen psychischen Händen chirurgische Eingriffe an passiven Klienten durch, indem er ein schnelles, scharfes Messer benutzte, das Dinge aus ihren Körpern herauszog, ohne zu schneiden oder auch nur einen Tropfen Blut zu vergießen.

Wir waren von Ehrfurcht ergriffen und verblüfft von seiner Flinkheit, aber auch erleichtert darüber, an einem so seltsamen Ort zu sein, der uns ein Gefühl von Zuhause vermittelte. Wir werden nie genau wissen, an was die anderen litten. Alles, was ich weiß, ist, dass mein Herz krank war, weil ich zu wenig Verbindung zum Unsichtbaren hatte. Unsere Körper brauchten diese Zeremonie, die den Geist, die zweite Aufmerksamkeit, das Ungewöhnliche und das Unfassbare ehrte.

Um an mich selbst erinnert zu werden, brauche ich die Verbindung zu meinen afrikanischen Schwestern und Brüdern, zu den indianischen Traditionen Amerikas, zu japanischen

Meistern, indischen Lehrern und zu weissagenden Aborigines. Der Körper braucht eindrucksvolle Erfahrungen, Furcht und die Kraft einer liebenden Gemeinschaft. Ohne solche Erfahrungen fehlt dem normalen Leben etwas, das den Sinn unseres Daseins bestätigt.

Die Fähigkeit dieses Paares, übernatürliche Heilungen zu vollbringen, war eindrucksvoll, aber am heilsamsten war ihre Sicht der Welt, die das Unheimliche in das Zentrum des Gemeinschaftslebens einfügte. Wir alle haben Lasten von Problemen zu tragen, die nur schwer zu lösen sind. Dennoch verstecken wir diese Probleme, fühlen uns minderwertig, weil wir sie haben und verbannen den Geist in die Visionen der Nacht.

Heutzutage schämen sich moderne Afrikaner, die in Großstädten wie Nairobi leben, für ihre eingeborenen Heiler und erwähnen sie nur zögernd, obwohl viele von ihnen noch an sie glauben. Doch wir alle brauchen diese Heiler mehr als je zuvor. Ohne sie neigen wir dazu, unsere geheime Verbindung zum unheimlichen Geist des Lebens zu vergessen und uns ihrer zu schämen. Unser Gemeinschaftsleben braucht den Geist, der in der Figur des Schamanen auftritt und die innerste Kernerfahrung dieser Gemeinschaft unterstützt, indem er ihre Mitglieder durch gemeinsames Träumen heilt.

Schamanen heilen dadurch, dass sie uns an den Traumkörper erinnern. Sie formen das Bewusstsein und den Tanz des Geistes. Archaische Ekstasesysteme sind lebendige Zentren der Gemeinschaft und machen das Leben eines Dorfes aus. Die Heilungstradition von Gemeinschaften, die Vorstellung, dass das Leiden eines Menschen ein Teil der Gemeinschaft ist, erzeugt Kontakt und menschliche Wärme. Ohne solche Trance-Tänzer wird eine Gruppe von Menschen zu einer abstrakten und bedeutungslosen Wesenheit, zu einer Stadt, deren Einwohner zur Erfüllung leerer Aufgaben verpflichtet sind. Niemand kann auf lange Zeit ein sinnloses Leben führen oder eine Stadt ohne Zielsetzungen ertragen.

Eine neue Sicht unserer Heimatstadt

Aus der Sicht der Schamanen ist der Geist der Stadt überall und wartet darauf, tanzen zu können. Der Schamane würde uns raten, uns nicht schlecht zu fühlen, wenn unsere Arbeitskollegen langweilig oder unmöglich erscheinen; wie wilde Tiere sind auch sie Geister, die uns herausfordern, unsere eigene Ganzheit zu erreichen. Wenn wir Schwierigkeiten mit anderen haben, sind wir gezwungen, unsere eigenen Tiefen auszuloten.

Der australische Busch der Aborigines ist voll von Geistern, genauso wie unsere Stadt. Aber wir haben diese Geister vernachlässigt. Die Welt ist voller Menschen und Kräfte, deren Signale weder gesehen noch beachtet werden. Der Traumkörper jeder Gemeinschaft setzt sich aus Menschen, Dingen und Geistern zusammen. Bei den täglichen Geschäften versuchen Menschen nicht nur Geld zu verdienen, sondern es ringen auch Krieger um ihre Freiheit.

Vielleicht ist dies der Grund, weshalb wir eigenartige Träume über unsere Kollegen haben und vergeblich hoffen, Führer oder Manager könnten zu Kriegern, Lehrern oder Priestern werden. Wir suchen eine neue Welt, einen Ort, an dem der Prozess im Hintergrund die Erleuchtung wäre, die versucht, im Alltagsgeschäft durchzubrechen. An diesem gewöhnlichen und besonderen Ort träumen wir mit unseren Mitmenschen, und wir alle versuchen, mitten in Spannungen und Beziehungskonflikten, den Pfad des Herzens und einen Verbündeten zu finden. In den heutigen Städten leben nicht nur Menschen, sondern auch verlorene und nackte Mächte, die sich ziellos durch die Straßen bewegen; und in Stadtvierteln, in denen Verbrechen und Gewalt an der Tagesordnung sind, müssen wir unseren schamanischen Körper entwickeln, um überhaupt überleben zu können. In Konfliktgegenden wird es keine Ruhe geben, wenn nicht die Probleme jedes Einzelnen beachtet werden.

Dabei muss ich an eine Konferenz in Oregon denken, die kürzlich stattgefunden hat. Ein paar hundert Menschen aus der ganzen Welt waren hier zusammengekommen, um sich mit dem Problem der Konfliktlösung zu beschäftigen – mit der Frage, wie wir Menschen miteinander auskommen können. Besonders eindrucksvoll war der Beginn des Seminars.

Es entstand plötzlich eine enorme Spannung, als jemand die Organisatoren dafür kritisierte, bestimmte Ereignisse angekündigt zu haben, die dann doch nicht stattfinden konnten. Die Kritiker brachten ihre Argumente vor, und die Organisatoren entschuldigten sich. Dennoch zog sich der Konflikt aus irgendwelchen Gründen in die Länge. Plötzlich stand ein afrikanischer Amerikaner auf und forderte laut seine »40 Morgen und ein Maultier«. Die Stimmung im Raum wurde eisig.

Obwohl diese Konferenz in den Vereinigten Staaten stattfand, wussten nur wenige, dass die U.S.-Regierung nach dem amerikanischen Bürgerkrieg jedem befreiten Sklaven 40 Morgen Land und ein Maultier versprochen, dies aber nie erfüllt hatte. Also befassten wir uns nun mit jenem unerledigten Geschäft aus der Vergangenheit. Die Konferenz wurde zu einer Gemeinschaft, indem sie sozusagen den Gang wechselte und ihre zweite Aufmerksamkeit auf das Problem der Rassenunterdrückung und den Konflikt zwischen der U.S.-Regierung, den weißen und den afrikanischen Amerikanern richtete. Diese forderten die Begleichung der Schuld.

Mit dem anscheinend aus dem Nichts aufgetauchten spannungsgeladenen Rassenkonflikt verschwand der ursprüngliche Konflikt über die organisatorischen Probleme. Das war ein Jahr vor den Bürgerrechtsdemonstrationen in Los Angeles, einem Aufstand afrikanischer Amerikaner als Reaktion auf Ungleichheit und Ungerechtigkeit. Hier wirkte das nicht eingehaltene Versprechen der Organisation wie ein Katalysator, der uns in diese völlig andere Realität hineinstürzen ließ, welche die ganze Nation ein Jahr später erleben sollte. Ein Futurist oder ein Medizinmann würde sagen, der afrikanische Amerikaner sei seinem schamanischen Körper gefolgt, der uns alle dahin brachte, wo wir sein sollten, nämlich zum Schmerz und zum Trauma von Rassenunterschieden und Ungerechtigkeiten.

Es kamen unterschiedliche Meinungen, Gefühle und Positionen zum Ausdruck, aber das Problem verringerte sich nicht, bis jemand die Position der afrikanischen Amerikaner einnahm und in kongruenter und bewegender Weise dem Schmerz, ein afrikanischer Amerikaner im weißen Amerika zu sein, Ausdruck gab. »Viele von euch haben unter ihren Eltern gelitten und beschweren sich noch heute darüber. Ist es nicht so? Dann erwartet bittet nicht, dass eine missbrauchte Person, deren Rasse jahrhundertelang unterdrückt worden ist, aufhört, sich zu beschweren. Das Leiden, das wir Schwarzen erdulden mussten, ist uralt. Und wir leiden heute noch und sind voller Zorn, nicht nur über das, was in der Vergangenheit geschah, sondern auch deshalb, weil im Moment jeder in diesem Raum meint, wir sollten unseren Schmerz endlich vergessen und weitergehen. Wir sind zornig, weil alle es hassen, auf den Schmerz zu hören, und weil niemand bereit ist, das zu bezahlen, was ansteht.«

Das war's! Jeder verstand, dass der Schmerz der afrikanischen Amerikaner, unser aller Schmerz, nicht nur mit Vergangenem zusammenhängt, sondern mit Gegenwärtigem, mit der Art, wie wir alle das Leiden ignorieren und den Leidenden dafür kritisieren, dass er nicht über den Schmerz hinauswächst. Nur dann, wenn wir den Schmerz annehmen und seine Ursache jetzt, in der Gegenwart verändern, können wir weitergehen.

Bis zu dem Zeitpunkt, an dem diese Person über die afrikanischen Amerikaner gesprochen hatte, war Schmerz ein verbotenes Thema gewesen. Aber sobald er repräsentiert war, war er nicht länger ein unerwünschtes und hungriges Gespenst, sondern ein lebendiger Geist, der uns anregte und miteinander verband. In diesem Augenblick waren wir alle krank, und gleichzeitig wurde etwas geheilt. Wir gehörten alle zum selben Stamm und waren Krieger, die ihre zweite Aufmerksamkeit auf die Welt richteten, während sie zusammen träumten.

Kurz darauf erhob sich ein neues Problem. Einige jüdische Frauen gerieten in Streit mit einem Teilnehmer, der im Zweiten Weltkrieg in Hitlers Armee gewesen war. Der Mann verteidigte sich, so gut er konnte, musste aber schließlich doch zugeben, dass er Hitler schätzte, weil er dem deutschen Volk einen Weg aus Elend und Armut heraus versprochen hatte. »Hitler zeigte die Stärke, die sonst keiner hatte, um die Niedergangsphase seit dem Vertrag von Versailles zu durchbrechen«, sagte er. Die Liebe dieses Mannes zu Hitler spaltete die Gruppe und ihr Traumkörper wurde zum zweiten Weltkrieg. Die Leute ergriffen Partei und gaben ihrem Zorn und Schmerz Ausdruck. Einige waren so wütend, dass sie drohten, den Mann zu lynchen, während andere um Nachsicht baten.

Viele Menschen, besonders diejenigen mit europäischem Hintergrund, haben eine Abneigung gegen Konflikte und gehen ihnen aus dem Weg. Also vermeiden viele diese Art der Entwicklung, in der sehr viel Schmerz und Konflikt auftaucht. Und doch suchen wir unbewusst den Konflikt; wir wissen, dass er gegenwärtig ist. Deshalb war der Krieg für viele Kulturen über Tausende von Jahren ein so zentrales Thema. In Bezug auf den Krieg befinden wir uns alle zusammen immer noch in einem Trancezustand.

Aber es gibt bessere Möglichkeiten, zum Ziel zu kommen, als mit Pistolen. Eine Gruppe, in der jeder aufgewühlt ist, ist wie eine Welt im Kriegszustand: Der Böse ist ein Feind, der überwunden werden muss. Wir versuchten, den Konflikt mit dem Soldaten Hitlers auf zivile Art und Weise zu lösen. Einige von uns sprachen sich für, andere gegen ihn aus. Aber es schien kein Ende in Sicht, da niemand dazu stehen wollte, jemals etwas Böses getan zu haben oder es in Zukunft tun zu können. Das Böse war eine reine Erfindung unserer Vorstellungskraft, ein Geist, der auf diesen Mann projiziert wurde. Der Mann lieferte uns zwar genügend Anhaltspunkte zu dieser Projektion, ihn anzuschreien war jedoch nicht geeignet, Vorurteile abzubauen; selbst eine Bestrafung hätte die Toten nicht mehr zurückgebracht.

Schließlich war es ein Schweizer, der seine zweite Aufmerksamkeit entwickelte, den fehlenden sekundären Prozess – die Seele der Gruppe – aufnahm und sich tief in ihn hineinbegab. Er sprach mit Tränen in den Augen. »Ich bin ein Schuldiger«, sagte er. »Ich bin ein Kind Schweizer Eltern, die im Zweiten Weltkrieg lebten. Einige meiner Landsleute unterstützten Hitler, indem sie jüdische Flüchtlinge an der Grenze zurückschickten. Viele von denen, die umkehren mussten, wurden in Konzentrationslager deportiert und dort umgebracht. Wie kann ich es der Welt gegenüber je wieder gutmachen, dass ich mit in diese Schuld verwickelt bin? Ich bin schuldig, sehr schuldig!«

Dadurch, dass dieser Mann seine Schuld und seine Trauer zum Ausdruck brachte, wurde der Bann gebrochen. Unsere Gruppe fand zusammen, weil die zweite Aufmerksamkeit und das kontrollierte Loslassen eines Menschen uns zu dem fehlenden Geist geführt hatten. Jemand muss Verantwortung für die Probleme von heute und von gestern übernehmen; sonst ist das Böse ein Geist ohne Körper. Diese riesige Gemeinschaft schrumpfte zusammen und wurde vertraut miteinander, zumindest für diesen Augenblick.

Die gemeinsam träumende Welt wird zu einer Gemeinschaft, wenn jemand mit seinem schamanischen Körper eine kulturelle Grenze überschreitet und sich mittels kontrollierten Loslassens in das Unbekannte hinauswagt. Diese Person muss ihre zweite Aufmerksamkeit und ihre Fähigkeit zum gemeinsamen Träumen anwenden, damit sie der Stadt helfen kann, das Unbekannte zu erfahren, von dem sie sich bewegen lässt.

Als auf derselben Konferenz lesbische Frauen und schwule Männer darauf hinwiesen, wie brutal sie bisher durch soziale Regeln abgelehnt worden seien, wollte niemand zu seinen Vorurteilen oder homophoben Reaktionen stehen, bis wiederum jemand auf einen Teil in sich selbst stieß, der Homosexualität ablehnte und dies auch klar zum Ausdruck brachte: Er hatte das alberne Vorurteil, dass lesbische Frauen und homosexuelle Männer neurotisch seien. Dieser Mann ließ seine persönliche Geschichte eines liberalen, alternativen Denkers fallen und verkörperte das in der Luft liegende Vorurteil.

Er verursachte sowohl heftige Reaktionen als auch eine Klärung. Man sprach über Vorurteile und Unbewusstheit. Vorstellungen über einen politischen Wandel bezüglich der Homophobie kamen auf. Ohne umfassendere politische Bewusstheit der betreffenden Probleme ließ sich allerdings keine Lösung finden. Und doch fühlte ich mich in dieser Gruppe von mehreren hundert Menschen allmählich immer mehr wie in einer Stadt, in der ich leben könnte, einem Ort, an dem das Unausgesprochene seine Stimme erheben konnte, an dem Schmerz und Leiden anwesend waren und gehört und gefühlt werden konnten. Genauso wie unsere Heiler aus Mombasa die lästigen Geister, die uns störten, gesucht hatten, suchte auch diese Gruppe die unmöglichen Geister in ihrem spannungsgeladenen Hintergrund. Gemeinsam zu träumen führt aus der Verschiedenheit zu momentaner Einmütigkeit.

Unbewusste Figuren, Träume und Geister kommen nicht nur aus menschlichen Körpern, sondern auch aus der Erde. Wir sollten damit rechnen, dass Erdgeister, die Geister, die zu bestimmten Orten gehören, auf der ganzen Welt rebellieren. James Swan zufolge droht im griechischen Delphi, wo in alten Zeiten Gaia verehrt wurde, eine aluminiumhaltige Pflanze die gesamte Umgebung zu vergiften.[33] Eingeborenenstämme sind bestürzt darüber, dass die Geister der Regenwälder

---

33   Swan »Sacred Places«.

sterben. Den Massai in Tansania ist die Ausübung ihrer Rituale auf dem Kilimandscharo untersagt und die australischen Ureinwohner sind zornig, dass Touristen auf ihren geheiligten Felsen Uluru klettern dürfen; schließlich würden dieselben Touristen auch nicht auf das Dach einer Kirche klettern. Die Indianer Nordamerikas sind kämpfende Streiter, weil die Regierungen der Vereinigten Staaten und Kanadas auf heiligen Gebieten der Eingeborenen Straßen bauen.

Für einen Zauberer ist die ganze Erde ein heiliger Ort, der von allen anderen vernachlässigt wird. Niemand nimmt die nicht vorhersagbaren Erdereignisse ernst genug. Nicht nur die Umwelt wird vernachlässigt, sondern auch der Geist des Ortes bleibt von der zweiten Aufmerksamkeit unbemerkt. Sogar schmutzige Straßen in modernen Großstädten voller Wolkenkratzer und Unrat, in denen Millionen ihren Schlafplatz aufschlagen müssen, können sowohl Orte der Kraft sein als auch Stätten unermesslichen Leidens. Wo wir uns auf der Erde auch aufhalten mögen, wird es immer beides geben, das Heilige und das Profane.

So ist beispielsweise jedermann entsetzt von Bombay, einer Stadt voll ungeheuren Leidens. In manchen Teilen Bombays leben so viele Menschen, dass der Timessquare in Manhatten vergleichsweise leer erscheint. Die Ärmsten der Armen betteln überall um Geld. Laut der »India Times« strömen zu bestimmten Zeiten im Jahr pro Woche mindestens fünfzehntausend völlig verarmte Menschen vom Land in die Slums von Bombay. Die unglücklichen und armen Streetpeople Bombays treffen auf Touristen, die dort nur kurz überleben könnten. Der Gestank und das Elend in bestimmten Gegenden ist so intensiv, dass die einzigen angemessenen Spontanreaktionen sich in Menschenliebe, Durchfall und Entsetzen zeigen.

Und doch ist da etwas in der dunstigen Hitze und dem Smog Bombays, das uns berührt, etwas, das uns zu einer anderen Betrachtungsweise gegenüber der schrecklichen Armut führt. Trotz der Probleme gibt es überraschend wenig Gewalt in den Straßen der Stadt. Die Szene ändert sich zwar momentan durch Zusammenstöße zwischen Moslems und Hindus, aber warum ist es früher in Bombay so ruhig gewesen? Lag es an der indischen Karma-Philosophie? Die Vorstellung von Karma und Wiedergeburt kann auch zu einer Passivität führen, die Armut fördert.

Aber die hinduistischen Schriften bergen etwas Zwingenderes als die Laissez-Faire-Haltung des Glaubens an Karma und Reinkarnation. Indien betrachtet den Bettler als Demonstration psychischer und sozialer Probleme, als einen Schatten der Stadt, als denjenigen, der uns auf dramatische Weise an die Auswirkungen des Karma erinnert. Diese Botschaft soll heißen: »Gib acht auf dein Leben und verbessere dein Schicksal, sonst wirst du beim nächsten Mal selber so in der Welt stehen«.

Ich glaube, dass die Botschaft sogar noch komplexer ist. Etwas ganz Bestimmtes hält Bombay zusammen. Amy und ich kamen direkt nach unserem Aufenthalt in Südafrika dorthin. Die Armut der Stadt erschien untragbar, aber verglichen mit dem, was wir gerade in Kapstadt gesehen hatten – es war 1990, noch vor der Auflösung des Apartheids-Staates –, schien Bombay, trotz seiner größeren Armut, eine glücklichere Stadt zu sein. Freiheit ist ein wesentlicher Faktor, wenn Menschen glücklich sein sollen. Amy und ich badeten in dieser Freiheit und ließen Bombay in uns eindringen. In Bombay zu leben bedeutete, unsere Traumkörper mit den Problemen, aber auch mit der Kraft dieser alten Stadt verschmelzen zu lassen.

Während wir dort waren, erkrankte Amy an dem unglaublichsten Hitze-Ausschlag, den man sich vorstellen kann. Wir beschlossen, es zuerst mit Traumkörperarbeit zu versuchen, bevor wir ins Krankenhaus gingen. Amy begab sich ganz in ihren Ausschlag hinein, wobei sie scharfe Krallen spürte, die an ihrer Haut kratzten. Sie sah das Bild eines Tigers, und als sie sich bewegte und den Tiger in ihrem Körper fühlte, erkannte sie, dass er ihre verdrängten Reaktionen auf eine ganz bestimmte Straßenecke Bombays in sich trug. Dort hatte es so entsetzlich gestunken, dass sie krank geworden war. Mutig erlaubte sie sich, die Rolle des Tigers zu spielen und auf den Gestank zu reagieren, wobei ihre Reaktionen sich schließlich in einen wunderschönen, beglückenden und ekstatischen Tanz verwandelten.

Als sie sich in den Ausschlag hineinbegeben hatte, war ihr Verbündeter, der Tiger, aufgetaucht. Ihr Hautbefund besserte sich, als sie anfing zu knurren und abscheuliche, stinkende Gedanken und Meinungen aus sich herauszulassen, die sie unterdrückt hatte. Sie entschloss sich, ihre Freunde in Bombay an einigen dieser Gedanken teilnehmen zu lassen. Ihre Beziehungen wurden vorübergehend völlig untragbar, aber ihr Ausschlag besserte sich drastisch innerhalb weniger Minuten. Diese Stadt war ein Jagdgebiet, in dem sie das Ungeheuer Kali, die grimmige Göttin der Straßen, gefunden hatte.

Der Mahalakshmi-Tempel

Am Tag unserer Ankunft in Bombay waren wir erschöpft vom Jet-Lag, dem Höhenunterschied und dem Smog. Ohne auszupacken zogen wir unsere Jogging-Anzüge an und folgten unserem tranceartigen Zustand in den Menschen- und Verkehrsstrom hinein, hinunter in die verbotensten Straßen. Unser Traumkörper als unser wichtigster Stadtplan führte uns in die Richtung des geringsten Widerstandes und der größten Gefahr. Wir verließen uns auf unsere Körper und fanden die erregendsten und abstoßendsten Szenen als Wegzeichen. Bald schlängelte sich unser Lauf durch glühende Gassen zum Meer, vorbei an schreienden Straßenverkäufern und Schlangenbeschwörern. Eine Schlangenbeschwörerin ließ den Kopf ihrer Schlange herauskommen, die uns anzischte. Unser Angstschauer bestätigte uns, dass wir auf der richtigen Spur waren.

Da, wo die Gasse sich plötzlich zum arabischen Meer hin öffnete, warfen die Leute Blumen und Früchte als Opferritual in das Wasser. Wir verbargen uns hinter den Betenden und beobachteten das Ganze. In einiger Entfernung winkte ein seltsamer, alter, schwarzhäutiger und ganz in Weiß gekleideter Mann mit einem schockierend weißen Bart einem unsichtbaren Etwas in der Luft zu. Seine heftigen Gebärden passten zu seinen wilden Augen. Seine Bewegungen waren ekstatisch, während er ununterbrochen dem Himmel zuwinkte. Er sprach mit sich selbst. Das Stadtleben, so wie dieser Mann es repräsentierte, wurde immer annehmbarer für uns.

Ich starrte den Mann an, als er sich plötzlich herumdrehte und meinen Blick aus der Entfernung erwiderte. Ich fragte einen der Betenden, der englisch sprach, wer dieser alte Mann sei. Er sei ein Verrückter, wurde ich gewarnt. Ich fand, dass er großartig aussah. In Europa oder in den Vereinigten Staaten würde jemand wie er eingesperrt oder in eine psychiatrische Anstalt eingeliefert werden, doch sah er nicht gefährlicher aus als Leute, mit denen ich gearbeitet habe.

Ich wollte mit ihm sprechen. Der alte Mann muss telepathische Fähigkeiten gehabt haben, denn im selben Moment drehte er sich um und kam zu uns herüber. Vielleicht meinte er, wir seien auch verrückt. Einer der Betenden in unserer Nähe übersetzte ängstlich das Hindi des Alten in Englisch. Mit breitem Lächeln, und indem seine Hände wellenartige, tanzende Bewegungen zum Meer hin machten, sagte er: »Das Meer geht hinaus und kommt wieder herein. Jetzt haben wir Flut und bald wird Ebbe sein. Alles, was wir haben, müssen wir dem Großen Einen darbringen, der nicht nur im Meer, sondern auch unter der Erde und im Himmel wohnt«.

Diese Sätze überzeugten mich nicht nur davon, dass der Mann geistig gesund war, sondern bekräftigten meinen ersten Eindruck, dass etwas Besonderes mit ihm war. »Gott ist überall«, brüllte er in Hindi und gestikulierte mit ausgestreckten Armen dem Himmel entgegen. »Auch wir fühlen das«, antwortete ich. Nachdem er uns einige Zeit angestarrt hatte, sagte er zu dem Übersetzer, er könne sehen, dass wir unsere eigene spirituelle Tradition hätten und doch demselben Gott folgten wie er. Ich entgegnete murmelnd, dass er ein Seher sein müsse. »Nein«, beharrte er, und fuhr in derselben Art fort: »Meine Ohren sind Shivas Ohren, und meine Augen sind Shivas Augen. Ich spreche nur über das, was ich höre und sehe. Nicht ich spreche, sondern Gott ist es, der spricht«.

Das sagte er, während seine weißen Gewänder im Küstenwind dieses heißen Tages flatterten. Er sprach so echt und voller Wärme, dass ich das Gefühl hatte, von Bombays Straßen mit einem Nagual, einem weisen Lehrer, gesegnet worden zu sein. Er lächelte und wandte seinen Kopf langsam nach oben, indem er wieder zum Himmel hinauf gestikulierte. Er lachte, und die Welt um ihn herum schien zu lächeln, während er Bombays Chaos in Gold verwandelte.

»Alles ist Shiva«, sagte er, und ich verstand, dass jedes Geschäft, jede Gruppe und jede Stadt eine spirituelle Erfahrung ist, die auf unsere Würdigung wartet. Als wir den Strand verließen, erfuhren wir von Leuten auf der Straße, dass uns der Geist, dem wir an diesem Tag gefolgt waren, zum Mahalakshmi-Tempel geführt hatte und dass der alte Mann der Hohepriester dieses Tempels war.

»Alles ist Shiva«, hatte er gesagt. Auch das Gemeinschaftsleben, sogar das, in dem wir leben, ist Gott. Shiva, der Gott des Bewusstseins, ist ein Bild für das Wahrnehmungsvermögen der Erde, für das Gruppenbewusstsein kleiner Versammlungen und internationaler Konflikte, für den globalen Traumkörper. Die Suche nach diesem Körper gibt auch der Verrücktheit und dem Chaos um uns herum zumindest eine gewisse Bedeutung. Aus dieser Perspektive ist die Welt ein totales Durcheinander und ein unermesslich großer Kriegerclan, ein Irrenhaus, in dem wir uns alle gegenseitig stören und herausfordern, um zur Freiheit zu gelangen.

Übungen

1. Wie könntest du mit deiner Gemeinschaft zusammen träumen und in eine transformierende Gruppenerfahrung hineingehen? Wähle eine der Gruppen, an denen du teilnimmst, und frage dich, welche Gefühle, Gedanken und Stimmungen du im Zusammenhang mit der Gruppe hast. Sprichst du dort über deine Freunde? Was sagst du im Geheimen über andere?

2. Geister sind Aspekte von Menschen, über die wir klatschen, die aber niemand unmittelbar repräsentiert. Stelle dir einen Geist vor, eine Figur hinter deinem eigenen Klatsch. Stelle dir Eifersucht, Macht, Ehrgeiz vor. Wie sieht dein Geist aus? Lass dein Gesicht so aussehen wie seines. Wann bist du von diesem Geist besetzt?

3. Welche Konflikte in deiner Gruppe, die sich auf diesen Geist beziehen, wollen an die Oberfläche kommen? Stelle dir vor, dass du oder jemand anderes diesen Geist bei einem Gruppentreffen spielt. Was könnte geschehen? Sind die Leute überrascht? Glücklich? Ärgerlich? Stelle diesen verbotenen Geist vollkommen dar.

4. Überlege dir jetzt, als kreative Möglichkeit, ob deine Gruppe auch noch einen anderen Geist hat, eine mythische Figur, die versucht, die Leute aufzuwecken. Wie könnte dieser Geist in deiner Vorstellung aussehen?

5. Stell dir vor, dass deine Gruppe sich trifft. Überlege dir, wie es wäre, wenn sowohl der Klatsch-Geist als auch der Geist, der die Leute erwecken will, anwesend wären. Wenigstens solltest du über diese verschiedenen Geister diskutieren. Noch besser wäre es, wenn du versuchtest, so zu

tanzen, wie diese Geister tanzen würden. Experimentiere damit, dich wie sie zu bewegen und wie sie zu sprechen, oder stelle ein kurzes Theaterstück dar. Wenn du das in der Öffentlichkeit tust, bitte andere, mit dir zu träumen, wenn du dich in diesen Tanz hineinbewegst. Manche könnten die Rolle des einen und manche die des anderen Geistes spielen. Die Geister könnten sich auch gegenseitig beeinflussen und miteinander streiten und spielen.

13.

PHANTOME UND
WIRKLICHE MENSCHEN

Im ersten Kapitel habe ich erwähnt, dass Don Juan zu Castaneda sagt, es sei der Geist, der bestimme, wie wir uns identifizieren, ob als Durchschnittsmenschen, als Jäger oder als flexible Krieger. Don Juan meint, der Geist verwandle sich, wenn wir die Zweifel über seine Realität losließen; dann könnten wir unsere zweite Aufmerksamkeit anwenden. Letztendlich sei es der Geist, der unseren Sammlungspunkt, d. h. die Art und Weise, wie wir uns sammeln oder uns selbst gestalten, in Bewegung versetze. Wir mögen den Schamanismus zwar kennen, seien aber ohne Hilfe des Geistes nicht fähig, ihn im Leben anzuwenden.

Ich erlebte den Geist, der mich bewegte, bei manchen meiner Lehrer. Sie waren sehr verschieden; es waren Therapeuten, Zauberer, Schamanen und Gurus, und doch spielten sie alle für mich die entscheidend wichtige Rolle des Geistes. Diese Lehrer faszinierten mich; sie regten mich an, verwirrten mich und brachten mein altes Selbstbild und alles, was ich bisher für wahr gehalten hatte, durcheinander. Diejenigen, an die ich mich erinnern kann, besaßen persönliche Macht; sie waren Mystiker, verblüffend, unheimlich und unmöglich. Ich habe auch andere Lehrer erfahren und geliebt, doch sie scheine ich vergessen zu haben.

Obwohl ich den Begriff »Lehre« nie anwandte, habe ich wie ein Lehrling gelernt. Bei diesen Lehrern begab ich mich so tief wie möglich in das Studium und in die Therapie – nicht nur, weil ich neurotisch war, sondern hauptsächlich deshalb, weil ich in diesen Beziehungen, in der Liebe zwischen Meister und Schüler, Elemente des Schamanismus fand. Wir konzentrieren uns auf bestimmte Dinge, aber ich studierte ihre Lebensweise und sonnte mich in den unglaublichen Wechselbeziehungen zwischen ihnen, mir und anderen Menschen um sie herum. Sie halfen mir, meinen Sammlungspunkt zu verschieben und mich ein wenig von meiner Phantomhaftigkeit zu lösen.

Heiler und Lehrer

Meine erste Begegnung mit dem Nagual hatte ich mit Joan, einer Frau, die in den späten Sechzigerjahren plötzlich aus dem Nichts auftauchte. Eines Tages, als ich in meiner kleinen Praxis am Zürichsee arbeitete, klingelte das Telefon. Ich nahm den Hörer ab und eine Stimme am anderen Ende sagte: »Hallo, Dr. Mindell, hier spricht Joan. Hängen Sie bitte nicht auf. Ich rufe vom Flughafen Zürich aus an. Jesus, mein geistiger Helfer, sagte mir, ich solle zum Flughafen von New York gehen und dort auf jemanden warten, der mir Geld für eine Reise geben würde.«

Sie erklärte, sie sei zum Kennedy-Flughafen gegangen und habe dort ein paar Stunden gewartet, bis ihr tatsächlich jemand das Geld für ein Flugticket gegeben habe. Ihr Geist habe sie ein Ticket nach Zürich kaufen lassen. Nun stehe sie im Züricher Flughafen, wo Jesus sie das Telefonbuch habe aufschlagen lassen, um die erste Nummer zu wählen, auf der ihr Finger landen würde. Deshalb telefoniere sie nun mit mir.

Ich war sprachlos, nicht nur weil ich mich mitten in einer Sitzung mit einem Klienten befand, sondern weil ihre Geschichte so fantastisch war. Ich sagte, dass ich mir Zeit nehmen und sie erwarten würde. Eine Stunde später saß sie in meiner Praxis und sagte, ihr Geist meine, ich müsse anfangen, Bücher zu schreiben. Ich entgegnete, ich sei erst achtundzwanzig Jahre alt, hätte gerade meine Studien beendet und sei überzeugt, dass ich nichts zu sagen habe.

Joan achtete nicht auf meinen Protest und erklärte mir kurzerhand, ihr Geist bestehe darauf, dass ich schreiben müsse. Obwohl ich noch nie Interesse am Schreiben gehabt hatte, fuhr sie fort zu behaupten, dass Schreiben mein größtes Problem heilen würde. Ich lachte und sagte, mein größtes Problem sei mein Riesenschuldenberg. Sie wurde still und begab sich in Trance. Als sie ein paar Minuten später wieder sprach, ignorierte sie mein Problem und sagte, ich solle nicht so sehr auf das achten, was meine Kollegen täten, sondern meine eigene Arbeit voranbringen. Es hörte sich gut an, was sie mir da sagte, aber ich zweifelte daran. Wir beschlossen, uns noch ein paarmal zu sehen.

Eines Morgens geschah ein Durchbruch; sie kam in die Praxis und erklärte, ihr Geist habe ihr gesagt, ich solle aufhören, nachts mit mir selbst zu spielen. Ich wurde wütend und bestritt, so etwas zu tun, obwohl sie recht hatte. Seitdem nahm ich ihren Geist jedoch ernst.

Nachdem wir etwa zehn Sitzungen miteinander gehabt hatten, verließ Joan Zürich. Zehn Jahre später erschien mein erstes Buch »The Dreambody«, und bald danach kamen weitere Bücher, die ihr Geist angekündigt hatte, aus meiner Schreibmaschine hervor. An Büchern verdiene ich wenig, aber die Verbindungen zu Menschen rund um die Welt, die mir die Bücher gebracht haben, bereichern mich mehr, als ich je zu hoffen gewagt hätte. Außerdem hatte Joan mir damals in Zürich einiges über meine Beziehungen zu anderen Menschen gesagt, was geradezu unerhört schien, sich aber Jahre später als wahr erweisen sollte.

Zwanzig Jahre nach unserem letzten Kontakt in der Schweiz tauchte Joan plötzlich wieder auf. Diesmal fand sie mich in einer Hütte in den abgelegenen Wäldern im Nordwesten Amerikas. Sie klopfte an die Türe und kam sofort herein. Sie sagte, sie habe die Hütte gefunden, indem sie einem

Adler gefolgt sei. Sie ging hinter mir in die Hütte, sah Amy, umarmte sie und sprach sie mit ihrem Namen an, ohne sie jemals zuvor gesehen zu haben. Dann setzte sie sich und sagte, dass sie mich auf den Stufen eines Gerichtsgebäudes gesehen habe, wo ich für neue Erziehungsformen gekämpft hätte. Sie war mir schon immer weit voraus. Vielleicht brauche ich noch einmal zwanzig Jahre, um diese Erziehungsvision zu verwirklichen.

Joans Botschaft an mich war, dass ich dem Leben mehr zu bieten habe, als ich für möglich hielt. Ich fühlte mich von Joan angezogen, verwirrt und sogar inspiriert. Wenn sie in der Nähe war, spürte ich so viel Energie, dass ich meilenweit hätte laufen können; ich war immer wie aufgeladen. Wir waren ein ganz besonderes Paar.

Aber es stimmte nicht mit uns. Wie die meisten Therapeuten brauchte ich natürlich einen Anstoß. Aber wie bei manchen Schamanen lag ihr Talent darin, auf den Geist und nicht auf die Menschen zu hören. Mir schien, dass sie, nicht ihr Geist, versuchte, mich zum Gehorsam zu zwingen, wenn ich den Botschaften ihres Geistes nicht folgte oder sie nicht verstand. Ich war kein Engel und reichlich starrköpfig. Zu sehr beeindruckt von meiner persönlichen Geschichte brauchte ich jemanden, der mich für meine eigenen transformierenden Kräfte begeisterte, der mir half, ein Krieger zu werden. Ich brauchte jemanden, der meinen Sammlungspunkt anstieß. Aber statt mich zu ändern, ärgerte ich mich über ihre drängende Art und ihr mangelndes Interesse an meinem gewöhnlichen Selbst.

Je unnachgiebiger sie wurde, um so weniger faszinierte sie mich. Sie war eine Meisterin unglaublicher Kräfte, aber trotz ihrer Verbindung zur Unendlichkeit schien sie mir ein Opfer ihrer eigenen Einseitigkeit zu sein. Ihr Beharren auf dieser einen einzigen Möglichkeit der Vorgehensweise machte sie für mich zu einem gewöhnlichen Menschen. Wie andere, die vom Pfad des Herzens abgekommen sind, war sie besessen vom gleichen Geist, der andere heilte und ihnen Einsicht schenkte. Sie war eine siegreiche Kriegerin, die gerade den Kampf mit dem Teufelskraut verlor, eine Retterin, die vielleicht selbst die Botschaft des Geistes nicht hören konnte. Ich dachte an Don Juans Warnung, dass Menschen zu »Phantomen« werden, wenn sie vom gesunden Menschenverstand und von Überzeugungen anderer oder vom Geist selbst hypnotisiert sind.

Ein Guru

Swamiji, einer unserer Gurus in Indien, beschrieb magische Ereignisse vollständiger und genauer als Joan und die Heiler. Er machte viele negative Voraussagen über die Zukunft unserer Welt und hatte große magische Fähigkeiten. Er bezeichnete Shiva als das Feld der Welt. Wenn Shiva gegen uns ist, können wir immerhin noch leben, wenn aber der Guru sich gegen uns wendet, kann nichts uns retten. Eine der Inschriften im Ashram besagt, dass der Schüler keinen anderen Lehrer wählen solle.

Diese Aussagen gefielen Amy nicht, die undemokratischen Maßnahmen misstraut. Ich verstand die Warnungen im philosophischen Sinn als Stimme des alten Indien, die uns daran erinnert, dass der Vermittelnde genauso wichtig ist wie der Geist selbst. Und doch fürchtete ich, dass der Guru ein Phantom und kein wirklicher Mensch sein könnte.

Als wir nach einer stundenlangen Reise im Ashram angekommen waren, gingen wir direkt in die Meditationshalle. Trotz meiner spirituellen Absichten fiel ich wie ein Sack in einer Ecke zusammen und schlief ein. Amy hörte mich schnarchen und weckte mich. Der Guru hatte anscheinend seine traditionelle Gewohnheit durchbrochen und erschien bereits am Nachmittag und nicht erst am Abend. Ich mochte seine unberechenbare Natur. Sie erinnerte mich an Don Juan, der sagte, dass der Jäger seine Beute nur deshalb fangen könne, weil er, anders als sie, nicht an schwerfällige, fixierte Routinehandlungen gebunden sei.

Der Guru kam aus seinen Räumen und ließ uns für das Gespräch mit ihm zu seinen Füßen Platz nehmen. Später sagten uns zwei seiner Schüler, dass er länger mit uns gesprochen habe, als mit sonst irgendjemandem in den letzten fünfzehn Jahren, seit sie ihn kannten. Sein Interesse an uns berührte mich.

Ich erzählte ihm von meinem Bedürfnis nach Erneuerung und Mut in der Weltarbeit. Er antwortete, dass Dienen, nicht Meditation, der schnellste Weg zur Erleuchtung sei. Da war jemand, der in einem Zustand meditativer Losgelöstheit von der Welt lebte und anderen dennoch empfahl zu dienen. Durch diese Haltung fühlte ich mich sofort zu Hause.

Aber die Eindringlichkeit des Guru war mir unangenehm. Keiner kann einen anderen Menschen kennen, und doch hatte ich den Eindruck, dass er weder losgelöst noch vollendet war. War ich nur ein moderner Mensch, der das Unmögliche erwartete von dieser Person, deren Leben auf einer dreitausend Jahre alten Tradition gründete? Ich bemühte mich, offen zu bleiben, und dachte daran, dass das moderne Indien tiefe Verbindungen zu austro-asiatischen Zeiten und denen der Aborigines hat.[34] Und doch, obwohl er ein furchtloser Zauberer und ein mutiger Mensch war, der versuchte, in einer Welt ohne Ältere den leeren Platz des alten Weisen auszufüllen, schien er ein Phantom zu sein, d. h. ein Mensch auf dem Weg zur Vollendung, der sich bereits als vollendet betrachtete. Warum hätte ich erwarten sollen, dass er anders war? Wann werde ich aufhören, nach Lehrern zu suchen, statt sie in mir selbst oder in der Gemeinschaft als einer Ganzheit zu entdecken?

---

34 Eliade beschreibt in »Yoga«, S. 360—361 Verbindungen zwischen dem modernen Indien und der Zeit der Aborigines Spuren der austro-asiatischen Zivilisation, präarischen und prädravidischen Völkern.

Nach seiner Auslegung der alten Texte ist es jedenfalls so, dass ein Einzelner oder eine Gemeinschaft nur dann überleben kann, wenn jemand wie ein Guru gegenwärtig ist. Die symbolische Bedeutung dieser Behauptung ist, dass sich individuelle und Gruppen-Prozesse, ohne einen Schamanen als Vermittler, nicht konstruktiv entfalten können. Es gibt nicht genug Schamanen mit der Fähigkeit der zweiten Aufmerksamkeit, die Doppelsignale aufgreifen können und das kontrollierte Loslassen beherrschen. Und es gibt einfach zu wenig Menschen, die bescheiden genug sind, um anderen Menschen zu helfen, mit Geistern in einem Feld umgehen zu können. So können wir als Individuum oder als Organisation nur dann überleben, wenn ein Einzelner oder eine Gruppe die Rolle des weisen Älteren übernimmt.

Gurus versuchen, unser spirituelles Potenzial zu erwecken, aber trotz der traditionellen Rolle verletzt ihr persönliches Verhalten manchmal unser Vertrauen. Wenn ein Lehrer sich zu ernst nimmt, wird er zum Phantom, indem er anderen vorschreibt, was sie tun sollen. Aber vielleicht sind gerade solche Phantom-Lehrer die besten Lehrer, weil sie uns daran erinnern, dass die Wahrheit immer wieder, in jedem Augenblick, neu entdeckt werden muss.

Heiler aus Kenia

Die Heiler aus Kenia, die ich im 12. Kapitel erwähnt habe, waren Joan und Swamiji gegenüber im Vorteil. Sie lebten in einer Gemeinschaft, die an sie glaubte und die keine schriftlich niedergelegte Geschichte besaß, der sie verpflichtet gewesen wären. Joan lebte in der westlichen Welt. Alles, was die Heiler aus Kenia taten, spielte sich in der Gemeinschaft ab, bezog alle mit ein und war gleichzeitig voller Nagual. So stimmte z. B. eine Heilerin erst dann zu, uns zu heilen, nachdem sie uns gefragt hatte, ob wir es wollten und auch dazu bereit seien. Sie bestand auf nichts. Ihr Losgelöstsein ließ mich hoffen, dass sie eine echte Kriegerin und Seherin sei. Im 12. Kapitel habe ich schon beschrieben, wie diese wunderbare Person sich selbst mit Singen und Summen in eine unglaublich tiefe Trance begeben hatte, während ihr Mann und ihr Sohn auf ihren Musikinstrumenten spielten. Es waren auch andere Menschen dabei, unter ihnen auch Lehrlinge, die die Kunst des schamanischen Heilens lernten. Die Frau sagte, dass auch ihr Sohn ein Lehrling sei. Wir waren alle zusammen Lernende.

Ein paar Minuten später fielen die Frau und die Lehrlinge anfallsartig zu Boden. Aber unsere Heilerin kam nach einer Weile in die gewöhnliche Realität zurück und fragte uns noch einmal, ob wir weitermachen wollten. Unser Übersetzer erklärte, sie sage, dass die westliche Medizin uns mit unseren Problemen nicht helfen könne. Wir hätten eine besondere Behandlung nötig. Ich war bereit, in die Heilungszeremonie einzutauchen und, nach kurzem Zögern, war auch Amy einverstanden.

Diesmal fingen beide, der Mann und die Frau, zu singen an und versetzten alle Anwesenden in einen tiefen traumartigen Zustand. Die Frau fiel in Trance. Auch andere im Raum gerieten in einen Trancezustand und schrien und rollten auf dem Boden herum. Diese Szene erinnerte mich an einen unserer eigenen Workshops über veränderte Bewusstseinszustände und gab mir das Gefühl, zu Hause zu sein. Ich dachte sogar, dass die Art, wie ich mit Menschen arbeite, hier ihren Ursprung haben könnte. Es scheint, dass das Leben im Traumkörper eine verbindende, kulturübergreifende Erfahrung ist, durch die wir Menschen einander besser verstehen können.

Plötzlich wurden der Mann und der Sohn der Heilerin unruhig, als die Frau die größte Tiefe ihrer Trance erreicht hatte. Sie begannen, ihr sehr schnell auf Suaheli Fragen zu stellen, auf die sie nicht reagierte. Unser Übersetzer erklärte, die Schamanin sei zu tief in Trance und habe den Kontakt mit der Realität verloren. Ihr Mann und ihr Sohn waren erschrocken und versuchten nun, sie mit romantischer Musik für diese Welt zurückzugewinnen.

Wir waren überrascht, dass in diesem System, wie auch im Yaqui-Schamanismus, das Absinken in das Nagual als abwegig angesehen wird. Es ist streng verboten, Menschen und unsichtbare Geister miteinander zu verwechseln. Hier war jemand, dem wir trauen konnten. Diese Frau hatte Verbindung mit Geistern, ohne den Wunsch, von ihnen fortgetragen zu werden. Sie konnte den Menschen zugetan sein, konnte sie aber von den Geistern der Luft unterscheiden. Sie war Meisterin des alltäglichen Lebens und konnte gleichwohl diese Welt verlassen, sich in Trancezustände begeben und später über sie sprechen. Für mich war sie eine echte und zeitlose Lehrerin und eine wirkliche Persönlichkeit.

Sie kam jedenfalls wieder zu Bewusstsein und teilte uns ihre Visionen mit. Sie hatte die Übeltäter, die uns bedrängten, gesehen und ging dazu über, uns unsere größten Probleme zu Hause zu beschreiben. Die Frage war nun, was man tun könne. Wieder fragte sie uns, ob wir weitermachen wollten. Voller Spannung stimmten wir zu, da es ja ohnehin zu spät war, umzukehren. Sie informierte sich sehr detailliert über unsere Probleme und entschloss sich dann, sich in der geistigen Welt für uns einzusetzen.

Wir wurden nun gebeten, draußen vor der Lehmhütte zu warten, während unsere Heiler eine kunstvolle Sandmalerei auf dem Hüttenboden entwarfen. Sie malten das Bild der bösen Geister, die sie in ihren Visionen gesehen hatten. Als sie fertig waren, baten sie uns wieder herein. Sie sagten, dass der nächste Schritt nun darin bestehe, eine Zeremonie abzuhalten, um die unguten Auswirkungen aufzuheben, die uns krank gemacht hatten. Sie hatten sich entschlossen, eine Darstellung von dem, was uns angetan worden war, in den Sand zu malen und es dann rückgängig zu machen. Wir wurden angewiesen, uns eng aneinandergeschmiegt unter einem Tuch auf einen Teil des Sandbildes zu setzen. Unsere Gastgeber begannen zu singen, zu beten und zu tanzen. Sie bereiteten die Medizin zu und brachten ein Paar lebende Hühner herein. Ich flüsterte Amy zu: »He, das wird ja unheimlich. Auf dem Sandbild zu sitzen, ist ja schon gut, aber meinst du, dass wir diese Medizin tatsächlich schlucken müssen?«

Die Angst war zu meiner Grenze geworden. Aber es war zu spät, sich wegen der Möglichkeit einer infektiösen Erkrankung aufzuregen. Einer der Schamanen schob sich die Medizin in den Mund, und bevor wir überhaupt reagieren konnten, verabreichte er sie uns mit demselben Finger. Wie Kinder ließen wir es zu, zögerten dann aber, bis er schnell sagte: »Runterschlucken!«

Bah, Medizin! Ich entdeckte, dass sie auf der ganzen Welt gleich schmeckt. Aber die Zeremonie hatte eben erst begonnen. Wir wurden angewiesen, über der menschenähnlich dargestellten Figur im Sand meditativ hin und her zu gehen, um die unguten Wirkungen aufzuheben. Die Heiler badeten die Hühner in heiligem Wasser und schlugen uns dann die lebenden Hühnerflügel um den Körper. Ich wusste zwar, dass lebendige Hühner ein wesentlicher Bestandteil afrikanischer Rituale sind, aber ein lebendiges Huhn um Kopf, Rücken und Brustkorb geschlagen zu bekommen, ist eine Erfahrung, die man nicht vergisst.

Schließlich durften wir nach Stunden, wie uns schien, nach Hause gehen, um in einen unerquicklichen Schlaf zu fallen. Wunderbarerweise fühlten wir uns am nächsten Tag ganz wohl und gingen wieder zur Hütte, um neue Medizin zu bekommen, die über Nacht, während unserer Abwesenheit, zubereitet worden war. Wir nahmen sie vorschriftsgemäß ein und saßen dann in ruhiger Erwartung dessen, was sich als Nächstes ereignen würde. Zu unserer Überraschung kam das ganze Dorf zum Mahl der gebratenen Hühner – genau der Hühner, die im Ritual der vergangenen Nacht benutzt worden waren. Die Liebe und Freundschaft unserer afrikanischen Familie zeigte sich in allen Bereichen des Umgangs mit uns. Unsere Heiler behandelten uns warmherzig und liebevoll, und ihre schamanischen Gesichtszüge der vergangenen Nacht prägten sich für immer in unser Gedächtnis ein.

Die gesamte Erfahrung bewegte mich so sehr, dass mir Tränen in die Augen stiegen. Diese Heiler waren wirkliche Menschen, keine Phantome. Sie waren wahrhaftig die weisen Älteren, die verantwortlichen und fürsorglichen Führer ihres Stammes. Sie gaben jedem Kind, das an ihrer Hütte vorbeikam, einen Penny, um die Mächte zu ehren, von denen alle Kraft und Heilkunst herkommt. Für sie ist das Kind der Geist hinter dem Heilen. Jeder dort war von der Armut betroffen, aber der Geist des Kindes war reich und ganz wesentlich für die Kunst. Diese Kultur ermutigt jeden, mit dem Unbekannten mitten in der alltäglichen Welt zu leben.

Unsere Schamanen dieser Gemeinschaft waren weise Menschen, die zwischen Menschen und Geistern vermittelten, indem sie direkt am lokalen psychischen Feld arbeiteten. Gleichzeitig verrichten sie niedrige Arbeit in der Stadt. Unser Dolmetscher sagte uns, dass wir die ersten Nicht-Afrikaner seien, die diese Zeremonie erleben würden. Nur einmal zuvor hatten die Schamanen mit einem Weißen gearbeitet.

Ihre Arbeit beeindruckte uns aus mehreren Gründen. Erstens einmal haben sie immer wieder unser Einverständnis eingeholt, um weitermachen zu können. Außerdem war es entscheidend wichtig für sie, sich mit keiner der Realitäten zu identifizieren, weder mit der Welt der Geister noch mit der der gewöhnlichen Menschen. Dennoch behandelten sie beide mit Hochachtung.

Sie verstanden wahrhaftig, dass sie vom Weg abkamen, wenn sie ihre »Klienten« mit den Geistern, die sie quälten, identifizierten, was der Frau offensichtlich mitten in der Zeremonie passiert war. Das beeindruckte mich ganz besonders. Die meisten von uns vergessen, dass wir anders sind als die

Launen, von denen wir besessen sind, und dass auch unsere Freunde sich von ihren lästigen Geistern unterscheiden. Diese Sichtweise ist besonders dann schwer aufrechtzuerhalten, wenn wir von anderen verletzt werden. Wir identifizieren die anderen dann nur mit ihren Handlungen und beachten nicht, dass das, was uns an ihrem Verhalten verletzt, Geister oder Launen sind, die nicht nur den betreffenden Menschen besetzen, sondern die auch in der Atmosphäre sind. Wenn wir das vergessen, vergessen wir nicht nur die Geister, sondern auch die Menschen zu ehren.

Ich kann mich nicht erinnern, je einen westlichen Psychotherapeuten erlebt zu haben, der versehentlich einen Klienten mit dessen unbewusstem Problem identifizierte und diese Sicht dann revidiert hätte. Jung jedoch hat sich offenbar entschuldigt, wenn er wegen anderer schlecht gelaunt war. Ich kann mich auch an schamanische Heiler erinnern, die das taten. Ein indianischer Medizinmann, der mit seinem Stamm in Kanada lebte, verlor Amerikanern gegenüber die Beherrschung wegen der Art, mit der die kanadische Regierung die Indianer behandelte. Er stürmte aus dem Raum, in dem ein Gruppenprozess stattfand, kam aber wieder zurück, um sich für seine schlechte Laune zu entschuldigen. Wie die meisten Leser dachte natürlich auch ich, dass er zu Recht zornig war. Aber er hatte das Gefühl, andere damit verletzt zu haben, und entschuldigte sich aufrichtig. Auch er war ein wirklicher Lehrer.

Nicht, dass ich solche wunderbaren Menschen auf einen zu hohen Podest stellen möchte, aber es war doch bewegend zu sehen, wie dieser Mann und auch unsere Heiler aus Kenia Verantwortung für ihre Launen und die möglichen Auswirkungen auf die Umgebung übernahmen. Ich habe sonst noch niemanden gesehen, der sich Gedanken darüber gemacht hätte, was seine Launen der Gemeinschaft antun, in der er lebt, gar nicht zu reden davon, dass er sich für sie entschuldigt oder sie zu ändern versucht hätte. Es ist, als hätten diese

Heiler sich bewusst von den Geistern unterschieden, die sie bewegten. Ich fühle mich geliebt und privilegiert in der Nähe von Menschen, die sich nicht nur um sich selbst kümmern, sondern auch darauf achten, wie sie mit mir umgehen. Solche Menschen müssen geehrt werden.

Diese Lehrer haben mir viel gegeben. Sie machten mich wach für den Geist großer Gruppen. In großen Gruppen, aber auch sonst, gehört unsere Sichtweise nur zum Teil uns selbst. Eine Sichtweise ist auch ein Geist im Feld, der, zusammen mit allen anderen Geistern, die Welt ganz macht. Meine Definition eines wirklichen, wahren Menschen ist, dass er wach ist für die Geister, die durch ihn hindurchgehen, und Verantwortung dafür übernimmt, wie sie auf andere wirken.

Immer, wenn wir blockiert sind, sind wir gerade besetzt von dem Geist einer bestimmten Rolle, die wir unbeabsichtigt spielen. Es kann heilend für eine solche Situation sein, wie unsere Heiler gezeigt haben, zwischen Geistern und Menschen einzugreifen und den Menschen Mut zu machen, dass sie den Geistern Ausdruck verleihen und dann weitergehen. Wenn wir immer wieder von demselben Geist oder derselben Rolle angezogen werden, sind wir nicht frei. Aber immer noch sind wir nur der Kanal und nicht der Geist selbst. Wenn wir uns entscheiden sollten, das zu vergessen, werden wir zum Phantom und nicht zu einem wahren Menschen.

In Zentralafrika, wo die westliche Psychotherapie bisher kaum Einfluss gehabt hat, werden schamanische Methoden angewandt, wenn die westliche Medizin versagt. Diese Vorgehensweise verlangt vom »Klienten« nicht mehr als das, was ihm möglich ist. Die Schamanen sind voller Mitgefühl für die leidende, phantomartige Natur der Klienten und werfen ihnen nicht vor, dass sie so sind, wie sie sind. Diese Schamanen bemühen sich, nicht selbst zu Phantomen zu werden.

Die Schamanen, die uns heilten, hatten die volle Verantwortung für ihre geistige Wahrnehmung übernommen und verlangten von uns lediglich ein Mindestmaß an Vertrauen für ihre Art der Wahrnehmung. Sie erwarteten keine Integration von uns – außer natürlich dem Einnehmen der Medizin. Schamanisches Heilen wirkt bei jedem, auch bei denen, die nicht unbedingt daran interessiert sind, Krieger zu werden. Wir wollten unsere Schamanen bezahlen, aber bevor sie irgendetwas von uns annehmen konnten, mussten sie sich in Trance begeben, um herauszufinden, was für den Geist das Richtige war. Das Heilsamste von allem war, dass sie wirkliche Menschen waren.

Phantome und wirkliche Menschen

Anders als der Krieger ignoriert das Phantom die Geister und wird einfach nur von ihnen besetzt. Für ein Phantom ist alles schrecklich ernst. Wenn wir Phantome sind, leiden wir ständig, sind verstört, machen uns Sorgen um den Zustand der Welt und gehen darin auf, sie entweder zu zerstören oder zu retten.

Wie können wir von einem Phantom zu einem Menschen werden? Wie ich schon im 6. Kapitel geschrieben habe, ist es eine Frage des Geistes, ob wir ein Jäger oder ein Krieger werden. Auf jeder Entwicklungsstufe ist das persönliche Wachstum die Angelegenheit einer unbekannten Macht. Wir bleiben entweder ein Phantom, oder wir können für kurze Zeit zum Jäger werden. Dann spüren wir unsere Beute auf, töten sie, essen sie auf oder integrieren sie, während wir in der gewöhnlichen Welt bleiben. Vielleicht werden wir aber auch zum Krieger. Dann sind wir mit der anderen Welt konfrontiert und betreten sie.

Der Mensch auf dem Pfad des Herzens ist jedoch zugleich alles und nichts. In diesem Zustand sind wir wirkliche Menschen; wir sind fast losgelöst und bewegen uns fließend und schnell zwischen den verschiedenen Zuständen hin und her.

Manchmal sind wir ganz gewöhnliche Leute, manchmal Krieger und manchmal auch Lehrer des Nagual.

Es gibt Zeiten, in denen wir uns aufraffen und uns vornehmen müssen, aus dem Sumpf der eigenen Wichtigkeit und Launen des Phantomlebens herauszutreten. Vielleicht müssen wir geloben, niemals mehr einen Kampf mit dem Verbündeten zu verlieren und unsere Ganzheit zu vergessen. Dieses Gelöbnis scheint immer dann nötig zu sein, wenn wir unserer eigenen Launen, unserer Langeweile und unserer Zwänge überdrüssig geworden sind. Ein zunehmendes Bedürfnis erwacht – nachdem wir lange genug von unseren launischen, nebulösen Bedingungen betäubt gewesen sind –, zu jemanden zu werden, der diese Zustände selbst in der Hand hat, statt immer wieder deprimiert oder aufgeblasen zu sein.

Aber wenn wir das Versprechen nicht halten können, müssen wir auf ein Zeichen aus dem Unbekannten warten. Was sonst könnte den Glauben eines Phantoms erschüttern, die Welt sei ein Schauplatz von Erfolgen und Niederlagen und nicht ein Jagdgrund, der zu Wandlung führt? Die Sichtweise des Phantoms ist die Realität von jedermann. Als Phantome finden wir das Leben entweder langweilig, weil wir kein Ziel haben, oder wir schwanken zwischen Begeisterung und Depression hin und her, je nachdem, was wir geleistet haben.

Als wirkliche Menschen auf dem Pfad des Herzens erscheinen wir wie alle anderen: starr und ehrgeizig, eifersüchtig und verletzt. Aber unser Lachen verrät uns. Es ist etwas daran, das uns frei erscheinen lässt. Wir sind im wahrsten Sinn demokratisch, wir hören auf innere und äußere Stimmen und leben so, wie es der Augenblick erfordert.

Alte und moderne Schamanen folgen ihren Träumen und warten auf magische Tiere und unvorhersehbare Schicksalswendungen, um Zugang zu diesem besonderen Geisteszustand finden zu können. Sie warten auf ihren Ruf. Heute jedoch kann allein schon die Tageszeit der Ruf sein. Schon die Tatsache, dass wir heute leben, ruft uns dazu auf, unsere

Fähigkeiten für die zweite Aufmerksamkeit und das kontrollierte Loslassen zu entwickeln oder zuzugeben, dass wir keine Verantwortung für unsere Umwelt übernehmen.

Jetzt ist es an der Zeit, Geschäfte so zu führen, dass wir gemeinsam mit den anderen träumen. Wenn wir heute als verrückt oder als Phantasten angesehen werden, ist das nicht so tragisch. Morgen schon wird das Phantom-Sein, das den Geist ignoriert, aber von ihm besessen ist, als epidemische Krankheit mit einer hohen Sterblichkeitsrate betrachtet werden.

Übungen

1. *Beschreibe dich selbst, wenn du ein Phantom bist. Von welchen Launen bist du am längsten besetzt, und wie siehst du dabei aus? Nimm wahr, was mit deinem Körper geschieht, wenn du dich als Phantom fühlst. Stelle fest, ob und wann deine phantomhaften Launen der Erleuchtung oder der Entwicklung anderer dienen oder ob sie die anderen herausfordern.*

2. *Beschreibe dich selbst, wenn du ein wirklicher Mensch bist. Nimm wahr, wie du aussiehst und wie du dich fühlst, wenn du dich wie ein Phantom verhältst und dich gleichzeitig fließend davon lösen kannst. Welche Rolle nimmst du in deiner Welt in diesen realen Augenblicken ein? Wenn du wirklich bist, fühlst du dich vielleicht so, als wärst du auf dem Pfad des Herzens? Die anderen um dich herum brauchen dich in dieser Rolle; sie schaffen vielleicht sogar die Gelegenheit, dass du diese Rolle übernehmen kannst.*

3. *Ehre deine Lehrer. Welche Frauen und Männer haben in deiner Vergangenheit die Rolle des Geistes, des Nagual*

für dich gespielt? Wer hat deine alte Sichtweise durch-
einandergebracht und dir dabei geholfen, ein wirklicher
Mensch zu werden? Erinnere dich an deine am meisten
geschätzten Lehrer. Was waren ihre Aufgaben im Leben?
Wie weit sind sie damit gekommen? Inwiefern bist du ge-
rade dabei, ihre Aufgaben zu vollenden? Wähle jetzt ei-
nen Lehrer, den du ehren willst, und nimm dir ein wenig
Zeit für folgende Vorstellung: Denke an diese Person als
Glied einer Kette von wirklichen Menschen. Stell dir vor,
welcher Geist oder welche mythischen oder wirklichen
Lehrer hinter dieser Person standen.

4. *Schau nun zurück in die Geschichte, und sieh deine Leh-*
   rer und die Kette der Geister hinter ihnen. Diese Vision
   kann dich vielleicht nicht nur mit deinem Lehrer verbin-
   den, sondern auch mit dir selbst als einem wirklichen
   Menschen mit einer unglaublichen Geschichte. Nimm dir
   Zeit und experimentiere damit, deinen Lehrer, deine Ab-
   stammung und auch dich selbst zu ehren.

14.

DER TODESGANG

Wenn wir mit unserem Dämon ringen, ergeben sich Augenblicke von Freude, Freiheit und außergewöhnlicher Energie – unabhängig davon, ob wir den Kampf mit uns selbst gewinnen oder verlieren. Das Beste dabei sind sicher die Augenblicke, in denen wir uns als real und in Übereinstimmung mit uns selbst erleben, frei von den Ängsten und Symptomen des Phantomseins. Wir wissen nun um unseren Doppelgänger und können unseren schamanischen Traumkörper spüren. Manchmal jedoch vergessen wir diese Erfahrungen und fragen uns, wie viel von unserem Traumkörper wir tatsächlich leben können. Einerseits verleitet uns die Liebe zur Welt dazu, weiterhin mit den anderen zu kämpfen und zu spielen. Andererseits aber könnte uns die Ekstase der Erfahrung verlocken, die Welt für immer zu verlassen.

Auf den letzten Seiten in »Der Ring der Kraft« erklärt Don Juan seinem Lehrling, dass der Ort, an dem sie stehen, der letzte Scheideweg ist, an dem sie noch zusammen sind. Nur wenige Krieger, so sagt er, haben jemals die Begegnung mit den Unbekannten überlebt, die den Lehrlingen bevorsteht. Das Nagual ist so intensiv, dass diejenigen, die durch diese letzte Begegnung hindurchgehen, es nicht erstrebenswert finden, zum Tonal »der Welt der Ordnung, des Lärms und des Leidens« zurückzukehren.[35]

Erinnern wir uns an jene dramatischen Gefühle von Ganzheit, die die Entdeckung des Traumkörpers begleitet haben? Es ist schwer, eine solche Erfahrung loszulassen und zur Alltagsrealität zurückzukehren. Es ist schmerzlich, wundervolle Feri-

---

35 Castaneda »Der Ring der Kraft«.

en, eine wichtige Beziehung oder eine intensive innere Erfahrung hinter sich zu lassen, denn wir fürchten, die Verbindung mit der Ganzheit unseres Selbst wieder zu verlieren.

Somit werden sich Schwierigkeiten ergeben, wenn wir einmal dem Nagual begegnet sind. Zum Stand der Alltäglichkeit zurückzukehren – zu der Welt des Tonal, in der Träume, Körpererfahrungen und sekundäre Prozesse nicht geschätzt werden –, ist nicht einfach. Don Juan warnt seinen Lehrling und sagt, er würde verschwinden wie von der Erde verschluckt, wenn er sich nicht entschließen sollte zurückzukehren. Käme er jedoch zurück, müsse er warten, um seine ganz persönliche Lebensaufgabe erfüllen zu können. Don Juan sagt, dies sei kein alltäglicher Job, sondern eine weltliche Unternehmung, deren Vollendung lange Zeit in Anspruch nehmen könne. Die Aufgabe werde ihm von seinem Lehrer zugewiesen. Nach der Vollendung dieser Aufgabe habe der Lehrling dann vollständige Herrschaft über sich selbst.

Don Juan erzählt Castaneda, dass die Lehrer früher ihre Lehrlinge nicht gesucht hätten. Es sei die persönliche Kraft von Lehrer und Lehrling gewesen, die ihre Beziehung begründet habe, sodass Macht, Begehren oder Intrigen die beiden nicht aneinander fesseln konnten. Da die Kraft sich den Lehrer aussucht, können wir annehmen, dass sie auch die Aufgabe wählt, die mit diesem bestimmten Lehrer verbunden ist.

Aus meiner persönlichen Erfahrung kann ich das auch bestätigen. Als ich das erste Mal nach Zürich kam, hatte ich vor, mein Studium in theoretischer Physik abzuschließen. Das Schicksal jedoch sorgte dafür, dass ich einem Mitstudenten begegnete, der so sehr in seinen Analytiker vernarrt war, dass auch ich mich entschloss, mich einer Analyse zu unterziehen. So machte das Schicksal mich mit meinem ersten Lehrer bekannt.

Als ich dann eines Tages in einem Straßencafé saß und die Vorübergehenden beobachtete, bemerkte ich einen charmanten europäischen Herrn am Nebentisch, der dasselbe tat wie ich. Als ich ihn näher betrachtete, kam er mir vor wie eine Mischung aus dem Stil der alten Welt und einer wachsamen Präsenz. Ich fragte ihn, was er tue, und er antwortete trocken: »Dasselbe wie Sie«.

Wir verbrachten einen angenehmen Nachmittag zusammen, während wir uns über Frauen und Cafés unterhielten, und schließlich beschlossen wir, uns am folgenden Samstagnachmittag wieder zu treffen. Auch dann hatten wir wieder viel Spaß miteinander, und von da an trafen wir uns jeden Samstagnachmittag, bis ich eines Tages träumte, dass dieser Mann mein wirklicher Lehrer sei. Zu jenem Zeitpunkt, viele Wochen nach unserem ersten Treffen, waren wir wie immer so beschäftigt mit Plaudern, Trinken und Lachen, dass wir uns immer noch nicht gegenseitig vorgestellt hatten. Wer war er eigentlich?

Beim nächsten Treffen erzählte ich ihm schüchtern meinen Traum und fragte ihn, ob er sich auch für Träume und ähnliche Dinge interessiere. Er lachte laut heraus und sagte, ja, neuerdings sei er auch an solchen Dingen interessiert. Er muss bemerkt haben, wie sehr sein Verhalten mich irritierte, denn er sah mir direkt in die Augen und sagte, er sei der Präsident des Jung-Institutes in Zürich und der Neffe von C. G. Jung. Mit diesem Schock begann der offizielle Aspekt meiner Lehrzeit.

Wir verbrachten viel Zeit miteinander, und er wurde zu einem echten und unfassbaren Nagual für mich. Er war sowohl ein spiritueller Lehrer als auch ein Mann, der durchaus in dieser Welt verankert war, und er betrachtete es als seine Aufgabe, mir das Unbewusste auf dem Weg über das Leben nahezubringen. Den größten Teil unserer gemeinsamen Zeit verbrachten wir mit allem Möglichen, nur nicht mit konventioneller Psychoanalyse. Wir gingen spazieren, unterhielten uns und trafen uns zu ungewöhnlichen Zeiten an seltsamen Orten. Später trafen wir uns auch mit anderen; ich freute mich, wenn ich ihn im Umgang mit anderen beobachten konnte. Er war so charmant, und ich fühlte mich so antisozial. Heute weiß ich, welch ein Glück ich hatte, ihm begegnet zu sein.

Meine Aufgabe war unweigerlich mit dem Schicksal dieses Mannes verbunden, denn als er Jahre nach unserer ersten Begegnung starb, träumte ich am Tag seiner Beerdigung, dass sein Doppelgänger aus dem Grab heraus- und in meine Lungen hineinsprang, während ich einatmete. Manchmal habe ich immer noch das Gefühl, dass ein Teil von ihm in mir ist, vielleicht auch deshalb, weil er noch immer in meinen Träumen erscheint, um mir Anweisungen für meine persönliche Aufgabe zu geben.

Seit jener Zeit haben mich einige Menschen zu ihrem Lehrer gewählt, und ich bin immer wieder erstaunt darüber, wie deutlich die Träume dieser Leute zeigen, dass ihre Aufgaben mit meinen verbunden sind. Die persönliche Kraft von Lehrer und Student hat ihre Begegnung arrangiert, und dieselbe Kraft wählt die Aufgabe, die der betreffende Lehrer symbolisiert. Die Aufgabe ist sozusagen ein gemeinsamer Geist, und ihre Vollendung kann sich in manchen Fällen über Generationen hinziehen. Es ist, als seien Lehrer und Schüler Teil eines langen Stammbaumes, dessen Geschichte und dessen Zukunft sich rückwärts und in die Unendlichkeit hinaus erstrecken.

Die Tatsache, dass die Aufgabe unpersönlich ist und seit Urzeiten existiert, hat etwas Befreiendes an sich, und es ist wunderbar, dass Lebende und Verstorbene an ihrer Vollendung beteiligt sind. Auf dieser Ebene sind Beziehungen eng und freilassend zugleich. Das lernte ich von einem Mann in Bombay, der zu mir kam, nachdem er mich erstmals bei einem Vortrag erlebt hatte. Er sagte: »Dr. Mindell, ich möchte, dass Sie mein Guru werden«. Ich schreckte ein wenig zurück und wurde verlegen und überlegte dann, wie ich mit seinen Gefühlen umgehen sollte.

Heute bin ich ihm jedoch dankbar dafür, dass er für mich ein Guru war, der mir zeigte, wie man mit Gefühlen umgeht.

»Dr. Mindell, machen Sie sich darum keine Sorgen. Es ist etwas ganz Unpersönliches«, erklärte er. »Es hat nichts mit uns beiden zu tun. Sie sind mein Guru geworden, aber Sie müssen gar nichts tun. Ich werde Ihr Foto bei mir tragen und mit ihm sprechen, wenn es nötig ist«.

Obwohl dies für einen Menschen des Westens wie eine einseitige Haltung erscheinen mag, drückt sich hier eine zeitlose Wahrheit aus. Die Kräfte des Lehrlings und des Lehrers gestalten ihre Beziehung und ihre Aufgabe. Alle, die wir mit dem Mythos der Bewusstwerdung verbunden sind, haben mindestens eine gemeinsame Aufgabe: die zweite Aufmerksamkeit zu entwickeln und die Einseitigkeit unserer Wahrnehmung zu relativieren und so uns selbst und den anderen zu ermöglichen, vollständig zu leben. So war es zum Beispiel offensichtlich Castanedas Aufgabe, die Mächte der Nacht durch die Lehren des Don Juan an den Tag zu bringen.

Die genaue Beschaffenheit der Aufgabe ist abhängig von unseren individuellen Begabungen und Schwächen, von der Zeit, in der wir leben und von dem Aspekt in der Aufgabe unseres Lehrers, den er noch nicht vollendet hat. Daher ist es genauso, wie Don Juan es ausdrückt: Die Aufgabe wird uns vom Geist des Lehrers entweder direkt oder indirekt durch Träume und Liebe übergeben.

Der Todesgang

Don Genaro berichtet über die Probleme, die mit dieser Aufgabe verbunden sind. Ausführlich erzählt er eine Geschichte über das, was in der Zeit geschieht, in der wir auf die Vollendung der Aufgabe warten, einer Zeit, die ich den Todesgang nenne. Nach dieser Geschichte gab es vor vielen Jahren eine Gruppe männlicher Krieger, die in den Bergen lebte. Wenn einer von ihnen den Gruppenregeln nicht gehorchte, musste er sich den anderen stellen und sich verteidigen. Hielten sie ihn für schuldig, stellten sie sich in einer Reihe auf, um ihn zu erschießen, während er vor ihnen herging.

Der verurteilte Krieger hatte jedoch eine Chance. Er war frei, wenn er auf eine so besondere Weise ging, dass keiner den Abzug ziehen konnte, oder wenn er seine Wunden überlebte. Es heißt, dass es einigen Leuten tatsächlich gelang, diesen Todesgang zu überleben. Vielleicht war es ihre persönliche Kraft, die ihre Kameraden berührte und es ihnen unmöglich machte zu schießen. Oder der verurteilte Krieger war so zentriert und ruhig, dass seine Losgelöstheit ihn rettete.

Den Schamanen zufolge bedeutet diese Geschichte, dass wir warten müssen, bis unsere Aufgabe auf dieser Erde erfüllt ist, wenn wir uns nach unserer Ausbildung dazu entschließen sollten, zum alltäglichen Leben zurückzukehren. Unser Warten wird wie der Gang jenes Kriegers in der Geschichte sein: Jeder Schritt ist vielleicht unser letzter. Im Unterschied zu dieser Geschichte, in der unsere Kameraden die Hinrichtenden sind, ist es im wirklichen Leben der Geist selbst, der auf uns zielt.[36] In jedem Fall ist für alle, die sich in einer solchen Situation befinden, »die menschliche Zeit abgelaufen«. Das einzige, was uns retten kann, ist unser Wissen und unsere Aufrichtigkeit, die wir bei der Vollendung unserer Aufgabe einsetzen. Das bedeutet, dass wir uns auf einem Todesgang befinden. Unser Interesse an Bewusstheit und persönlichem Wachstum verbindet uns mit den anderen, nicht nur über wechselseitige Freundschaft, sondern weil wir alle die Herausforderung brauchen.

Konflikt, ob innen oder außen, ist das Schicksal des Kriegers. Wir alle befinden uns nämlich mitten in einem Todesgang, weil die Welt uns ununterbrochen dazu herausfordert, unser ganzheitliches Selbst zu verwirklichen. Ein Durch-

---

36 ebenda

schnittsmensch hat das Gefühl, dass die Welt gegen ihn ist. Der Unterschied zwischen dem Geisteszustand eines gewöhnlichen Menschen und dem eines Kriegers besteht in der Erkenntnis des Kriegers, dass der schlimmste Konflikt der mit seiner eigenen Phantom-Natur ist. Als Krieger wissen wir, dass die Welt ein Jagdgrund ist; jeder ist ein Verbündeter und stellt sich uns so lange in den Weg und macht uns Schwierigkeiten, bis uns die Macht dieses Verbündeten, der Traumkörper, zugänglich geworden ist.

So setzt sich die Todesschwadron unseres Kriegertums je nach unserer seelischen Verfassung sowohl aus unseren inneren Kritikern als auch aus unseren äußeren Freunden und Feinden zusammen. Freunde können würdige Gegner, Dämonen und Verbündete sein, deren Geheimnisse wir aufdecken müssen. Sie scheinen wie gegnerische Kräfte in uns und überall im Universum zu sein. Diese ehemaligen Freunde sind unsere mythische Kriegergruppe, innere und äußere Kritik, entstanden aus Eifersucht und Unbewusstheit, aus unserer Beziehung zu einem Lehrer und zu Mitstudenten und aus unserem eigenen Verbündeten, der soziale Regeln bricht. In dieser Gruppe träumen wir gemeinsam.

Die Regeln

Die unausgesprochenen Gesetze dieser inneren oder äußeren Gruppe sind die Regeln unserer Gemeinschaft, die Absichten, nach denen zu leben wir gewissermaßen zugestimmt haben. Dies können ungeschriebene Gesetze unserer Familie und unserer Kultur sein und / oder die Ideale und Denkweisen einer Nation. Innerhalb unserer Kriegerfamilie sind es die Gesetze dieser Gruppe, die die Beziehungen und die Rollen von Frauen und Männern bestimmen. Es sind unausgesprochene Regeln, die bestimmen, wie man mit Außenseitern umzugehen hat. Wenn wir einer religiösen Gruppe angehören, leben wir nach bestimmten Regeln, die Glauben und Lebensstil beherrschen. Wenn wir Wissenschaftler sind, sind wir an die Konventionen von Empirismus und Rationalismus gebunden. Als Lehrer müssen wir uns akademisch vorbildlich verhalten und den Menschen beibringen, sich anzupassen. Beim Therapeuten sollte der Rationalismus Vorrang haben gegenüber dem Schamanismus.

Als Person müssen wir den Definitionen für normales menschliches Verhalten folgen und Wahrnehmungen unterdrücken, die außerhalb dieser Definitionen liegen. Die Gruppe unserer jeweiligen Rasse lehnt gemischte Beziehungen ab. Als Frauen müssen wir gegen dreitausend Jahre Männerherrschaft ankämpfen. Als Männer müssen wir arbeiten, bis wir umfallen – Entspannung ist nicht erlaubt! Wenn wir schwul, lesbisch oder bisexuell sind, dürfen wir uns das möglichst nicht anmerken lassen, denn wir könnten geächtet werden.

Wenn unsere eigene Gruppe beginnt, uns in unseren Träumen anzugreifen, könnten wir uns einer Psychotherapie unterziehen und unseren eigenen Widerständen begegnen. Vielleicht gelingt dies aber nicht, da unsere Selbstzweifel, die unsere Angreifer sind, uns sogar daran hindern können, Hilfe zu suchen, zu träumen oder uns zu bewegen. Die inneren Attacken erreichen ihren Höhepunkt, wenn wir versuchen, uns zu ändern und real zu werden. Manchmal kann hier nur ein Schamane helfen, der unsere verlorene Seele sucht.

Der Geist der Jury zeigt sich äußerlich als unser Nachbar, eine Gruppe, ein Land, das Finanzamt oder die Welt. Tatsächlich bedeutet allein unsere Existenz auf diesem Planeten an der Wende zum 21. Jahrhundert, dass wir den Konventionen der Vergangenheit und den Hoffnungen auf ein neues Zeitalter verpflichtet sind. Immer aber werden wir von innen und von außen dazu aufgefordert, das zu tun, was die anderen auch tun, und uns mit dem zu identifizieren, was die anderen von uns erwarten. Sich ohne Erlaubnis zu verändern, ist verboten.

Die Welt unserer Angreifer ist wie ein riesenhaftes Phantomfeld, auf dem wir uns bewegen müssen. Während wir arbeiten und unsere Aufgabe erfüllen, werden wir beweglich und fließen, verändern uns von Moment zu Moment, steigen aus unseren alten Rollen und kehren wieder zu ihnen zurück und brechen so unabsichtlich die Hauptregel: Deine persönliche Geschichte ist unantastbar. Aber wir konnten uns nicht daran halten.

Unser Selbstverständnis durcheinanderzubringen, Identitäten zu verändern und unsere eigene Geschichte fallen zu lassen, war hart und aufregend. Und jetzt ist es erschütternd zu hören, dass alte Freunde uns beschuldigen, nicht nur die offenen, sondern auch die unausgesprochenen Regeln der Vergangenheit gebrochen zu haben. Dieser Konflikt ist schmerzhaft genug, aber es kommt noch schlimmer. Eine Gruppenregel zu brechen, stellt uns einem noch bedrohlicheren Feind gegenüber als unserer engsten Familie oder unseren Freunden. Derjenige, der die Regeln bricht, muss sich Jahrhunderten kultureller Glaubenssysteme und der Gewalttätigkeit ihrer Verteidiger stellen.

Das Schicksal hat uns zum Geächteten gemacht. Als Krieger mussten wir irgendwann fast gezwungenermaßen eines dieser Kulturgesetze übertreten. Wir haben Glaubenssysteme und Ziele umgeworfen und sie bedroht. Da wir Krieger sind, mussten wir Grenzen überschreiten und unwillentlich das Gewebe, von dem wir selbst ein Teil sind, durcheinanderbringen. Unser Körper hält die Welt an, indem er die Energie über Symptome auslebt. Bewusstheit und die zweite Aufmerksamkeit machen uns unberechenbarer in Beziehungen. Unser Gespür für das Unbekannte lässt uns Geister unterstützen, die andere vergessen haben. Das alles schafft Probleme.

Die Scharfrichter

Ist es unser Fehler, dass wir andere an Träume erinnern, die sie nicht mögen? Und wer wird der Gruppe Vorwürfe machen, weil sie uns Widerstand leistet und uns dann einem Kampf auf Leben und Tod aussetzt? Diese Menschen kämpfen für ihr Leben, für Ausgewogenheit und Gleichförmigkeit – für die Fortdauer der Geschichte. »Bringe uns nicht mehr Unruhe, als wir ertragen können«, sagen sie.

Von einem globalen Standpunkt aus gesehen stören wir unser System, denn die Geschichte muss für Kontinuität kämpfen. In dieser umfassenden und schicksalhaften Interaktion werden die Freunde des Kriegers zu den Stimmen des sozialen Gewebes. Ihre Wärme wird zu Eis. Sie klagen uns an wegen verantwortungslosen Verhaltens, wegen Egoismus und Verbrechertum, und sie werden von ihrer Gesetzgeberrolle in diesem immerwährenden Drama der menschlichen Geschichte beherrscht.

Das Kollektiv, in dem wir leben, muss uns für etwas verfolgen, das sich ihm als kriminelle Handlungen darstellt, und uns vor Gericht bringen, so, wie auch wir früher andere Gesetzesbrecher bekämpft haben. Nun sind wir es, die sich auf einen Kampf um Leben oder Tod mit dem Universum einlassen. Es ist unser Schicksal als Krieger, uns verfolgt zu fühlen und der kollektiven Jury die Stirn zu bieten. Die Ekstase des Nagual verwandelt sich plötzlich in einen Albtraum, wenn unsere besten Freunde zu würdigen Gegnern werden, die uns dazu herausfordern, Verantwortung für unser Tun zu übernehmen.

Wenn wir nicht achtsam sind, fallen wir wieder in unser Phantomsein zurück und üben Vergeltung an denen, die uns Unrecht getan haben. Mit Glück und Bewusstheit werden wir uns jedoch an die Sicht des Kriegers erinnern und die Bedeutung unseres Kampfes erkennen. Unsere Kameraden sind nicht nur die biederen Phantome, die wir einst verachtet haben, und ihre Schüsse sind keine Attacken, die uns bluten lassen. Sie sind viel eher die Stimme der Geschichte, die fordert, die Kultur dadurch zu entschädigen, dass wir unser Selbstverständnis erweitern, um die anderen einbeziehen zu können. Wir müssen uns entweder von unseren Taten distanzieren und unsere Schwierigkeiten als das betrachten, was wir der Vergangenheit schulden, oder wir müssen kämpfen wie ein Held und sterben wie ein Phantom.

Der beginnende Krieger vergisst diese großartigen Visionen inmitten seiner Spannungen, und im entscheidenden Moment macht er vor Gericht geltend, dass er keine andere Wahl hatte und das Verbrechen begehen musste. Hätten wir nicht die Worte des Dämons ernst genommen, die Impulse unseres Traumkörpers ausgedrückt und auf die Befehle des Todes gehört, wären wir krank geworden. Es war unmöglich, den Forderungen nach Anpassung noch ein einziges Mal zuzustimmen und unsere innere Welt zu überhören. Es gab keinen Mittelweg der Vernunft mehr.

Obwohl die Geschworenen im Herzen berührt sein mögen, muss ihr Urteilsspruch auf »schuldig« lauten. Es ist nicht erlaubt, dem inneren Leben zu folgen und Schwierigkeiten zu verursachen. Sie sagen vielleicht, dass wir unserem Verbündeten folgen könnten, wenn wir für uns alleine seien, aber sonst müssten wir uns an die Regeln des Kollektivs halten. Dem Verbündeten innerhalb des Kollektivs zu folgen bedeutet, die anderen zu stören.

Die Jury könnte klagen, dass die Geschäfte nicht mehr richtig gehen, wenn wir da sind. Warum müssen wir denn auch in die Gegenrichtung gehen? Wäre es nicht viel einfacher, die vorgeschriebenen Wege zu nehmen wie die anderen? Wie können wir über Dinge lächeln, die die anderen so ernst nehmen, und andererseits Dinge ernst nehmen, die die anderen nicht beachten? Die Jury würde uns gerne eine neue Chance geben – wir müssen ja tatsächlich bemerkenswerte Persönlichkeiten sein –, aber es geht nicht, da wir untragbar sind. Diese Menschen müssen uns hier, an unserer Grenze, erschießen und müssen dafür sorgen, dass wir einsehen, wie schwerwiegend unsere Vergehen waren – eine Angelegenheit auf Leben und Tod.

So ist es unsere Lektion, zu erkennen, dass wir uns weder die Anerkennung des Kollektivs noch ein langes Leben verschaffen, wenn wir dem Verbündeten folgen. Der Pfad des Wissens ist ein hart erkämpfter Weg, auf dem wir fortwährend unerklärlichen Mächten begegnen. Der Pfad des Herzens ist schreckenerregend und voll tiefer Bedeutung, und er kann zu einem frühen Tod führen.

Das Überleben des Todesganges

Nach Aussagen von Don Genaro und Don Juan gab es ein paar Krieger, die so zentriert waren, dass sie den Schussbereich durchquerten, ohne erschossen zu werden. Ihre Kameraden konnten nicht abdrücken. War der Krieger so in Einklang mit sich selbst und seinen früheren Taten und Verbrechen, dass sein Traumkörper ihn unverletzt durchbrachte? Oder war er nur so zäh, dass er sich von seinem gebrochenen Herzen und seinen Wunden wieder erholte?

Vielleicht war es nicht der Krieger, der die Situation beherrschte, sondern die Mitglieder seiner Jury, die erkannten, dass ihr Freund etwas auslebte, das für alle wichtig war. Im Grunde ist jede Kriegerbande, jede Gruppe von Menschen durch so etwas wie einen Bewusstseinsmythos miteinander verbunden. Jeder Teil einer Gruppe ist ein Bewusstseinskanal, der in der Lage ist, Botschaften aus dem Unbekannten zu tragen und auszudrücken.

Eine inspirierte Jury wird argumentieren müssen, dass es der Stadt, wenn sie einen ihrer Bürger umbringt, zwar gelingen wird, seinen Körper zu zerstören. Die Stimme und die Botschaft dieses Kriegers können jedoch nicht ausgelöscht werden. Neue Ideen und Lebensweisen sind umfassender und dauerhafter als die Menschen, die sie verkünden. Diese Ideen werden die Stadt in ihren Träumen noch lange nach dem Tod des Kriegers heimsuchen. Auf diese Weise setzen sich die Stimmen der Vergangenheit heute als Rollen in der Gegenwart fort, als Teile, die die Ganzheit des Kollektivs braucht. Deshalb können die Zauberei, der Schamanismus und hoffentlich auch das Leben der Eingeborenen niemals vollständig ausgerottet werden.

Auf jeden Fall sind wir, da wir innerhalb der Gruppe vorübergehend Gesetzesbrecher sind, auch ihr sekundärer Prozess, ihr gespenstischer Geist. Uns zu töten, ist nicht nur unmenschlich, es ist auch ineffektiv. Außerdem könnten wir einwenden, die Führung der Gemeinschaft sei wahrscheinlich zu rigide gewesen; denn sonst würde sie nicht einen Krieger aufgeträumt haben, der unwillentlich eine Revolution hervorruft.

Wenn wir heute der Jury gegenüberstehen, werden wir das Gefühl haben, schon einmal hier gewesen zu sein. Der globale Standpunkt, all jene zu sein, die jemals ein Gesetz gebrochen haben, kann es uns ermöglichen zu überleben. Die Jury, die für das kämpft, was schon immer gewesen ist, hat es auch schon immer gegeben. So stehen nicht nur wir vor Gericht, sondern der gesamte Teil der Menschheit, der je die Regeln seiner Umgebung gebrochen hat.

Wir leben in einer Welt, die selbst vor Gericht steht. Denken wir also an unsere potenziellen Scharfrichter und daran, dass auch ihre Zeit abgelaufen ist. Während die Menschen um sich schlagen, um Lösungen für die überwältigenden und offensichtlich unlösbaren selbst geschaffenen planetarischen Probleme zu finden, hat es die Natur auf die Menschheit abgesehen, genauso wie die Jury auf den Krieger.

Doch wir wissen, dass wir nicht warten können, bis unsere Welt spontan erwacht, sonst könnten wir ihren Wandel erst vom Grab aus beobachten. Wir müssen aufwachen, denn wir können es uns nicht länger leisten, unsere Reise als Gesetzesbrecher nur als einen persönlichen Kampf der Individuation zu betrachten. Das Ergebnis unseres Todesgangs ist für alle Menschen wichtig. Unsere individuellen Versuche, ganz zu werden, fordern den Wandel, in unserer Umgebung heraus, sogar jetzt beim Lesen dieser Zeilen. Die Ewigkeit verlangt sozusagen von uns, den Wandel der Welt beispielhaft aufzuzeigen, da der gesamte Planet überlegt, wie er seinen Todesgang mit der Natur überleben soll.

Um den Todesgang überleben zu können, müssen wir nicht nur verletzlich, sondern auch unsichtbar sein. Zuerst müssen wir, als Opfer unserer eigenen Unbewusstheit und der der anderen, für uns allein trauern und weinen. Dann müssen wir kraftvoll und in Übereinstimmung mit uns selbst unseren Widersachern standhalten. Zuletzt müssen wir dann unsere persönliche Geschichte fallen lassen und lächeln. Wenn wir so weit gekommen sind, vermögen wir sogar, den Standpunkt unserer Jury einzunehmen und uns selbst anzugreifen, bevor sie schießen kann. Selbst wenn wir sonst nichts erreichen, werden wir uns doch zumindest auf dem Pfad des Herzens und des Lernens befinden.

Erinnern wir uns an den Tod, unseren alten Ratgeber? Wir sollten aus dem Schussbereich des Feindes verschwinden und unsere persönliche Geschichte beseitigen, bevor sie schießen kann. Als flexible Krieger sind wir nicht nur wir selbst, sondern denken genauso wie die Jury. Außerdem sind wir ein Geist oder eine Rolle in einem Feld. Unsere fließende Beweglichkeit sollte nicht nur für uns selbst Mitgefühl entstehen lassen, sondern auch für unsere Verfolger, unsere Freunde und die Gemeinschaft. In dem Moment, in dem wir unseren schamanischen Körper gefunden haben, werden wir erfreut zustimmen, dass unsere Zeit gekommen ist. Die Jury, die Zeuge dieses letzten Standpunktes ist, mit dem wir unsere eigene Geschichte hinter uns lassen, wird eine Jury sein, deren Aufgabe überflüssig geworden ist.

Solch ein letzter Tanz wird vielleicht unseren Tod nicht aufhalten, aber ganz sicher wird er die Erinnerung an uns immer wach halten. Wie ein Geist an keine Rolle gebunden ist, trägt der legendäre Krieger seinen Körper und seinen Tod in seinen eigenen Händen und betrachtet sein Leben mit Abstand. Die Welt ist nicht nur sein Feind, sie bringt ihn auch zum Erwachen. Etwas Unvergängliches wacht darüber, wie er mit Meinungen von Minderheiten umgeht. Etwas unermesslich Großes reagiert sensibel auf Unbewusstheit und Brutalität.

Das größte Problem beim Todesgang ist nicht seine Unausweichlichkeit oder vielleicht sogar seine Allgemeingültigkeit, sondern die Art und Weise, wie wir und alle Beteiligten während seines Verlaufes in ganz bestimmten Rollen erstarren, voller Angst, uns zu bewegen oder zuzugeben, dass jedermann sich vor Gericht befindet. Wir alle sind Götter, die Schmerzen lindern könnten, was wir aber normalerweise nicht tun. Deshalb wird jedesmal, wenn einer von uns in den Zeugenstand tritt, die ganze Welt angeklagt sein. Jedesmal, wenn ein Störenfried die Regeln durchbricht, wird die ganze Gruppe verhört.

Die Geschichte zeigt uns, dass immer einige wenige überlebt und sich zusammen mit ihrer jeweiligen Gemeinschaft gewandelt haben. Immer wieder hat es einen Don Juan gegeben, der die Ganzheit des Menschen gelehrt hat, der sich auf den Pfad der Selbstentdeckung begeben hat, nach Ixtlan zurückgekehrt und weitergegangen ist, um andere zu transformieren. Tatsächlich ist unsere hier vorliegende Untersuchung darauf zurückzuführen, dass Don Juan seinen Todesgang überlebt hat. Er muss für seine Mitmenschen unmöglich gewesen sein, aber er überlebte ihren Ärger und hatte genug Liebe für sie, um ihnen so viel geben zu können, wie er genommen hatte.

Bis heute geht unsere Welt durch einen gnadenlosen Kreislauf des Aufräumens und Tötens ihrer außergewöhnlichsten Schamanen und Lehrer, die dann in anderer Form zurückkehren, um zu helfen. Es gab immer einen Laotse, der im letzten Augenblick vor seinem Tod zurückkehrte, um ein Tao Te King zu schreiben. Erinnern wir uns an den Indianerhäuptling Hiawatha und seine Träume, die ihm halfen, seiner Gruppe das Pflanzen neuen Getreides beizubringen und dadurch zu überleben. Oder denken wir an die dramatische Geschichte von Bruder Klaus in der Schweiz, der seine Familie im Alter von fünfundvierzig Jahren verließ, um seinen gewaltigen Träumen zu folgen, und der die Welt später mit politischer und geistlicher Führung dafür entschädigte.[37] Erinnern wir uns an Jesus, Buddha, Gandhi, Martin Luther King und Malcolm X. Oder denken wir an Ben Thompson, den Mann, der dieses Kapitel auf Band gesprochen hat und dann auf seiner Beerdigung abspielen ließ.

Ich möchte an viele unbesungene Graswurzelhelden erinnern, die ihr Leben in relativer Verborgenheit zubrachten und unter der Gegensätzlichkeit ihres Weges und ihrer Umwelt gelitten haben. Ihre Verbündeten erschienen als körperliche oder soziale Behinderungen, als Homosexualität, als unterschiedliche Hautfarbe, als verbotene Liebesangelegenheiten, als Verrücktheit oder als Dichtkunst. Ich denke an alleinerziehende Eltern und einsame Künstler, die versucht haben, das Unmögliche auszudrücken. Und viele andere haben ihr Schicksal ohne Unterstützung, nur mit ihrem eigenen Traumprozess durchgestanden.

Zu verstehen, dass die Welt ihre unkonventionelle Lebensart in die Erscheinung träumte, hätte nach Beendigung ihres Kampfes ein kleiner Trost für ihren zurückgebliebenen Kummer sein können. Was aber wirklich das Andenken an diese Leute ehren würde, wäre unsere Erkenntnis, dass all die kleinen Veränderungen, die sich als Folge ihrer Kämpfe ergeben haben, uns heute berühren, da sie überall und jederzeit im Netzwerk der Beziehungen gegenwärtig sind.

---

37 Nationalheiliger der Schweiz

Die Lebensdauer

So bestimmen zum Teil auch die Nation und die Gemeinschaft die Lebensdauer eines Individuums. In der Tat scheint zwischen dem Durchschnittsalter der Menschen und der Art und Weise, mit der wir andere vernichten oder unterstützen, ein Zusammenhang zu bestehen. Die Länge unseres Lebens ist sicher noch von anderen Dingen abhängig als von Vererbung, Ernährung, körperlichem Training und guten oder schlechten Taten. Genauso wie die Biologen den Fluss des Lebens und den Augenblick des Todes nicht befriedigend erklären können, weiß niemand, warum ein Individuum achtzig und nicht hundert oder fünfhundert Jahre lebt. Niemand weiß, warum so viele talentierte, begabte und außergewöhnliche Menschen jung sterben.

Ich hatte über dieses Problem noch nie nachgedacht, bis ich dieses Kapitel mit den Augen von Ben Thompson las, so als würde ich auf meiner eigenen Beerdigung sprechen. Ich denke, Ben versuchte zu zeigen, dass sein Leben ein Todesgang war, der zu dem Zeitpunkt endete, an dem deutlich wurde, dass die Botschaft, die er überbrachte, seiner Zeit voraus war.

Vielleicht sterben wir, wenn wir uns nicht mitteilen können oder wenn die anderen die Botschaften unseres Geistes nicht verstehen. Wir sterben immer dann, wenn wir den Unterdrücker, der uns gezwungen hat, unsere wahre Natur zu definieren, nicht gebührend anerkennen. Statt uns auslöschen zu lassen, können wir uns immer noch von unserer persönlichen Geschichte befreien, uns in ein flexibles Antimaterieteilchen verwandeln, aus der Zeit heraustreten und zu unserem Doppelgänger werden.

Bis heute sind zu wenige von uns den Geheimnissen der Natur, den Botschaften und Signalen des Unbekannten gefolgt. Verantwortung für die Unbarmherzigkeit des Lebens zu übernehmen bedeutet, den Mut aufzubringen, sich auf Prozesse einzulassen, die von anderen nicht beachtet werden. Gerade diese Unerbittlichkeit, die uns beherrscht, könnte der Verbündete sein, der uns nach seiner Transformation nähren wird. Dann wird unser Todesgang nicht nur unsere persönlichen Schwierigkeiten darstellen, sondern die dramatische Geschichte des globalen Erwachens.

Übungen

1. *Erinnere dich an einige Todesgänge, auf denen du dich befindest oder befunden hast. Hattest du in deiner Kindheit mit anderen Kindern gekämpft? Hattest du als Teenager Schwierigkeiten mit Autoritätspersonen? Hattest du Konflikte mit deiner Familie? Warst du in verbotene Liebesaffären verwickelt? Befindest du dich in einer unkonventionellen Partnerschaft oder Ehe, oder hast du dich früher darin befunden? Hast du eine Midlife-Krise durchgemacht, in der alles bedeutungslos wurde? Fürchtest du dich vor Krankheit, Ruhestand, Alter oder Tod? Bist du gerade dabei, etwas zu tun, was dich in Konflikt mit anderen bringen wird?*

2. *Stelle dir einen Gegner oder eine Jury vor, die jetzt oder in Zukunft gegen dich sein könnten. Wer ist es? Wie sehen sie aus? Was tun oder sagen sie? Wo sind sie?*

3. *Wähle eine dieser Begegnungen, die du jetzt gern vollenden würdest. Komme mit deinen inneren oder äußeren Gegnern zusammen, zuerst in deiner Vorstellung. Nimm wahr, was sie tun, denken und fühlen.*

4. *Begib dich in deinen Doppelgänger. Greife in der Vorstellung deine Doppelsignale auf und achte darauf, wie dein schamanischer Körper mit der Situation umgeht.*

5. *Wenn nötig, erinnere deine Angreifer daran, dass wir uns alle auf einem Todesgang befinden und dass die Natur es auf die gesamte Menschheit abgesehen hat und beurteilt, wie wir mit Konflikten umgehen. Sag deinen Angreifern, dass die Ewigkeit auch sie wegen ihrer ausfallenden Art vor Gericht bringen könnte.*

6. *Wenn du eine Perspektive siehst, beziehe dich auf die Geschichte. Sage den inneren und äußeren Gegnern, dass du ein Teil der Kultur bist, der vernachlässigt wurde. Sag ihnen, dass andere diesen Todesgang versucht haben und versagten oder gar nicht den Mut hatten, überhaupt zu beginnen. Zeige Wege, auf denen die Zukunft für alle besser gestaltet werden könnte, wenn die Jury versuchen würde, deine Handlungen zu verstehen.*

7. *Höre deinen Gegnern zu und nimm wahr, welche starken nonverbalen Körpergefühle auftreten. Wenn du dich nicht verteidigen oder nicht sprechen kannst, lass deine Gefühle sich in Bewegungen ausdrücken. Lass dies den Augenblick deines letzten Tanzes sein, und lass diesen Tanz sich entfalten.*

15.
TRAUMZEIT UND KULTURELLE VERÄNDERUNG

Erinnern wir uns an die Qualen des Todesgangs. Erinnern wir uns, wie es war, als die anderen uns wie einen unerwünschten Traum behandelten. Wenn wir einen Todesgang überlebt haben, wissen wir, wie es ist, wenn ein Traum beinahe stirbt, wenn eine Gemeinschaft sich gegen uns wendet, wenn eine ethnische Gruppe gequält wird. Wenn wir unsere eigenen Kräfte nicht erkennen, wenn ein Land die Vielfalt seiner Bewohner unterdrückt, werden die Menschen Waffen anwenden, um zusammen träumen zu können.

Es gibt kaum Unterschiede in der Art der Schmerzen, die wir ertragen haben wegen unnötiger Selbstkritik, Missachtung durch die Familie, Unterdrückung durch eine Gruppe oder wegen der Verachtung der anderen, weil wir unserem schamanischen Körper gefolgt sind. Aber wenn wir sie überwunden und den Todesgang überlebt haben, können wir dazu beitragen, die gegenwärtige Epidemie von Missbrauch, Unterdrückung und Völkermord so zu verwandeln, dass ein Staat von Menschen entsteht, die zusammen träumen.

Um dies zu erreichen, müssen wir den Missbrauch wahrnehmen und Rassismus, Homophobie, religiöse Vorurteile und Sexismus erkennen. Wir sollten jedermann darauf hinweisen, wie einzelne Menschen zu einem Todesgang gezwungen werden, während sie die Straße entlang gehen, zu Hause leben oder in der Öffentlichkeit stehen. Wir müssen die tödlichen Geister hervorholen, wie z. B. den Unterdrücker, und jedermann dazu auffordern, die Todesqualen des Opfers mitzuerleben. Im 12. Kapitel habe ich Beispiele von Rassismus und Antisemitismus erwähnt und gezeigt, wie man eine Konfrontation zwischen verschiedenen Geistern und Menschen unterstützen kann.

Wenn es gelingt, zusammen zu träumen, wird jeder erkennen, dass wir alle für die Schaffung und Verwandlung der Kultur verantwortlich sind. Es ist Aufgabe aller Menschen, die durch Unterdrückung, Schmerz, Wut und Sehnsucht nach Freiheit entstandenen veränderten Bewusstseinszustände, die unsere Gruppen durchziehen, wahrzunehmen und zu erforschen. Wir haben unsere kulturellen Probleme in keiner Weise dadurch verringert, dass wir sie verdrängt, vermieden oder ignoriert haben. Wir brauchen neue Schamanen, um tiefer in sie eindringen zu können. Zusammen zu träumen ist eine neue Art, sozial aktiv zu sein; es bedeutet, tiefer zu gehen, um die Grundlagen persönlicher und sozialer Heilung finden zu können.

Wenn wir es schaffen, die innere Arbeit mit dem Gruppenprozess zu verbinden, wird niemand das, was geschehen ist, als etwas rein Persönliches betrachten. Wenn wir zusammen träumen, weiß jeder, dass nicht nur die Konfliktlösung entscheidend ist, sondern auch der Sinn für ein gemeinsames Teilhaben an Ehrfurcht gebietenden Geschehnissen.

Die meisten Kulturen haben ihren Ursprung als Eingeborene vergessen. Die moderne Welt erscheint mir wie ein verirrtes Schiff auf hoher See, ein Schiff, das seine Vergangenheit sucht. Während es so dahintreibt, versucht es vergeblich, Anker zu werfen im Fundamentalismus, in einer heldenhaften Führung, in einer Diktatur oder in einem Krieg, diesen uralten Trugbildern vom Sinn des Lebens. Alle scheinen die Bedeutung des persönlichen Lebens in Gemeinschaften vergessen zu haben. Und dennoch, während unser Planet neue Paradigmen der Demokratie sucht, ist der zentrale Mythos von Gemeinschaften – das gemeinsame Träumen, die Macht, die einst die Welt erschuf – zum Greifen nahe.

Die übrig gebliebenen Kulturen der Aborigines lehren noch immer über die Traumzeit. Geschichten amerikanischer Ureinwohner erinnern daran, wie der Traum eines Mannes seinen ganzen Stamm verändert hat. In der Geschichte von Black Elk wird z. B. darüber berichtet, wie einer (einen) ganzer (n) Stamm zusammen träumte.[38]

Ich erfasste die Bedeutung gemeinsamen Träumens, nachdem ich mit Aborigines zusammengekommen war. Der Heiler, den Amy und ich eines Nachts in der Dunkelheit des pazifischen Busches, dieser australischen Welt, aufsuchten, begrüßte uns ruhig in der Abenddämmerung und bat uns, am nächsten Tag wiederzukommen. Er brauchte Zeit, um Heilpflanzen im Regenwald zu suchen.

Als wir auf unserer Heimfahrt durch das Dorf des Heilers kamen, lief ein Mann, der ziellos umherzuirren schien, fast in unser Auto. Wir hielten an, und ich öffnete die Tür, um ihn zu begrüßen. Ohne ein Wort zu sagen, setzte sich der Aborigine direkt neben mich. Dieses bemerkenswerte Wesen wollte nach Hause gefahren werden. Zunächst schien er volltrunken zu sein, aber nach ein paar Minuten völlig tranceartigen Verhaltens erzählte er ganz klar von sich selbst. Er lebte irgendwo zwischen der Unterdrückung durch das koloniale Australien, das sich bis vor ein paar Jahren noch geweigert hatte, Aborigines als menschliche Wesen anzuerkennen, und der gewaltlosen Traumzeit der Aborigines. Als er uns schließlich zu Hause seiner Familie vorstellte, erfuhren wir dieselbe Wärme, Freundschaft und Liebe, die uns, seit wir Mombasa verlassen hatten, gefehlt hatte.

Wenn wir wegen der Alkoholproblematik auf die Kulturen der Aborigines herabsehen, müssen wir bedenken, dass durch Alkohol ein Weg zurück in die Traumzeit gesucht wird. Die moderne Zivilisation trennt uns von den alten Mythen unseres Planeten, der von traumartigen nächtlichen Figuren geschaffen worden ist. Nach diesen Mythen ist die Welt nicht durch einen Urknall und den daraus hervorgegangenen geo-

---

38 Siehe Neidhart »Black Elk speaks«.

physikalischen Kräften entstanden, sondern sie ist so, wie sie ist, wegen des mythischen australischen roten Kängurus und anderer Gottheiten.[39] Immer, wenn wir uns die Umgebung erfüllt von Geistern vorstellen, verbinden wir uns mit dem ältesten Teil der menschlichen Geschichte, der fünfzigtausend Jahre zurückreicht. Gerade so, wie wir in uns selbst Drachen und menschliche Wesen erfahren können, sieht unser eingeborener Geist die Welt als Ausdruck mythischer Mächte, die sich durch Raum und Zeit der Geologie bewegen.

Am Tag, nachdem wir den Aborigine getroffen hatten, kehrten wir zu dem Heiler zurück, der uns, nacheinander, in seine Hütte einlud, um uns zu heilen. In der Sitzung für mich sangen und tanzten der Heiler und seine Frau. Sie sang, während er seine Hände rieb, zuerst an seinem Körper und dann an meinem, um mich zu heilen. Die beiden hörten sich Probleme, die ich beschrieb, ganz genau an und bliesen zuletzt meine Seele durch meine Ohren und meinen Scheitel wieder in mich hinein. Er »bürstete mich sauber«, indem er mit einer Heilpflanze über meinen Körper fächelte. Als wir später zusammenkamen, mussten wir uns vor sein Feuer stellen, wo der Wind den Rauch brennender Heilpflanzen durch uns hindurchwehte – so »räucherte er uns rein«.

Es war ein Ehrfurcht gebietendes und schwer zu beschreibendes Erlebnis. Die Tochter der beiden saß geduldig vor der Hütte und wartete, um uns zu sagen, dass wir mit niemanden über unsere Erfahrungen sprechen dürften. Später könnte ich jedoch in meinem Buch darüber schreiben.

Ich kann die traditionelle Geheimhaltung verstehen. Wo auch immer eine Form der Traumzeit auftaucht, geschieht etwas Geheimnisvolles, das so einzigartig ist, dass es für jemanden im normalen Bewusstseinszustand unverständlich sein muss. Es ist gefährlich, über solche Dinge zu reden, nicht nur, weil wir damit die heilenden Geister verletzen könnten,

---

39 Sutton et al. »Dreamings«.

sondern weil unser Sinn für das Geheimnisvolle so zerbrechlich ist. Jedes Mal, wenn wir etwas Wunderbares erleben, geht unser schamanischer Körper vor all unseren konventionellen Geistern einen Todesgang. Auch unsere rationalen Schwestern und Brüder, die besessen sind vom »Tun und Treiben« unserer Zeit, wenden sich dagegen und fühlen sich von solchen Erfahrungen bedroht.

Obwohl die Heiler bei vielen Menschen die gleichen Methoden anwenden, kann es sein, dass wir durch die Kräfte völlig individuelle und einmalige Erfahrungen machen, die nicht wiederholbar sind. Jeder Augenblick des Zusammenseins mit solchen Menschen ist ein gemeinsames Träumen und ein Moment der Kraft für uns.

Nach dem »Räuchern« standen wir bis zur Dämmerung um das Feuer herum und unterhielten uns mit der Großfamilie des Heilers, die für unsere Zeremonie zusammengekommen war. In dieser Nacht träumte ich, dass wir hoch oben im Himalaya seien. Es war wirklich eine »Gipfelerfahrung«, diese Gemeinschaft zu finden, deren fünfzigtausend Jahre alte Geschichte das gemeinsame Träumen unterstützt. Vielleicht hat die Tochter des Ehepaares auch deshalb zugestimmt, dass ich über diese Erfahrung schreibe, weil das gemeinsame Träumen jedem Menschen eine Gipfelerfahrung, eine kulturelle Erneuerung ermöglicht.

Gemeinschaft und Beziehungen

Nach Aussage unserer afrikanischen und australischen Schamanen kann Krankheit durch Eifersucht anderer verursacht werden. Wir können von feindlich gesinnten Menschen direkt verzaubert oder vergiftet werden, aber auch von anderen, die von ihnen beauftragt werden. Die Heiler wiesen die Möglichkeit einer Erkrankung durch weltliche Dinge, wie z. B.

»zu viele Sorgen oder Zeitdruck«, zwar nicht zurück, meinten aber, dass die wirklich großen Probleme mit Eifersucht verbunden seien.

Was ich als Netzwerk-Arbeit bezeichne, nennen die Aborigines-Heiler Träumen. Eine Gemeinschaft besteht nicht nur aus Menschen, die miteinander reden, sondern aus einem Gewebe von Menschen, Bäumen und Geistern, die zusammen träumen. Träumen ist eine Art der Kraft und kann ernst zu nehmende Folgen haben, denn es durchdringt das gesamte Leben. Wenn wir in Städten westlicher Prägung leben und Beziehungskonflikte haben, arbeiten wir meistens an uns selbst oder versuchen, unsere Probleme mit den daran Beteiligten zu lösen. Aber eingeborene Heiler haben andere Vorstellungen. Sie sagen, dass wir unter der Macht böser Geister, eifersüchtiger Dämonen leiden, die uns nachstellen. Die schlimmste Zauberei ist Voodoo, ein Eingriff, den jemand aus Eifersucht durchführt, um anderen zu schaden.

Unsere Heiler konnten uns nicht sagen, was offene Gespräche mit denen, die auf uns eifersüchtig sind, bewirken; sie waren jedoch überzeugt davon, dass negative Gefühle tödliche Folgen haben können. Wir könnten meinen, dass Eifersucht bei den Aborigines eine zu große Rolle spielt. Betrachten wir jedoch Folgendes: Wenn uns jemand einen giftigen Blick zuwirft, fühlen wir uns unbehaglich. Wenn mehrere Menschen in einem Raum miteinander in Konflikt sind, wird die Atmosphäre unerträglich. Gedanken sind mächtig und negative Gedanken können verletzen. Deshalb sagen die Eingeborenen, dass wir in einer magischen Traumzeit leben, in einem globalen Traumfeld, in dem parapsychologische Synchronizitäten und eifersuchtsbedingte Krankheiten auftreten können.

Da wir alle miteinander verbunden sind, müssen wir als Krieger sorgfältig auf unsere Gefühle achten, die wir uns selbst, den anderen und der Umgebung gegenüber haben. Weil Bäume und Pflanzen nach Auffassung unserer frühesten Vorfahren unsere Verwandten sind, kann es von den Gefühlen, die wir für sie haben, abhängen, ob sie leben können oder nicht. Eingeborene Völker haben Bräuche entwickelt, in denen eine liebevolle Haltung an erster Stelle steht. Als Aborigines z. B. lernen wir nicht nur, uns selbst und andere zu achten, sondern auch die Natur, wenn wir überleben wollen. Wir lernen, die Natur als gleichberechtigt zu behandeln, wie unsere Verwandten, unsere Eltern und unsere Geschwister; sonst verletzen wir die Welt und vergessen, dass auch sie träumen kann. Alles, was wir fühlen, ist nicht nur unsere Angelegenheit, sondern auch eine politische Realität, eine Traumkörpererfahrung, die wir in unseren inneren Organen spüren, die von den Bäumen in ihren Blättern und Wurzeln und sogar von den Steinen wahrgenommen wird. Ohne die Achtung vor der Natur können wir und alle lebenden Wesen weder durch die moderne Medizin noch durch eine grüne Politik gerettet werden.

Die Priesterinnen und Priester der ältesten schamanischen Religionen – in Amerika, Ozeanien, Australien, Tibet, China, Europa und dem Fernen Osten – begannen ihre Tätigkeit immer so, dass sie sich in Trance begaben und mit jemandem zusammen träumten. Gemeinsam zu träumen ist wie eine Quantenrealität, mit der die Physiker arbeiten; es ereignet sich in einem Feld, das auf Verwirklichung durch unsere Beobachtung und Teilnahme, durch unser aktives Träumen, wartet. Überall, wo wir uns auf der Erde bewegen, bewegen wir uns zusammen mit anderen in diesem Feld, unserem gemeinsamen Zuhause. Alles, was wir persönlich träumen, ist immer auch Teil unseres gemeinsamen Träumens.

Wir können zwar die Aborigines töten, aber nicht die Traumzeit. In gewisser Weise kann der Schamanismus niemals aussterben. Heute gehen die Leute in Discos und tanzen sich in Trance, nicht nur, weil sie Bewegung brauchen und Unterhaltung suchen. Sie versuchen, zusammen zu träumen. Wir sehen Fußballspiele an, um das Zusammenspiel des Zufälligen mit dem Meisterhaften zu beobachten und um mit Tausenden zusammen zu träumen. Wenn wir mit anderen zusammenkommen und sich dabei kein Träumen einstellt, langweilen wir uns und vermeiden in Zukunft solche Treffen. Wir rauchen und trinken Alkohol, um zu träumen. Wir nehmen Drogen, überessen uns und gehen vielleicht sogar in Restaurants, um mit anderen zu träumen. Wir ziehen unseren Anzug und unsere schönsten Kleider an, verlassen einen Teil von uns zugunsten eines anderen, um mit unseren Mitmenschen träumen zu können, auch wenn wir sozial akzeptierte Bewusstseinszustände – wie das Wechseln der Kleider – nicht als eine Form gemeinsamen Träumens erkannt haben sollten.

Psychologen beschreiben menschliche Grundtriebe wie Sexualität, Tod, Liebe, Macht und Hoffnung auf Transzendenz. Ich möchte den Trieb zum gemeinsamen Träumen hinzufügen. Die Gemeinschaft kann nur dann dem Tao folgen, wenn sie ihren sekundären Prozessen folgt. Das ist der Weg der Aborigines.

Im Westen mögen wir das Gefühl von Erfolg haben, wenn wir berühmt oder reich sind oder wenn wir gut aussehen. Die Aborigines dagegen haben kein richtiges Gefühl von Erfolg, wenn ihre Beziehungen nicht in Ordnung sind und ihre Gemeinschaft sich nicht wohlfühlt. Im Verständnis der Eingeborenen hängt Erfolg zu einem Teil vom gemeinsamen Träumen ab. In einer so problembeladenen Welt wie der unsrigen ist die Traumzeit der einzige Ort, an dem wir uns sicher und unsicher zugleich fühlen. Alle wollen teilhaben an der Schaffung der Welt, um Ehrfurcht gebietende Mächte und eine Gemeinschaft finden zu können.

Ohne eine neue Kultur, die fähig ist, an emotionalen Problemen, unbeeinflusst vom politischen Dialog, zu arbeiten, können wir den Weltfrieden, die Erhaltung unserer Umwelt, die Möglichkeit, füreinander zu sorgen und unser größtes menschliches Grundrecht – das Recht auf Leben – zu schützen, nicht erreichen. Wir müssen lernen, mit unseren Nachbarn auszukommen. Doch bis heute haben wir uns nur mit den Menschen in Konfliktsituationen befasst, die bereit waren, miteinander zu sprechen. Wir vermeiden psychologische und emotionale Probleme. Das entspricht unserem Interesse an populären Politikern, statt an den Menschen, die in Kriegen sterben. Wir können es uns nicht leisten, das alles zu übersehen, wenn wir in einer friedvolleren Welt leben wollen.

Dabei denke ich an eine Konferenz über Konfliktlösung in Russland 1993. Unter den Teilnehmern waren Parlamentarier und Delegationsmitglieder von Gruppen aus verschiedenen Gegenden der früheren Sowjetunion, die in Konflikt miteinander standen. Nachdem ich die Regierungsangehörigen und die Friedensaktivisten aus Georgien, Aserbeidschan, Armenien, Abchasien, Ossetien und Ingushetien gebeten hatte, sich im Kreis zu versammeln, brach jemand aus Georgien das Schweigen und sagte, es sei das erste Mal in der Geschichte, dass diese Gruppen überhaupt zugestimmt hätten, im selben Raum zusammenzukommen. Ich ging noch weiter und schlug ihnen vor, sich auf den Boden zu setzen. Wieder trat Totenstille ein, als die Vertreter dieser Gruppen dann im Kreis zusammensaßen. Langsam, nach und nach, sprachen die Frauen und Männer über die Leiden ihrer Völker und beschrieben den Krieg, die Armut und die nicht endende Rassendiskriminierung.

Amy und ich hörten aufmerksam zu, stellten fest, dass mehrere Geister erwähnt wurden, die nicht sichtbar waren. Die Leute sprachen über Terroristen, die in ihre Ortschaften einfielen; andere erwähnten die Auswirkungen der imperialistischen Politik der früheren sowjetischen Führer in Moskau; aber ich konnte weder einen Imperialisten noch einen Terroristen im Raum entdecken.

Ich sagte, dass wir vom exsowjetischen Friedenskommitee eingesetzt worden seien, um an den Konflikten von Imperialismus und Terrorismus zu arbeiten; aber weder die Geister des Imperialismus noch des Terrorismus seien in unserer momentanen Gemeinschaft von Nationen repräsentiert. Warum sollten wir eigentlich nicht zusammen träumen, wenn die Verhandlungen auf politischer Ebene gescheitert seien? Ich war völlig erstaunt, sofort verstanden zu werden. Die Leute standen auf, um zu spielen, und stellten sich auf die für die drei Geister freigehaltenen Plätze: den des Imperialisten, den des Terroristen und den der leidenden Gemeinschaft. Dramatische Spannung erfüllte den Raum, als plötzlich alles in dröhnendes Gelächter ausbrach. Ich fiel fast um vor Schreck, als diese würdevollen Frauen und Männer sich in Geister verwandelten. Manche übernahmen die Rolle der Moskauer Imperialisten und verlangten, dass jeder sich ihrer Vorherrschaft unterwerfen müsse. Die Terroristen schrien zurück: »Zur Hölle mit euch!« Keiner hatte die Kraft, sich in die Lage des Opfers zu versetzen, das zuvor so allgegenwärtig gewesen war.

Die Traumzeit hatte die Leitung übernommen, und für diese kurze Zeitspanne wurden wir in eine andere Dimension versetzt. Für diesen Morgen, in diesem Raum mit hundertfünfzig Menschen, wurden wir zu einer Gemeinschaft. Wir weinten über unsere Welt, wir schauten sie an und lachten über sie, während wir unsere eigene Tendenz, zu dominieren, zu leiden und zu rebellieren, erkannten. Nichts wurde sofort gelöst, aber etwas bewegte sich, während sich die Art und Weise, wie die Menschen über den Krieg dachten, veränderte. Etwas Irrationales entfernte unsere nationalen Grenzen und führte uns zusammen. Für diese Zeit und für diesen Ort waren die Geister sozusagen ausgetrieben. Es gab keine Imperialisten, Terroristen oder Opfer mehr. Das war immerhin ein Anfang. Unser globales Zukunftsdorf muss sich mit vielen Dingen befassen. Wir werden immer Politiker brauchen, aber wir brauchen genauso Bürger-Schamanen-Diplomaten, die sich nicht nur mit unterdrückten Göttern, sondern auch mit Diktatoren, Opfern und Minderheiten in einer vielschichtigen Welt befassen. Was hier wie ein Unruheherd erscheint, kann von einem anderen Standpunkt aus wie eine neue Gemeinschaft aussehen.

In der Vergangenheit träumten ganze Gemeinschaften gemeinsam mit den Ahnen. Wenn damals jemand geheilt wurde, bekam die gesamte kulturelle Gemeinschaft Zugang zum Unbekannten und wurde neu belebt. Zukünftige Kulturen werden ihre eigenen Methoden des Lebens mit der Traumzeit wieder neu erfinden müssen, wenn sie überleben wollen. Die Methoden jeder Kultur werden anders sein, aber sie werden gewisse gemeinsame Elemente haben. Die Menschen empfinden das Leben dann als lebenswert, wenn sie gemeinsam begrabene Visionen, verbotene Geister und tote Seelen in ihre Welt heraufholen können. Deshalb kann gemeinsames Träumen ein uraltes Problem heilen – das Gefühl der Machtlosigkeit, wenn es um die Frage geht, welche Richtung unsere Geschichte nehmen wird.

Die zukünftige Stadt wird so ähnlich sein wie die, in der wir gerade leben, ein Ort voller Unruhen, Spaß und Konflikten. In einer Hinsicht könnte sie sich jedoch von unserer heutigen Stadt unterscheiden. In dieser zukünftigen Stadt werden wir nicht länger allein träumen, weil immer mehr Menschen mit veränderten Bewusstseinszuständen – und nicht mit Schießpulver – umgehen werden, um Probleme zu lösen.

GLOSSAR

Aufträumen: Ein Phänomen, welches auftritt, wenn ein Doppelsignal in einer anderen Person Reaktionen hervorruft. Der Ausdruck kommt von der empirischen Wahrnehmung, dass die Reaktion dieser anderen Person immer in den Träumen der Person vorkommt, welche die *Doppelsignale aussendet (die Reaktion ist sozusagen »aufgeträumt«).

Bewusstsein: Wachsamkeit; Zustand der Wahrnehmung seiner selbst und seiner Umgebung; Vorhandensein eines objektiven, unvoreingenommenen Beobachters, der die Interaktionen zwischen primären und sekundären Prozessen wahrnimmt (und sie beschreiben kann).

Doppelgänger: Abbild unseres ganzheitlichen Selbst, unserer essenziellen, aber nicht integrierten Natur. Dieser nicht integrierte, häufig unerwünschte Teil zeigt sich nach außen in *Doppelsignalen, einem Verhalten, mit dem wir uns nicht identifizieren. Es verwirrt unsere Mitmenschen, weil es doppeldeutig ist – sie werden *aufgeträumt. Wir verwirklichen unseren Doppelgänger, wenn wir bewusst Verantwortung für unsere *sekundären Prozesse übernehmen.

Doppelsignale: Sprach- und Körpersignale, mit denen sich der Sender nicht identifiziert. Diese Signale sind mit einem Prozess verbunden.

Grenze: die äußerste Grenze dessen, was wir uns zutrauen. Beschreibung von etwas, von dem wir überzeugt sind, dass wir es niemals werden erfahren oder leben können. Die Grenze trennt den primären Prozess von den sekundären Prozessen.

I Ging: Altes chinesisches Orakelbuch, das ähnlich wie auch andere mantische Systeme gebraucht wird, um Informationen über die Zeitqualität bzw. die Struktur gewisser Lebenssituationen zu erhalten. 64 Strichelemente, sogenannte Hexagramme, jeweils aus 6 Strichen zusammengesetzt, dienen als System, innerhalb dessen das Universum in begrenzter Form mit all seinen Möglichkeiten, mehr oder weniger umfassend symbolisch enthalten ist. Kann als »bewusst erzeugte Synchronizität« aufgefasst werden, indem das »Zufallsprinzip« (akausaler Zusammenhang) bewusst mit dem Wurf der Münzen angewandt wird, um eine Information aus dem Weltkanal zu erhalten.

Kanal: Art und Weise unserer Wahrnehmung. Wir unterscheiden folgende Kanäle:
- visueller Kanal: Wahrnehmung über das Sehen;
- auditiver Kanal: Hören und Aufnahme von Informationen über Töne und Geräusche;
- proprioceptiver Kanal: Körperwahrnehmung von Empfindungen, zum Beispiel von Druck, Hitze oder Temperatur;
- kinästhetischer Kanal: Wahrnehmung über den Bewegungssinn;
- Beziehungskanal: Aufnahme von Informationen derart, als würde sie von einer anderen Person wahrgenommen oder als käme sie von jemand anderem;
- Weltkanal: Aufnahme von Informationen, als finde sie in der ganzen Welt statt oder würde von der ganzen Welt wahrgenommen.

Primärer Prozess: alles, was mit unserer persönlichen Identität verbunden ist.

Prozess: Bewegungsfluss von Signalen in Kanälen im Bereich kurzer Zeitabschnitte sowie die sich ändernden Erfahrungen unserer Identität während des gesamten Lebens (s. auch primärer Prozess, sekundärer Prozess, Kanal, Signal).

Prozessieren: das Arbeiten mit oder das Sichentfaltenlassen von Symptomen oder Signalen.

Sekundärer Prozess: Erfahrungen, die wir als nicht zu unserer persönlichen Identität gehörend empfinden. Wir nehmen sie in passiver Weise oder als Emotionen oder Erfahrungen wahr, mit denen wir uns nur sehr schwer identifizieren können, zum Beispiel Wut, Neid, Angst, Macht oder Numinosität.

Signale: kleine Einheiten und Teile von Informationen.

Traumkörper: Beschreibung einer Körpererfahrung, die dann eintritt, wenn wir innere Bilder mit Körperempfindungen und Symptomen in Verbindung bringen.

Unbewusstes: in diesem Zustand sind wir mit der Wahrnehmung identifiziert, das heißt, wir sind unfähig, uns unserer Wahrnehmungen bewusst zu werden, sie zu bemerken oder ihnen zu folgen.

Veränderter Bewusstseinszustand: vorübergehender Wechsel der Aufmerksamkeit vom primären zum sekundären Prozess. Dies kann willentlich oder auch spontan in Form eines Kanalwechsels geschehen.

BIBLIOGRAFIE

Castaneda, Carlos: *»Die Kunst des Pirschens«* Frankfurt am Main: Fischer, 1983

Castaneda, Carlos: *»Reise nach Ixtlan – Die Lehre des Don Juan«* Frankfurt am Main: Fischer, 1975

Castaneda, Carlos: *»Die Kraft der Stille«* Frankfurt am Main: Fischer, 1988

Castaneda, Carlos: *»Der zweite Ring der Kraft«* Frankfurt am Main: Fischer, 1980

Castaneda, Carlos: *»Eine andere Wirklichkeit – Neue Gespräche mit Don Juan«* Frankfurt a. M.: Fischer, 1975

Castaneda, Carlos: *»Der Ring der Kraft«* Frankfurt a. M.: Fischer, 1978

Castaneda, Carlos: *»Die Lehren des Don Juan – ein Yaqui-Weg des Wissens«* Frankfurt a. M.: Fischer, 1973

Eliade, Mircea: *»Schamanismus und archaische Ekstasetechnik«* Frankfurt a. M.: Suhrkamp, 1975

Eliade, Mircea: *»Yoga – Unsterblichkeit und Freiheit«* Frankfurt a. M.: Insel, 1977

Evans-Wentz, W. Y.: *»Das Tibetanische Totenbuch oder Die Nachtoderfahrungen auf der Bardo-Stufe«* Freiburg, Olten: Walter, 1971

Feynman, Richard: *»Space Time Approach to Non Relativistic Quantum Mechanics«* Reviews of Modern Physics (April 1948)

Halifax, Joan: *»Shamanic Voices«* u. *»The Shaman: The Wounded Healer«.* New York: Dutton, 1979

Harner, Michael: *»Der Weg des Schamanen«* Reinbek: Rowohlt, 1986

Heinze, Ruth-Inge: *»Shamans of the Twentieth Century«.* New York: Irvington, 1991

Houston, Jean: *»The Possible Human: A Course in Extending Your Physical, Mental, and Creative Abilities«*. Los Angeles: Jeremy Tarcher, 1982

Ingermann, Sandra: *»Soul Retrieval: Mending the Fragmented Self«*. San Francisco: Harper San Francisco, 1991

Jung, C. G.: *»Erinnerungen, Träume, Gedanken«* Freiburg, Olten: Walter, 1971

Jung, C. G.: *»Mysterium Coniunctionis«* Gesammelte Werke. Freiburg, Olten: Walter 1968

Lao-Tse: *»Tao Te King: Das Buch vom Weltgesetz und seinem Wirken«* Weilheim: Barth, 1967

Larousse: *»Encyclopedia of Mythology«*. Paul Hamlyn, 1969

Mander, Jerry: *»In the Absence of the Sacred«*. New York: Sierra Club Books, 1991

Mander, Jerry: *»Technologies and Native Peoples«*. San Francisco: New Dimensions Radio, Audio Tape no. 2298, 1992

Mindell, Amy: *»Moon in the Water: The Metaskills of Process Oriented Psychology«*. Ph. D. diss., Union Institute, Cincinnati, OH, 1991

Mindell, Arnold: *»Schatten der Stadt – Prozessorientierte Therapie in Aktion«* Paderborn: Junfermann, 1989

Mindell, Arnold: *»Schlüssel zum Erwachen – Sterbeerlebnisse und Beistand im Koma«* Freiburg, Olten: Walter, 1989

Mindell, Arnold: *»Dreambody – Krankheit und Individuation. Über die Beziehung zwischen Traum- und Körperprozessen«* Fellbach: Bonz, 1985

Mindell, Arnold: *»Traumkörper in Beziehungen – Prozessorientierte Psychologie in Praxis und Theorie«* Basel: Sphinx, 1994

Mindell, Arnold: *»Traumkörper und Meditation – Arbeit an sich selbst«* Freiburg, Olten: Walter, 1992

Mindell, Arnold: *»The Leader as Martial Artist, An Introduction to Deep Democracy: Techniques and Strategies for Resolving Conflict and Creating Community.«* San Francisco: Harper San Francisco, 1992

Mindell, Arnold: *»Traumkörperarbeit oder: Der Lauf des Flusses«* Paderborn: Junfermann, 1993

Mindell, Arnold: *»Der Leib und die Träume«* Paderborn: Junfermann, 1987

Mindell, Arnold: *»Das Jahr Eins – Ansätze zur Heilung unseres Planeten«* Freiburg, Olten: Walter, 1991

Mindell, Arnold mit Amy Mindell. *»Das Pferd rückwärts reiten«, Prozessarbeit in Theorie und Praxis*, Petersberg: Via Nova, 1996

Muktananda, Swami: *»Spiel des Bewusstseins«* Freiburg: Aurum, 1975

Neidhard, John G.: *»Black Elk Speaks: Being the Life Story of a Holy Man of the Oglala Sioux.«* New York: Washington Square Press of Pocketbooks and Simon & Schuster, 1972

Nicholson, Shirley, comp.: *»Shamanism: An Expanded View of Reality.«* Wheaton, IL: The Theosophical Publishing House, 1987

Rinpoche, Sogyal: *»Das Tibetische Buch vom Leben und vom Sterben«* Bern, München, Wien: Scherz, 1993

Sutton, Peter, Christopher Anderson, Philip Jones, Francoise Dussart, and Steven Hemmings, eds.: *»Dreamings: The Art of Aboriginal Australia.«* New York: George Braziller, 1989

Suzuki, David, and Peter Knudston: *»The Wisdom of the Elders.«* Toronto: Allen and Unwin, 1992

Suzuki, Shunryu: *»Zen-Geist, Anfänger-Geist: Unterweisungen in Zen-Meditation«* Zürich: Thesus, 1975

Swan, James A.: *»Sacred Places.«* Santa Fe, NM: Bear and Co., 1990

Tart, Charles: *»Hellwach und bewusst leben«* Bern, München, Wien: Scherz, 1988

Toms, Michael: *»Technologies and Native People.«* San Francisco: New Dimensions Radio, Audio Tape no. 2298, 1992

Walsh, Roger N.: *»The Spirit of Shamanism.«* Los Angeles: Jeremy Tarcher, 1990

Der verborgene Code des Bewusstseins
Der Quantengeist in der Naturwissenschaft und in der Psychologie
Arnold Mindell

Paperback, 608 Seiten, ISBN 978-3-86616-159-7

Man muss das Universum verstehen, um sich selbst zu erkennen. In diesem umfassenden Buch des amerikanischen Psychologen und Physikers Arnold Mindell werden grundlegende moderne Erkenntnisse der Physik und der Tiefenpsychologie auf die traditionelle Weisheit der Menschheit in unterschiedlichen Kulturen bezogen und zusammenfassend erklärt. Die sog. objektive, sinnlich wahrnehmbare, mathematisch-physikalisch messbare Welt und entsprechendes Denken werden aufgrund der Quantenforschung ergänzt und vertieft, indem die psychischen Befindlichkeiten der Beobachter, ihre nichtlokale, nichtzeitliche Spürerfahrung, Intuition und Träume einbezogen und mathematisch beschrieben werden. Anschauliche Beispiele, experimentelle Übungen und Abbildungen sowie überschaubare Kapitel und sprachliche Vereinfachungen machen die Darlegungen auch für Laien verständlich. Wer auf den sich gegenwärtig vollziehenden Paradigmenwechsel neugierig ist, wird dieses spannende Buch lesen wollen.

24 Stunden luzid träumen
Techniken, um den nichtdualistischen träumenden Hintergrund der Alltagsrealität wahrzunehmen
Arnold Mindell

Paperback, 274 Seiten, 52 Graphiken, ISBN 978-3-936486-03-2

3. Auflage

In seinem Buch „24 Stunden luzid träumen" zeigt der innovative Psychotherapeut und spirituelle Lehrer Arnold Mindell zum ersten Mal auf, wie man in die Welt des Träumens eintritt, jene Welt, aus der die sichtbare Realität hervorgeht. Greift man Ereignisse, die die eigene Aufmerksamkeit erregen wie beispielsweise Körpersymptome, Beziehungsmomente, spontane Gedanken und Phantasien auf und entfaltet deren Signale mit Hilfe der Methode des 24 Stunden luziden Träumens, tritt man vollkommen wach in die nichtdualistische Welt des Träumens ein und lernt deren Botschaften zu verstehen und in die Alltagswelt einzubringen. Die Praxis des 24 Stunden luziden Träumens hilft bei der Lösung persönlicher, körperlicher oder emotionaler Probleme. Sie hilft bei der Lösung von Konflikten in Beziehungen, Familien, Großgruppen, Unternehmen und sogar in der Politik.

Seine Träume deuten lernen
Träume mit Hilfe erweiterter
Bewusstseinszustände verstehen
Arnold Mindell

Paperback, 208 Seiten, 32 Abbildungen,
ISBN 978-3-936486-32-2

Auf der Grundlage seiner sechsunddreißigjährigen
Praxis gelangt Arnold Mindell zu einer aufregenden
Fusion von Physik und Psychologie, die einen selbst
auf den Fahrersitz der eigenen Träume setzt und
so deren Bedeutung offenbart. Wir können unsere
Träume verstehen, indem wir sorgfältig beobachten,
wie wir unsere Aufmerksamkeit gebrauchen, wie wir uns bewegen und was
wir in unserem Körper sowie in veränderten Bewusstseinszuständen erfahren.
Nachtträume sind bloß eine Reflexion des kontinuierlichen Flusses subtiler Signale oder "Flirts", die 24 Stunden am Tag in unser Bewusstsein eintreten, der
grundlegenden Quelle der Realität und des Bewusstseins für das Träumen, der
unsichtbaren Kraft hinter allen Erscheinungen. Dann wird einem bewusst, dass
etwas anderes uns bewegt, das die eigenen Träume, Phantasien und Erfahrungen erschafft.

Die Weisheit der Gefühle
Metafähigkeiten – die spirituelle Kunst
in der Therapie
Amy Mindell

Gebunden, 192 Seiten, ISBN 978-3-928632-45-4

Ein neues Verstehen der Wirkung von Gefühlen Amy
Mindell nennt das, was eine Therapie und einen Therapeuten erfolgreich macht, Metafähigkeiten (Meta-
kills). Sie geht davon aus, dass unter allen unseren
Verhaltensweisen gefühlsmäßige Einstellungen und
Muster liegen, die nicht nur unser ganzes Verhalten
im Alltag, sondern auch den Verlauf einer Therapie,
ihren Erfolg oder Misserfolg, bestimmen. Und weil sie nicht nur den Menschen
prägen, der sich einer Therapie unterzieht, sondern auch den Therapeuten, sind
sie für den Verlauf einer Therapie so entscheidend. Die Kenntnis dieser Zusam-
menhänge ist hilfreich für jeden zur Bewältigung des Alltags und zum Gelingen
einer jeden Therapie.

Quantengeist und Heilung
Auf seine Körpersymptome hören und darauf antworten
Arnold Mindell

2. Auflage

Paperback, 296 Seiten, ISBN 978-3-86616-036-1

Quantengeist und Heilung ist Arnold Mindells neues Modell der Medizin, das auf den atemberaubenden Erkenntnissen der Pioniere der Quantenphysik beruht, welche die Landschaft unseres Glaubenssystems beinahe täglich neu gestalten. Mindell, der dort weitermacht, wo C. G. Jung aufhörte, hat sich als führender Experte im Gebrauch von Konzepten aus der Quantenphysik zur Heilung von Geist und Psyche erwiesen. Das Buch geht weit über die Theorie hinaus und stellt einfache Techniken, Übungsanleitungen und präzise Erklärungen wesentlicher Konzepte zur Verfügung, die es jedem Einzelnen ermöglichen, die Wurzeln selbst von chronischen Symptomen und Krankheiten, emotionalen, krankmachenden Mustern freizulegen, zu verstehen und zu beseitigen. Arnold Mindell: „Quantenphysik, die auch Sie anwenden können. Allen Aktionen und Ereignissen im Universum liegt eine Kraft zugrunde. Jeder Mensch besitzt die Fähigkeit, diese anzuzapfen, mit ihr zu interagieren und sie zur Selbstheilung zu benutzen."

Das Pferd rückwärts reiten
Prozessarbeit in Theorie und Praxis
Arnold und Amy Mindell

Gebunden, 264 Seiten, 50 Zeichnungen, ISBN 978-3-928632-25-6

Dieses Buch richtet sich an Menschen, die an ihrer persönlichen Entwicklung interessiert sind, und an all diejenigen, die es sich zur Aufgabe machen, anderen im Prozess ihres persönlichen Wachstums behilflich zu sein. Es wird auch all denen nützlich sein, die sich für Tanz, Kunst, Gruppenarbeit und Transpersonale Psychologie interessieren. Es berichtet vom Entstehen der Philosophie, den Methoden und den Anwendungen der Prozessorientierten Psychologie anhand von wortgetreuen Aufzeichnungen und Berichten über Prozessarbeit „in Aktion". Mit diesem neuen Paradigma können alle gewinnen.

Der Weg durch den Sturm
Weltarbeit im Konfliktfeld der Zeitgeister
Arnold Mindell

Gebunden, 248 Seiten, ISBN 978-3-928632-29-4

Wie sollen wir Menschen an der Schwelle zum dritten Jahrtausend unsere gigantischen Probleme lösen? Ausgehend von seinen Erfahrungen in der psychotherapeutischen und supervisorischen Arbeit mit Einzelnen und Gruppen in vielen Teilen der Welt hat Mindell Ansätze für eine Methode entwickelt, welche Lösungen nicht von außen überstülpt, sondern Gruppen und Großgruppen dabei unterstützt, sich selbst kennenzulernen und bisher unterdrückte oder übersehene Teile als Ressourcen für den Umgang mit ihren Schwierigkeiten und zur Entwicklung von Gemeinschaft zu nutzen. Wie können Betroffene dabei unterstützt werden, aus ihrem Prozess und ihrem jeweiligen Feld heraus Zugang zu den eigenen Potenzialen von Führungskraft und Weisheit zu finden? Dieses Buch schildert Schritte auf dem steinigen Weg der Suche nach einer neuen „Weltarbeit", welche Erkenntnisse aus der Psychologie, den modernen Naturwissenschaften und den alten spirituellen und schamanistischen Traditionen zusammenbringt, um den Herausforderungen unserer Zeit zu begegnen.

Die Mystik in den Weltreligionen
Spirituelle Wege und Übungsformen
Eckard Wolz-Gottwald

Hardcover, 288 Seiten, über 200 Grafiken, ISBN 978-3-86616-206-8

Das vorliegende Buch zeigt in einer umfassenden Übersicht die vielfältigen spirituellen Erkenntnisse, Entwicklungen und Übungsformen auf, die in den großen Weltreligionen entwickelt wurden. Es ist eine Enzyklopädie dieser mystischen Traditionen, die wissenschaftlich fundiert und exakt erarbeitet wurden und im Textzusammenhang auch durch zahlreiche Grafiken allgemeinverständlich erklärt werden. Der Leser erhält Informationen und Anregungen, den Blick über die Begrenzungen des eigenen Weges hinaus zu wagen und die verwandelnde Kraft in der Auseinandersetzung mit den spirituellen Wegen und Übungsformen der anderen Religionen zu entdecken.

Der Quantensprung im globalen Gedächtnis
**Wie ein neues wissenschaftliches Weltbild
uns und unsere Welt verändert**
Ervin Laszlo

Hardcover, 160 Seiten, ISBN 978-3-86616-153-5

Ervin Laszlo, Gründer und Präsident des Club of Buda-
pest, zeichnet in diesem Buch ein anschauliches und
eindringliches Bild der gegenwärtigen krisenhaften
Zustände, weist aber auch praktische und praktikable
Wege der Veränderung, die aus der Krise herausfüh-
ren und eine nachhaltige Zukunft sowohl für die Erde
als auch für die Menschheit möglich machen. Mit
Blick auf die neuesten, oft revolutionären Erkenntnis-
se in den Bereichen von Kosmologie, Quantenphysik und Bewusstseinsforschung
zeigt er wissenschaftlich fundiert, aber dennoch in klarer und verständlicher
Sprache, dass das alte Weltbild überholt ist und wir uns einem ganz neuen Bild
der Wirklichkeit stellen müssen. Er beschreibt den global und interkulturell sich
bereits heute vollziehenden Paradigmenwechsel auf allen Ebenen des Lebens. Er
begründet mit den Erkenntnissen der modernen Wissenschaften, dass ein Neues
Bewusstsein in der Menschheit entsteht. Dieses Buch informiert umfassend und
tiefgründig, regt an und macht Mut, mit erweitertem Bewusstsein diese Initiati-
ven zu unterstützen und zu einer positiven Veränderung in der Welt beizutragen.

Die Aktivierung des Weltinnenraums
Was Sie in sich selbst bewegen, bewegen Sie in der Welt
Mike Kaiser

Paperback, 576 Seiten, ISBN 978-3-86616-229-7

Der versierte Umgang mit dem eigenen Bewusstsein – dem Weltinnenraum - zählt zu den Schlüssel-
kompetenzen des 21. Jhs. Indem der Mensch seinen
Weltinnenraum mit seinen physischen, mentalen,
emotionalen, energetischen und seelischen Dimensionen erkundet und gestaltet, verleiht er wesentlichen Bereichen seines Lebens eine völlig neue Qualität und verändert auch erfolgreich die äußere Welt.
Dieses Buch beschreibt Aufbau und Funktionsweise
des Weltinnenraumes und gibt dem Leser praxiser-
probte Techniken an die Hand. Es verbindet das Wissen alter Weisheitstraditi-
onen mit den neuesten Erkenntnissen der Quantenphysik sowie der Gehirn-,
Bewusstseinsund Meditationsforschung. Dieses umfangreiche Werk ist ein
wertvoller Ratgeber für alle Menschen, die wiederkehrende Probleme lösen und
den Grundstein für ganzheitliche Gesundheit und Glück legen wollen.